S0-CTU-458

La Fe Evangelica y las Teologias de la Liberacion

SAMUEL ESCOBAR

Casa Bautista de Publicaciones

CASA BAUTISTA DE PUBLICACIONES
Apartado 4255, El Paso, Tx. 79914 EE. UU. de A.

Agencias de Distribución

ARGENTINA:
Rivadavia 3464, 1203 Buenos Aires
BELICE:
Box 952, Belice
BRASIL:
Rua Silva Vale 781, Río de Janeiro
BOLIVIA:
Casilla 2516, Santa Cruz;
COLOMBIA:
Apartado Aéreo 55294, Bogotá 2 D. E.
COSTA RICA:
Apartado 285, San Pedro
CHILE:
Casilla 1253, Santiago
ECUADOR:
Casilla 3236, Guayaquil
EL SALVADOR:
10 Calle Pte. 124, San Salvador
ESPAÑA:
Riera de San Miguel 9, 08006 Barcelona
ESTADOS UNIDOS:
Broadman: 127 Ninth Ave.,
Nashville, Tenn., 37234
GUATEMALA:
12 Calle 9-54, Zona 1, Guatemala
HONDURAS:
4 Calle 9 Avenida, Tegucigalpa
MEXICO:
José Rivera No. 148 Col. Moctezuma 1ª Sección
15500, México, D. F.
Matamoros 344 Pte.
Torreón, Coahuila, México
NICARAGUA:
Apartado 5776, Managua
PANAMA:
Apartado 5363, Panamá 5
PARAGUAY:
Pettirossi 595, Asunción
PERU:
Apartado 3177, Lima
REPUBLICA DOMINICANA:
Apartado 880, Santo Domingo
URUGUAY:
Casilla 14052, Montevideo
VENEZUELA:
Apartado 152,
Valencia 2001-A.

© Copyright 1987. Casa Bautista de Publicaciones
Todos los derechos en español reservados.
Prohibida su reproducción parcial o total.

Primera edición: 1987

Clasifíquese: Doctrina y Teología.

ISBN: 0-311-09107-5
C.B.P. Art. No. 09107

10 M 5 87

Printed in U.S.A. 4815-54

DEDICATORIA

A Lilly, mi compañera de casi tres décadas,
cuya praxis de obediencia al Señor
es un constante desafío y un
estímulo a mi quehacer teológico.

AGRADECIMIENTO

Estas páginas se han forjado en medio de mi práctica misionera y pastoral con universitarios e iglesias evangélicas de toda América Latina. Las he debatido también con estudiosos de Norteamérica, Europa y Asia. Quiero agradecer en especial a mis hermanos y colegas en la Comunidad Internacional de Estudiantes Evangélicos y la Fraternidad Teológica Latinoamericana, por el estímulo, la crítica, y a veces la polémica fraterna. Agradezco también a mis colegas y alumnos del Seminario Evangélico de Lima, el Calvin College de Grand Rapids, y del Seminario Bautista del Este en Filadelfia. Sus preguntas y comentarios me obligaron muchas veces a mayor investigación y precisión. Sin embargo, estas páginas representan mi visión personal, y sólo a mí han de atribuirse en especial sus desaciertos.

Quiero agradecer también a mis colaboradores el Pastor Miguel Angel Palomino y su esposa Rose Mary, quienes durante sus estudios en el Seminario Bautista del Este han ayudado eficazmente a preparar el manuscrito en su forma final, y me han hecho valiosas sugerencias para mejorarlo. Agradezco en especial a mi esposa Lilly, y mis hijos Lilly Ester y Alejandro, quienes me estimularon constantemente a finalizar el proyecto, y ayudaron en forma especial en la fase final de preparación del manuscrito. Agradezco también el estímulo y la paciencia de don José Luis Martínez y sus colegas en la Casa Bautista de Publicaciones, que ahora tiene a bien sacar a luz estas páginas.

No he escrito este libro para especialistas del mundo académico. Es más bien una respuesta a las preguntas constantes de creyentes evangélicos latinoamericanos que siguen a Cristo con entusiasmo y quieren pensar su fe. Agradezco al Señor por el privilegio de haber conocido el Evangelio y ser parte de este pueblo creyente, con todas sus virtudes y defectos. Acompaña estas páginas mi oración para que el Señor nos ayude a serle fieles en medio del drama histórico de nuestros pueblos.

El autor

Lima - Filadelfia, septiembre de 1986

INDICE

INTRODUCCION

En América Latina tenemos hoy una realidad ineludible que es la presencia de las iglesias evangélicas. Es decir, la existencia de un pueblo que invoca a Jesucristo como Señor y Salvador, y que se considera diferente de la población mayoritariamente católica romana. Existen ya evangélicos de tercera y cuarta generación y, además, continuamente se van agregando nuevos convertidos a sus iglesias. Este crecimiento de la minoría evangélica ha llamado la atención de historiadores, sociólogos y teólogos. Hay autores católicos que dan voces de alarma y hay sociólogos marxistas que ensayan interpretaciones simplificadoras. Los evangélicos interpretan los hechos como evidencia del poder redentor del evangelio de Jesucristo.

Moviéndose en el ambiente católico romano tradicional, los evangélicos afirmaron siempre que el poder redentor del evangelio trae como consecuencia una liberación plena del ser humano, y que ello se puede ver en forma especial en América Latina, por contraste con la religión predominante. Así, por ejemplo, Alberto Rembao, pensador evangélico mexicano, decía en 1949: "Libertad es índice de cultura. La libertad es la aportación cultural del evangelio, de acuerdo con la sentencia clásica: 'Conoceréis la verdad. . .' No sólo la noción de libertad, sino también el hecho mismo de la libertad florecen exclusivamente en el huerto evangélico. . ."[1] Con una referencia histórica todavía más precisa, en 1961, W. Stanley Rycroft decía respecto al protestantismo evangélico y la libertad: "La Reforma estableció la relación que hay entre el uso amplio de la Biblia, la democracia, al poner en manos del hombre común y corriente, nada menos que la fuente de las ideas revolucionarias más castizas, en lo tocante a la libertad del individuo y a los derechos del hombre y el ciudadano. . . Toda religión autoritaria y jerárquica somete al pueblo a las iniquidades del sistema de clases, que se trasmuta en sociedad estratificada con sus injusticias y desventajas, y con la falta de iniciativa y obligación en los asuntos cívicos."[2]

Con sorpresa comprobamos, sin embargo, que en la década de los 80, el grito de "liberación" está saliendo del seno de la mayoría católica latinoamericana, y ha alcanzado repercusión mundial; el libro *Teología de la Liberación. Perspectivas,*[3] del sacerdote peruano Gustavo Gutiérrez, ha circulado en todo el mundo y en varios idiomas. Esta obra, considerada clásica diez años después de su aparición, es texto de estudio aun en instituciones evangélicas de Europa y Norteamérica. El lenguaje y los temas de una reflexión teológica que empezó en este continente han encontrado eco a nivel casi global. Es importante anotar que el Vaticano tomó cartas en el asunto desde 1984, para señalar algunos de los excesos de las teologías de la liberación. Sin embargo, la *Instrucción* del Santo Oficio al respecto empieza con una afirmación rotunda: "El evangelio de Jesucristo es un mensaje de libertad y una fuerza de liberación."[4] Como si fuese un contraste con ello, en una publicación del Seminario Bíblico Latinoamericano de Costa Rica, luego de estudiar el protestantismo de un país centroamericano, se llega a esta conclusión: "El mensaje religioso de los grupos protestantes de las dos tendencias es producto del mundo burgués norteamericano y su peso sociopolítico sobre la comunidad evangélica, no es sólo la perpetuación de dominación y la legitimación del orden establecido. . . sino el sostenimiento de una ideología cuyo resultado es una conciencia falsa en cuanto a la naturaleza estructural de la opresión. . ."[5] Parece que en pocas décadas los papeles se han invertido radicalmente.

Nos proponemos en este estudio tratar de comprender la relación entre el evangelio de Jesucristo y las realidades sociales, incluyendo el proceso que en lenguaje sociopolítico se denomina "liberación". En las actuales circunstancias ello implica un esclarecimiento acerca de las "teologías de la liberación"[6] Pero nuestra intención no es sólo un estudio de dicha corriente de pensamiento y acción, sino un esfuerzo por comprender la forma en que el evangelio y la Palabra de Dios nos ayudan a ubicarnos ante la realidad social y el momento histórico. Más aún: comprender la forma en que el anuncio del evangelio, y la conversión a Cristo, afectan la realidad social dentro de la cual viven las personas. La perspectiva desde la cual el autor escribe es la de su militancia evangélica. Asume la fe evangélica con la firme convicción de que ella expresa la mejor comprensión de la verdad cristiana. Pero la asume también con ese espíritu crítico que los reformadores del siglo XVI expresaron, en su enseñanza de que la iglesia siempre debe estar en proceso de reforma: *Semper Reformanda*. Ser evangélicos fieles no nos impide ver en qué aspectos las iglesias evangélicas necesitan reformarse, en este momento de su historia en América Latina. Pero también ser evangélicos fieles nos obliga a tener una perspectiva particular de la realidad, derivada del evangelio. Fidelidad, pertinencia y autocrítica, son las notas características de la búsqueda teológica que en este momento ocupa no sólo a los evangélicos de América Latina, sino a los de todo el mundo.

Notas de la Introducción

[1] Alberto Rembao: *Discurso a la Nación Evangélica*. Buenos Aires: La Aurora. 1949. p. 34.

[2] W. Stanley Rycroft: *Religión y Fe en la América Latina*. México: Casa Unida de Publicaciones. 1961. pp. 22-23.

[3] Gustavo Gutiérrez: *Teología de la Liberación. Perspectivas*. Lima: Centro de Estudios y Publicaciones. 3ra. ed. 1981. Hay edición española de Ed. Sígueme. En adelante nos referiremos a esta obra por sus iniciales (TL).

[4] Sagrada Congregación para la Doctrina de la Fe: *Instrucción sobre algunos aspectos de la "Teología de la Liberación"*. Documento firmado por el Cardenal Joseph Ratzinger. Usamos la versión en castellano publicada por la Revista *Vida Nueva,* Editorial PPC, Madrid. 1984. p. 1

[5] Seminario Bíblico Latinoamericano-DEI: *Protestantismo y Liberalismo en América Latina*. San José: SEBILA. p. 91

[6] Dos autores protestantes se han ocupado de las teologías de la liberación en forma sistemática. Primero José Míguez Bonino en su libro *La Fe en Busca de Eficacia* (Salamanca: Sígueme, 1977), una introducción al tema que asume la posición liberacionista. Recientemente, y en forma más extensa, Emilio Antonio Núñez, *Liberation Theology* (Chicago: Moody, 1985), una posición crítica que presta atención especial a los problemas hermenéuticos. Esta obra aparecerá en español por Editorial Caribe.

Capítulo I

EL HECHO EVANGELICO Y LA TEOLOGIA EVANGELICA

La experiencia del evangelio es experiencia de liberación. El evangelio no es sólo una proposición que puede expresarse verbalmente, una declaración dogmática o un elemento de la tradición cultural. El evangelio es "poder de Dios para salvación a todo aquel que cree" (Ro. 1:16). Es decir, *evangelio* es la palabra que hace referencia a un acto transformador y salvador de Dios, por el poder del Espíritu Santo, en el nombre de Jesucristo. Esta acción liberadora y transformadora de Dios no es sólo una experiencia mística o religiosa que transcurre en la interioridad de un ser humano. Es una experiencia integral que afecta a toda la persona humana y a su circunstancia.

1. La fuerza liberadora del evangelio

Partiendo de su pasión evangelizadora, la teología evangélica actual ha venido explorando en profundidad el rico contenido bíblico del término *evangelio.*[1] Uno de sus mejores exponentes nos ayuda a captar la dimensión que aquí estamos destacando.

> El mensaje del evangelio, desde el comienzo de su proclamación por parte de Jesús, involucra un llamado al arrepentimiento (Mt. 4:17). El arrepentimiento es mucho más que un asunto privado del individuo con Dios: es la reorientación total de la vida en el mundo —en medio de los hombres— en respuesta a la acción de Dios en Cristo Jesús . . . El arrepentimiento no es un mero remordimiento de conciencia sino un cambio de actitud, una reestructuración de todos los valores, una reorien-

tación de toda la personalidad. No es el abandono de hábitos condenados por una ética moralista, sino la renuncia a un estado de rebelión contra Dios para volverse a él. No es el mero reconocimiento de una necesidad psicológica, sino la aceptación de la cruz de Cristo como una muerte al mundo a fin de vivir para Dios.[2]

Un elemento central de la perspectiva evangélica es la convicción acerca del poder de la Palabra de Dios, que se vio corroborada en la propia historia de los evangélicos en el continente. Para percibir en qué se basa la convicción de que los efectos de la Palabra de Dios tienen significación social transformadora, necesitamos hacer referencia a la experiencia evangélica, mirándola en contraste con la previa experiencia religiosa de nuestros pueblos. ¿Qué había significado la palabra "evangelio" en la historia religiosa del continente?

El evangelio como ideología de la conquista española

En América Latina la introducción del término "evangelio" está vinculada a la historia de una conquista militar con la llegada de españoles y portugueses. Una escena que ha dejado huella en la memoria de los pueblos es la del sacerdote dominico Vicente Valverde, durante el golpe de mano que le permitió a Francisco Pizarro, conquistador del Perú, apoderarse del Imperio Inca de Atahualpa, en Cajamarca. La propia historiografía católica reconoce hoy el papel instrumental que jugó la religión en ese momento. Cuando el emperador inca arrojó al suelo el breviario de Valverde (que en esa época se conocía como "los Evangelios"), el dominico lanzó la expresión que fue un grito de batalla: "Los Evangelios en tierra: ¡Santiago y a ellos!" El acto exterior del inca, motivado posiblemente por la ignorancia del valor sagrado que los españoles atribuían al libro, fue como la señal de escándalo que justificaba el inicio de la exterminación de la masa de indígenas.[3]

Sin embargo, no se trata únicamente de algunas anécdotas aisladas, como pudiera parecer la de Valverde. La existencia de un documento, que había sido elaborado con el fin de dar visos de legalidad a las acciones militares de conquista, es un caso claro de utilización de la historia sagrada y la doctrina cristiana para justificar una acción militar. El "Requerimiento" de Palacios Rubio, era leído a los indios antes de que se rompieran las hostilidades. Empezaba con una breve historia del mundo desde la creación llegando al papado, y por un encadenamiento lógico claro, a la obligación que tenían los indios de someterse a los reyes de España, a quienes el Papa había donado el nuevo mundo.[4] El resumen de historia sagrada terminaba con una amenaza de destrucción en caso de resistencia.

Como dice el historiador Prien, se trataba de "un evangelio peculiar".[5] Es lo que se quiere decir, cuando se afirma que algunos elementos del mensaje cristiano formaban parte de la ideología que justificaba la empresa imperial y ayudaba en el sometimiento espiritual de las víctimas. El estudioso católico Leandro Tormo, habla de un método de evangelización que puede llamarse el "método militar" y que él compara con otros métodos. dice Tormo:

> Este método fue en América una prolongación del seguido en la península. Consistía en primero vencer para después convencer. Exigencia de sometimiento libre o impuesto por las armas a la soberanía de Castilla o Portugal, como primer paso a la acción evangelizadora que había de realizarse bajo la protección de estos dos Estados.[6]

La investigación histórica hoy en día nos ha permitido ver, con más claridad, que hubo en el siglo XVI otros misioneros católicos y otros métodos de evangelización, además del militar. Por ejemplo, Bartolomé de las Casas en América Central y Toribio de Mogrovejo en Sudamérica, son testimonio ejemplar, aunque minoritario, de una evangelización diferente, que se tuvo que enfrentar a los poderosos intereses creados de encomenderos, clérigos, soldados y escribanos. Como veremos más adelante, hay toda una corriente autocrítica, dentro de la historiografía católica, que está redescubriendo a estos evangelizadores diferentes, y recuperando su mensaje para nuestro tiempo.[7] Sin embargo, fue el estilo militar el que se impuso, y en muchos lugares marcó la vida nacional con características que están todavía presentes. Por ello, todo esfuerzo por liberar a los oprimidos o transformar la realidad, se vio enfrentado a una alianza de poder político y religioso, en la cual ciertos elementos de la doctrina cristiana habían jugado un papel ideológico. Dentro de este contexto, que aquí sólo hemos bosquejado a grandes rasgos, debe entenderse el cómo y el porqué del impacto de la prédica protestante del evangelio de Jesucristo.

El impacto del mensaje evangélico

El evangelio que vino a América Latina con el protestantismo, vino con fuerza liberadora porque trajo la fuerza del mensaje bíblico. Aunque esporádicos, los esfuerzos precursores del siglo XIX tuvieron reverberaciones en la educación popular y en la lucha por abrir hacia el pluralismo una sociedad feudal y cerrada.[8] Ya en el siglo XX podemos hacer referencia a una presencia misionera más permanente y duradera, y a su efecto liberador. Un ejemplo dramático ha dejado huella en la historia republicana del Perú. Tuvo como teatro el sur de ese país, territorio en el cual el racismo, el orden feudal y la religión instrumentada por los poderosos produjeron un sistema opresor cuyos efectos todavía se sienten hoy. Manuel Zúñiga Camacho era un campesino aymara de Puno, quien al quedar huérfano fue a dar a Iquique, donde trabajó en las minas y conoció el evangelio en una escuela protestante. De regreso de las minas, donde había ahorrado dinero, pudo comprarse tierras en Platería, cerca de Chucuito, y en Arequipa se puso en contacto con el líder protestante Eduardo Forga. Cuando Forga salió al exilio, debido a las amenazas del clero, Zúñiga Camacho regresó a Platería convencido de que para ayudar a su pueblo una escuela era algo fundamental. Creó su escuelita en 1904, y realizó después un viaje a Lima para solicitar apoyo del gobierno para más escuelas, y protección contra los terratenientes. Poco consiguió, y a su regreso la Iglesia Católica empezó a combatirlo abiertamente.

El enemigo más ardiente de Zúñiga Camacho fue el obispo católico Valentín Ampuero. El periódico puneño *Siglo* reproducía así un párrafo de los mensajes que predicaban los delegados de Ampuero en las iglesias puneñas: "Nunca fue intención de Dios que los indios fuesen a la escuela y aprendiesen. Han de ocuparse de pastorear las ovejas y cuidar las cosechas, y si siguen yendo a la escuela, las cosechas se dañarán y la peste matará a sus ovejas."[9] Pese a todo, Zúñiga persistió en su tarea educativa, pero tuvo que cerrar la escuela en 1907. Viajó entonces a Arequipa para convencer a los misioneros Ritchie y Jarret que le ayudaran. Ante la imposibilidad de ésto, Manuel pidió ayuda a los adventistas y pudo reabrir su escuela en 1909. Creció la escuela y con ella también la obra médica y religiosa adventista. Así las cosas, el 3 de marzo de 1913 el obispo Ampuero acompañado de 200 indios de Chucuito, el Prefecto y los Jueces de Paz, se dirigió a Platería. Ni Zúñiga ni los misioneros estaban presentes, así que la turba destruyó el material escolar, mezcló las medicinas e hizo trizas los aparatos eléctricos. Luego obligaron a los indígenas a abandonar el lugar, pero cinco de ellos, que eran creyentes adventistas, se negaron a hacerlo. Fueron atados como animales. Al llegar Zúñiga trató de impedir que siguiera la depredación, pues él sí estaba en condiciones de discutir con las autoridades y protestar por el abuso. Indignado el obispo trató de que los indígenas atacaran a Zúñiga, sin conseguirlo. El incidente fue a manos de la justicia y en Puno creció la indignación contra el obispo.

Vino después la batalla parlamentaria en Lima que culminaría con la modificación del artículo 4 de la Constitución de 1860, en la parte que impedía el ejercicio de una religión diferente de la Romana. Nótese la visión liberadora de estos párrafos de Zúñiga Camacho en un memorial presentado por él y dieciocho maestros de Chucuito al Presidente de la República, en 1908:

> Pero la inicua persecución secular de que, por parte de los llamados 'mistes' somos pacientes víctimas, ha tomado pretexto estúpido de nuestra preciada labor de educación, no ya siquiera para obstruirnos como siempre, con todo género de dificultades, el camino de redención que hemos adoptado, sino hasta maltratándonos de hecho, con castigos infamantes y prisiones arbitrarias; calumniándonos de subversivos, porque conscientes ya de nuestros derechos de ciudadanos libres, nos resistimos a los servicios gratuitos que todavía intentan perpetuar los gamonales; y atribuyéndonos herejía, e inmoralidad, porque nos dedicamos a la lectura del evangelio, pues una Biblia, anotada aún según el gusto de la Iglesia Romana, es la obra que hemos podido conseguir para nuestros ejercicios, y porque temperantes por convicción y por el conocimiento de los estragos del tóxico alcohólico, nos negamos a concurrir de mojigangas a bailar en las fiestas religiosas o tituladas de tales; así defendiendo nuestra dignidad de hombres, del ridículo de histriones; nuestra salud del veneno del alcohol y de las consecuencias asquerosas de orgías inauditas; y nuestra mermada hacienda de las prebendas debidas al cura por alferazgo y al gobernador por multas de embriaguez y desórdenes, intencionalmente fomentados o inventados si acaso faltasen.[10]

Resulta esclarecedor notar el efecto del evangelio y de la Biblia al cual este memorial hace referencia: ha producido el abandono de una religiosidad que demandaba el alcoholismo con la esclavitud económica y moral consiguiente. Ha despertado y canalizado energías en busca de mejor educación. Ha hecho de estos campesinos personas conscientes de sus derechos y dispuestas aun a enfrentar el aparato policial-judicial de los gamonales explotadores. La acusación de subversión y las prisiones arbitrarias no se han hecho esperar. Notemos que la actitud y el lenguaje del memorial no comienzan en una ideología política sino en una experiencia espiritual, y sus consecuencias significan una praxis ciudadana. Luchadores sociales atentos y comprometidos con los indios, como Luis E. Valcárcel, entendieron este poder redentor del mensaje que traía la presencia misionera evangélica, pese a la crítica del sectarismo ideológico.[11]

En 1942 los obispos católicos de Estados Unidos desataron una campaña para ejercer presión diplomática en ese país, en contra de la presencia de misioneros protestantes en América Latina. El pastor metodista argentino Jorge P. Howard recolectó testimonios de estadistas e intelectuales en América Latina, muchos de ellos católicos, que reconocían el impacto social transformador que había tenido el evangelio anunciado por el protestantismo, especialmente entre las minorías o mayorías más oprimidas. Creemos que es importante prestar atención a los hechos de liberación que acompañaron la prédica del evangelio. Más adelante nos ocuparemos del análisis histórico, ideológico y sociológico de estos hechos.[12]

2. La teología evangélica en marcha

El efecto de la fuerza liberadora del evangelio sobre la totalidad de la vida de los nuevos creyentes, se manifestó también en lo social y político. No fue que los misioneros trajesen una intención política. Hubo en muchos de ellos una intención expresa de dirigirse antes que nada a las necesidades espirituales más profundas de América Latina. Pero no cabe duda que especialmente el énfasis en el mensaje bíblico creó nuevas actitudes y disposiciones en lo social, un ansia de libertad y plenitud, contra la cual ni las fuerzas conservadoras ni la religión oficial fueron obstáculo insalvable. Del evangelio salían la visión de una nueva realidad y el coraje para resistir el abuso y proclamar la verdad aun a costa de la cárcel y la violencia física.[13] Hubo, pues, una generación de misioneros y creyentes en

América Latina, que no separaron su tarea espiritual de las otras tareas que se impusieron: educación y obra social.[14]

Hubo también, claro está, misioneros que trajeron una visión muy espiritualista de la misión cristiana. Estos no sólo se negaron a tomar en serio la realidad material y social de los nuevos creyentes, sino que les enseñaron un concepto de "separación del mundo" que equivalía, prácticamente, al quietismo social y a una negativa a cumplir deberes cívicos elementales.[15]

Crisis de identidad evangélica y toma de conciencia

Las generaciones nuevas en el seno del pueblo evangélico se encuentran en medio de una crisis de identidad. Poco a poco se ha ido tomando conciencia de que hay un gran pueblo evangélico, pero que éste no está pensando la fe y aplicándola a los problemas de todos los días. Hemos heredado una fe y una tradición, pero estamos apenas en el camino de formular una teología propia. ¿Qué significa esto?

En primer lugar, está la pregunta urgente acerca de cómo se manifiesta una fe evangélica en el terreno de la responsabilidad social y política. Los países latinoamericanos continúan en busca de salidas a sus problemas y siguen vigentes las discusiones sobre los méritos de sistemas como el socialismo, el capitalismo y sus formas derivadas. ¿Será verdad, por ejemplo, que la única economía posible derivada de una fe evangélica es el capitalismo?

En segundo lugar, se ha tomado conciencia en nuestros países del carácter global de las relaciones entre los pueblos, de las luchas entre los grandes imperios. ¿Será verdad que el protestantismo evangélico es nada más que la avanzada del imperialismo norteamericano? Cuando se escucha a los predicadores de la "iglesia electrónica" en la televisión, o cuando se lee los periódicos de la extrema izquierda, se ve la actualidad de estas preguntas básicas.[16] Son los evangélicos que ocupan posiciones de responsabilidad en el mundo gremial, o los que han llegado a la universidad, los que con más frecuencia perciben la urgencia de una reflexión evangélica aun respecto de su propia identidad.

En realidad, más al fondo de las preguntas que acabamos de plantear, es la naturaleza misma de la misión cristiana la que está en cuestión. Esto se percibe bien en la siguiente afirmación de la *Declaración de Jarabacoa:*

> Reafirmamos nuestra firme convicción de fe en las Sagradas Escrituras, y dentro de la tradición de la Reforma proclamamos el Señorío de Cristo sobre el individuo y la iglesia. Con la misma fuerza confesamos que él es el Señor de toda la realidad creada. Consideramos que el poder redentor y renovador de Cristo no sólo afecta al individuo, sino también a las esferas social, económica, cultural y política en las que éste se desenvuelve.[17]

La Declaración cita luego al Pacto de Lausana: "la salvación que decimos tener debe transformarnos en la totalidad de nuestras responsabilidades personales y sociales. La fe sin obras es muerta".[18]

El itinerario teológico más reciente

A partir de la herencia evangélica se está dando la marcha de la reflexión teológica más reciente no sólo en América Latina sino en todo el mundo. Los pastores, misioneros, líderes laicos y maestros que en las filas evangélicas no sólo viven su fe, sino que reflexionan sobre ella, son parte de un movimiento mundial de renovación teológica que acompaña la vitalidad misionera. Los Congresos de Evangelización de Berlín (1966), Bogotá (1969) y Lausana (1974) son parte de este itinerario, y sus documentos revelan la floración de un nuevo pensamiento evangélico. Las voces que han ido forjando este pensamiento, como puede comprobarse al leer su historia,[19] no son sólo las de profesores de teología sino las de hombres y mujeres que sirven al Señor y al prójimo en todos los frentes de la misión cristiana: la evangelización en los cinco continentes, el servicio social y político, la educación teológica, la traducción bíblica, y así sucesivamente. Un libro reciente escrito por diez latinoamericanos muestra la rica práctica evangélica de la cual se nutre esta nueva reflexión teológica.[20]

La herencia evangélica es en primer lugar una fe, cuya existencia no se puede negar; sin ella no habría vidas cambiadas, conversiones y avance misionero, como los hay cada día. Esta fe expresa una doctrina que es el meollo de nuestro mensaje. Cuando anunciamos a Cristo como Salvador y Señor, cuando hablamos de la acción santificadora del Espíritu Santo en nuestras vidas, cuando confiamos en la protección de Dios y le invocamos, estamos en cada caso basándonos en ciertas verdades que la Palabra de Dios enseña y que nosotros interpretamos de manera evangélica.

Tal es nuestra herencia también: una manera evangélica de leer la Biblia. Esta difiere, por ejemplo, de la manera en que la lee un testigo de Jehová o un mormón. Estos también leen la Biblia, pero no se encuentran allí con Jesucristo como Señor del universo, Jesús uno con el Padre. Nosotros sí lo hemos encontrado allí y en ese sentido estamos en la línea de Juan Ritchie, de Diego Thomson, de Manuel Zúñiga Camacho, de Juan Wesley, de Juan Calvino, de Martín Lutero, de San Agustín, de los apóstoles Pedro y Pablo, para citar apenas unos nombres representativos.

Algo semejante ocurre en cuanto a la propia Palabra de Dios, para tomar otro ejemplo. Estoy convencido de que lo que los apóstoles Pedro y Pablo proclamaron y escribieron no fue únicamente el fruto de su inteligencia, el producto de su genio literario y sensibilidad religiosa, mero reflejo de su ambiente y su época. Creo que fueron inspirados por el Espíritu Santo, y que por ello la Escritura tiene autoridad y carácter normativo. Lo que escribieron Ritchie, San Agustín, Lutero o Wesley puede ser muy bueno y es una ayuda para el cristiano, en cuanto está basado en la Palabra inspirada. Los escritos de estos personajes son trabajos de creyentes y grandes siervos de Dios, pero no son inspirados en el sentido en que lo son los escritos bíblicos. Esta tradición evangélica como cualquier otra tradición, tiene siempre que ser sometida al juicio de la Palabra de Dios. En este sentido diferimos de aquellos católicos que darían a la tradición de su iglesia la misma autoridad que a la Biblia, como "fuente de la revelación".[21]

Estas convicciones de la herencia evangélica dan lugar a *una manera evangélica de hacer teología,* diferente de la manera católica, o de la manera sectaria antes mencionada. La herencia doctrinal evangélica es el meollo del evangelio. Sin esas verdades no tendríamos nada que decirle al mundo como *buena noticia:* no tendríamos *evangelio.* Por ese evangelio agradecemos a Dios y nos aferramos a él de corazón. Podría decirse que la teología es un desarrollo de esa herencia básica y de la Palabra de Dios, que se forja en el contexto social e histórico en el cual a nuestras generaciones les toca vivir. Cuando las expresiones recibidas de la herencia misionera vienen a ser una teología que no responde a la vida aquí y ahora, empezamos a marchar por un itinerario teológico propio, arraigado en la herencia evangélica pero buscando pertinencia contextual; distinguiendo, como decíamos años atrás, entre "contenido bíblico", por una parte, y "ropaje anglosajón" por otra.[22]

Teología y vida

La conducta refleja la convicción teológica y ésta se nutre de aquélla. Volvamos al caso antes mencionado del obispo Ampuero y de Manuel Zúñiga Camacho. Podemos decir que tras la actitud del obispo, aliado a los terratenientes, había un concepto de Dios y su relación con el mundo: Dios como defensor del *statu quo*. Tras la vida y el discurso del evangélico puneño había también una visión de Dios como un Señor que redime y libera y así transforma el orden social. En las nuevas situaciones que los evangélicos enfrentan en el continente parece a veces que la fe se hubiese quedado corta ante la tremenda realidad de un mundo en transformación. Sin embargo, no es la fe evangélica la que se ha quedado corta, sino la teología, el pensamiento acerca de la fe, que hemos heredado. De allí la urgencia del quehacer teológico para el pueblo evangélico latinoamericano.

A partir de la segunda década de este siglo, el marxismo empezó a difundirse por el continente como la más articulada alternativa ideológica. Sustituyó al positivismo que había sido la filosofía militante durante el siglo XIX, especialmente en círculos universitarios y capillas intelectuales. Las mentalidades misioneras más alertas percibieron el desafío marxista en el terreno de la visión de la historia, la ética social, el pensamiento utópico. En ese sentido, Juan A. Mackay fue un precursor sorprendente, al tratar de exponer la fe evangélica como posibilidad, no sólo de alternativa eclesial sino también de alternativa intelectual.[23] Una generación de evangélicos latinoamericanos exploró teológicamente un camino, aunque no llegó a formularlo de manera que las masas crecientes de evangélicos latinoamericanos lo percibieran.[24] Después de la Segunda Guerra Mundial, el crecimiento pentecostal y la llegada masiva de misiones independientes, sin mucho bagaje teológico,[25] fueron algunos factores que determinaron el estancamiento de la reflexión evangélica latinoamericana. Sólo en la década de los años 60 se empieza a percibir otra vez un fermento, algunas de cuyas líneas veremos más adelante en este libro.

Es también en ese período de posguerra que empieza un fermento de transformación en el seno del catolicismo latinoamericano, hasta llegar al punto en el cual nos encontramos hoy en día. Los cambios en la práctica social de algunos católicos, la evolución histórica que ha determinado un papel cambiante para la Iglesia Católica en nuestros países, y el papel inusitado que ha venido a jugar la Biblia en la reflexión teológica católica, han determinado, entre otras causas, el florecimiento de una nueva teología. Ella ahora está llegando aun a las aulas de nuestras universidades secularizadas y a la abierta polémica periodística. Eso hace que muchos se pregunten si la llamada "teología de la liberación" no será también el camino para la teología evangélica. Por eso es importante considerar su desafío, con la óptica de la fe evangélica.

Notas del Capítulo I.

[1] Ver especialmente Michael Green: *La Evangelización en la Iglesia Primitiva.* Buenos Aires: Certeza. T. II, 1976; C. René Padilla: *El Evangelio Hoy.* Buenos Aires: Certeza. 1975.

[2] C. René Padilla, *Op. Cit.* pp. 120, 118.

[3] Antonio de Egaña S. I.: *Historia de la Iglesia en la América Española. Hemisferio Sur.* Madrid: BAC. 1966. pp. 41 y ss.; Conde de Canilleros: *Tres Testigos de la Conquista del Perú.* Buenos Aires: Espasa Calpe, 1953.

[4] Uno de los mejores estudios sobre el tema fue escrito por el hispanista Lewis Hanke, *La Lucha Española por la Justicia en la Conquista de América.* Madrid: Aguilar, 1967. Especialmente cap. III.

[5] Hans Jurgen Prien, *Historia del Cristianismo en América Latina.* Salamanca: Ediciones Sígueme, 1985. p. 64.

[6] Leandro Tormo: *Historia de la Iglesia en América Latina.* 1. *La Evangelización.* Madrid: FERES-OCHSA, 1962. pp. 150 y ss.

[7] Ver los capítulos IV y VI de este libro.

[8] Ver, por ejemplo, Diego Thomson, Francisco Penzotti: *Precursores Evangélicos.* Lima: Ediciones Presencia, 1985.

[9] Datos históricos sobre estos incidentes en J. B. Kessler: *A Study of the Older Protestant Missions and Churches in Perú and Chile.* Goes: Oosterbann-le Cointre N.V. 1967. pp. 228-232; Herbert Money: *La Libertad Religiosa en el Perú.* Lima: CONEP, 1965. Ver también *Theologika* revista del

Seminario Adventista Latinoamericano de Teología, sede Lima. Vol. I. No. 1, julio de 1983. pp. 97 y ss.

[10] Texto tomado de Wilfredo Kapsoli: *El Pensamiento de la Asociación Pro-Indígena.* Cusco: Centro Las Casas, 1980. pp. 137 y ss.

[11] Luis E. Valcárcel: *Tempestad en los Andes.* Lima: Editorial Universo, 1972. pp. 88, 157 y ss. Nótese el comentario crítico de José Carlos Mariátegui en su "Prólogo" a este libro. Valcárcel ha insistido en su comentario favorable a los misioneros evangélicos en sus recientemente publicadas *Memorias.* Lima: Instituto de Estudios Peruanos, 1981. p. 71.

[12] Jorge P. Howard, *Libertad Religiosa en América Latina.* Buenos Aires: Ed. La Aurora, 3ra. ed, 1946.

[13] Siempre en el caso del Perú, en la revista *El Heraldo* publicada por Juan Ritchie a partir de 1911, aparecen continuamente incidentes que testimonian de esto. Zúñiga Camacho, al igual que Eduardo Forga en Arequipa, son personajes destacados, pero hubo centenares de testigos anónimos, y los hay hasta hoy.

[14] Me he ocupado del tema más extensamente en C. René Padilla, Ed.: *El Reino de Dios y América Latina.* El Paso: Casa Bautista de Publicaciones, 1975. pp. 127 y ss.

[15] Algunos colegas pentecostales me señalaron este factor al comentar la primera edición del presente libro.

[16] La forma en que la prensa de izquierda trató la presidencia de Efraín Ríos Montt en Guatemala, es un elocuente ejemplo de la simplificación marxista que equipara avance evangélico con penetración imperialista norteamericana, sin presentar pruebas. La simplificación opuesta, que no distingue entre "reino de Dios" y sistema de vida norteamericano, caracteriza los mensajes de Jimmy Swaggart y otros que nada tienen que ver con el protestantismo evangélico tradicional en América Latina.

[17] Esta declaración, resultado de la reflexión de políticos y teólogos evangélicos latinoamericanos, fue formulada en mayo de 1983, en Jarabacoa, República Dominicana. Texto completo en *Misión,* No. 7, Buenos Aires, 1983. pp. 38 y ss.

[18] *Pacto de Lausana,* párrafo 5. Texto completo del Pacto y comentario en John Stott: *El Pacto de Lausana. Exposición y Comentario.* San José: Visión Mundial s/f.

[19] Ver, por ejemplo, C. René Padilla Ed.: *The New Face of Evangelicalism.* Downers Grove: Inter Varsity Press. 1976.

[20] C. René Padilla, Ed.: *Hacia una Teología Evangélica Latinoamericana.* San José: Ed. Caribe. Colección FTL, 1984.

[21] Dos formulaciones evangélicas latinoamericanas de la posición clásica de la Reforma, actualizada en el debate moderno, son: José Míguez Bonino: "Escritura y Tradición. Un Antiguo Problema en una Nueva Perspectiva", en *Cuadernos Teológicos,* Buenos Aires, No. 34, abril-junio de 1960, pp. 94 y ss.; y C. René Padilla: "La Autoridad de la Biblia en la Teología Latinoamericana", en Pedro Savage Ed.: *El Debate Contemporáneo sobre la Biblia.* Barcelona: Ediciones Evangélicas Europeas, 1972. pp. 123 y ss.

[22] Ver Savage, *Op. Cit.* pp. 19—36.

[23] Pensamos en especial en sus obras *El Otro Cristo Español* y *Prefacio a la*

Teología Cristiana, publicadas ambas por la Casa Unida de Publicaciones, México, en 1952 y 1945 respectivamente.

[24] Nos referimos a Erasmo Braga del Brasil, Angel M. Mergal de Puerto Rico, Gonzalo Báez Camargo y Alberto Rembao, ambos de México.

[25] Véanse los trabajos de Dayton Roberts y Wilton M. Nelson en CLAI (en formación). *Oaxtepec 1978.* San José: CLAI, 1980.

Capítulo II

MARCO HISTORICO DEL FERMENTO TEOLOGICO

El pensamiento teológico actual en América Latina refleja fielmente la evolución histórica del continente en las décadas más recientes. Es propio de la atmósfera intelectual de nuestro tiempo que al hacer una descripción histórica de las ideas y las doctrinas cristianas, se preste especial atención a las circunstancias sociales y al momento histórico en que viven los cristianos que piensan su fe. Sin ese esfuerzo no es posible comprender por qué se plantean algunas preguntas, se revisan posiciones y se exploran con vigor renovado ciertas enseñanzas bíblicas.

En las filas evangélicas se ha expresado la convicción de que "una reflexión teológica pertinente a nuestros pueblos deberá tomar en cuenta la dramática realidad latinoamericana".[1] Los teólogos de la liberación, por su parte, prestan mucha atención a la historia y exponen su pensamiento partiendo de una forma particular de interpretar la evolución histórica de América Latina.

1. Panorama histórico de una etapa agitada. De 1950 a 1980

En este breve recuento de algunos hechos significativos que nos ayuden a comprender la evolución teológica, vamos a escoger como fecha inicial 1955, porque en ese año se realiza la Primera Conferencia General del Episcopado Latinoamericano de la Iglesia Católica Romana, en Río de Janeiro. Este encuentro precedió a otros dos de la misma naturaleza que se han hecho célebres: Medellín (1968) y Puebla (1979). Las tres fechas representan hitos importantes de la vida institucional del catolicismo latinoamericano, y registran tres momentos de una evolución acelerada y sorprendente. Estas líneas se escriben en 1986, luego de la visita del papa Juan Pablo II a Venezuela, Ecuador y Perú, que fue precedida de la publicación de un documento definitorio en cuanto al papel del catolicismo dentro de la realidad social y a la legitimidad de las "teologías de la liberación".[2] Han sido tres décadas intensas.

Tres décadas de historia acelerada

Hablando en Puerto Rico, en 1962, el historiador Arnold J. Toynbee afirmó: "Hoy están sucediendo cosas en América Latina que, a mi juicio, pueden tener la misma importancia para la historia que tuvo el Renacimiento del siglo XV." Parafraseándolo el teólogo y misionero presbiteriano Juan A. Mackay decía: "Hoy están sucediendo cosas entre las iglesias latinoamericanas que pueden tener la misma importancia para la Iglesia Universal de Cristo y para el movimiento ecuménico en su mejor y más genuina expresión, que la Reforma del siglo dieciséis tuvo, a través del redescubrimiento de la Biblia y del evangelio de Jesucristo."[3] A su vez, un teólogo católico afirma lo siguiente sobre esta etapa: "La evolución de la iglesia latinoamericana lo mismo en lo teológico que en lo pastoral ha sido asombrosamente rápida en los últimos decenios. Hace poco más de veintiocho años que se fundó el CELAM y en ese corto lapso se han llevado a cabo cambios estructurales e ideológicos como quizá no se habían realizado en todo el tiempo anterior desde los días de la independencia."[4] Está clara la coincidencia de estos observadores: han sido tres décadas de historia acelerada y trascendente. Vamos a resumir algunas de las tendencias y corrientes de estas décadas, prestando atención a lo que se reflejó más claramente en el desarrollo teológico y pastoral.

La guerra fría y el retroceso de la democracia. Hegemonismo

El lenguaje de los panoramas históricos sobre América Latina en la década de los cincuenta y en los ochenta es en sí mismo un índice de cómo ha cambiado nuestro continente, y de la toma de conciencia de estos cambios en sectores cada vez más amplios de la población. Tomemos los años 1950 y 1960. En 1956 Germán Arciniegas podía escribir sobre la América visible y la invisible, y sobre un continente que oscilaba "entre la libertad y el miedo". Como muchos otros intelectuales latinoamericanos, poseídos de la euforia democrática que siguió al fin de la Segunda Guerra Mundial, veía sorprendido y con temor la aparición de nuevas dictaduras latinoamericanas con sus vicios antiguos, pero amparadas por los Estados Unidos. Este país, en su conducta internacional, especialmente hacia América Latina, procedía sobre todo por el temor histérico al comunismo, propio de la guerra fría.[5] Regímenes democráticos como los del Perú (1948), Guatemala (1954) y Venezuela (1948), cayeron, y en su lugar se implantaron dictaduras militares conservadoras con el beneplácito de los Estados Unidos. Otros regímenes populistas, que a su manera habían respondido al reto de la creciente urbanización e industrialización, cayeron también, en parte debido a sus tensiones con los Estados Unidos: Perón en Argentina (1955) y suicidio de Getulio Vargas en Brasil (1954). Dice el historiador Halperin Donghi:

> De este modo, la guerra fría consagra la hegemonía estadounidense, consecuencia —más que de ella— de la decadencia de sus antiguos rivales europeos. Ella afecta también el temple de la política latinoamericana: la democratización que en 1945 parecía inevitable, comienza a ser denunciada como inoportuna por sectores que siempre la han tenido por tal. . .[6]

Esta década llega a un momento crítico con la subida de Fidel Castro al poder en Cuba, y el establecimiento de un régimen que se encamina lentamente a la ruptura con su vecino poderoso y hegemónico en el continente. En este sentido 1959 fue un año decisivo.

La búsqueda del progreso y cambio de estructuras. Desarrollismo

Nos parece que hay tres factores que se destacan cuando tratamos de entender la historia de la década 1960 a 1970. Primero, la revolución cubana con su adopción del socialismo y su entrada a la esfera de influencia de la Unión Soviética; segundo, la influencia creciente del marxismo en los círculos académicos y universidades latinoamericanas; y tercero, la experiencia económica de nuestros países en la que se conjugan por una parte sus males tradicionales, propios del orden feudal ibérico que la emancipación no cambió y, por otra parte, las prácticas económicas imperiales de los Estado Unidos y Europa, ya recuperados de la guerra. Como respuesta casi inmediata a la revolución cubana en 1960, el presidente John Kennedy propuso la Alianza para el Progreso, y por un momento atrajo la imaginación de muchos políticos y líderes del continente, que firmaron la famosa "Carta de Punta del Este". Ni siquiera había transcurrido la década cuando el sueño terminó en un "desastre". Comparando el éxito que tuvo en Europa la iniciativa norteamericana del "Plan Marshall" después de la guerra, con el fracaso de la "Alianza para el Progreso" en América Latina, un dirigente colombiano nos ofrece una clave que explica dicho fracaso: "La carta de Punta del Este señaló un criterio especial que es necesario tener en cuenta. Se aceptó que no era posible esperar que el desarrollo económico permitiera la realización de las urgentes transformaciones de la estructura social, sino que éstas deberían emprenderse paralelamente y con toda energía."[7]

Pero a las transformaciones se opusieron dos fuerzas. Por una parte los conservadores de la derecha norteamericana, que se oponían a las inversiones de su país en obras de bienestar social en América Latina. Por otra parte, el viejo latifundismo y el incipiente capitalismo que en el lado latinoamericano se oponían a los cambios estructurales.

Hacia el tiempo de la desilusión revolucionaria. Liberacionismo

En un trabajo de 1972, señalábamos las notas que aparecían como tendencias de la década que va de 1970 a 1980. Estas derivan de las de la década anterior. Se abandonó la ideología del "desarrollismo" y en cambio se empezó a hablar de la "liberación" como meta hacia la cual avanzaba el proceso histórico. Más que imitar a los países desarrollados para llegar hasta su nivel, lo que había que hacer era liberarse de su dominación; así aparece también el término "dependencia" para referirse a las relaciones económicas entre América Latina y el mundo desarrollado. Las luchas guerrilleras que empezaron en la década anterior, hacen surgir un nuevo tipo de régimen militar y la vida del continente se militariza, de manera que tanto en el lenguaje de la revolución como en el de la represión la democracia aparece desprestigiada

Finalmente, crece un nacionalismo de nuevo cuño aun en los sectores militares conservadores, que es también visible en lo cultural por la exaltación de valores autóctonos en la música y la literatura.[8] Los panoramas históricos pasan a dar importancia capital a los factores económicos y se describe a nuestra América Latina como protagonista de un "pacto neocolonial" que ha entrado en crisis.[9]

Esta es la década en la cual hemos sido testigos o protagonistas de diversas formas de "guerra sucia", y en la cual miles de personas, mayormente jóvenes, han muerto o desaparecido, o se han exiliado. Los regímenes militares han ido creando una ideología de "seguridad nacional" y en varios países han fracasado rotundamente los modelos económicos de origen norteamericano. Es un hecho, a todas luces, que nuestros pueblos se han empobrecido, que vivimos bajo el peso agobiante de una deuda externa cuyos intereses no podemos pagar y que aunque varios regímenes militares han cedido el paso a los civiles, empujados por la fatiga o el fracaso, las nacientes democracias tienen una base muy frágil y están constantemente amenazadas. Tal es el caso de Argentina, Perú y República Dominicana entre otras.

2. La evolución histórica del catolicismo latinoamericano

Dentro del panorama histórico que hemos bosquejado, ¿cómo evolucionó la vida del catolicismo latinoamericano? Conocer esta evolución es imprescindible para comprender las nuevas corrientes teológicas. Por ello se hace necesario también bosquejar los hechos más destacados.

Efectos de la posguerra y el fermento del catolicismo europeo

La posguerra, de 1945 en adelante, creó fermento teológico y pastoral en el catolicismo europeo. Pensadores como Jacques Maritain y Emanuel Mounier, por ejemplo, hicieron una revisión seria del catolicismo sin apartarse de él; trataron de reformular la fe tradicional sin abandonar los fundamentos católicos. Ambos tuvieron mucha influencia en algunos países de América Latina: Argentina, Chile, Uruguay y Brasil; es decir, los más cercanos a lo europeo por su población de inmigrantes recientes. Gustavo Gutiérrez dice que "esto favoreció el traslado a América Latina de la corriente social-cristiana que jugó un papel en el despertar de la conciencia social de ciertos grupos cristianos".[10] El catolicismo de los países andinos, México y América Central, fue más bien casi impermeable a esta influencia, aunque con algunas excepciones. Gutiérrez describe esta corriente de la siguiente manera:

> Es un intento por liquidar la mentalidad de cristiandad y abrirse moderadamente a los valores del mundo moderno, y a los ideales de la libertad y democracia burguesas. En esa óptica la situación de miseria en que se encuentra la inmensa mayoría del pueblo latinoamericano dejó de ser vista como una especie de fatalidad histórica y las personas que la vivían dejaron de ser consideradas como simples objetos de obras caritativas. La injusticia social comenzó a aparecer como la causa fundamental de esa situación. [11]

Un ejemplo notable de la autocrítica católica que siguió a esta influencia europea es el análisis de la situación peruana ofrecido por el expresidente Bustamante y Rivero en 1959:

> La actitud de la iglesia —dice este conocido católico— no ha sido suficientemente eficaz en el campo de la solidaridad social. . . Falta a veces el fuego de la emoción humana y de la indignación cristiana para fustigar las injusticias sociales y el tráfico de los mercaderes. Se teme a veces zaherir al poderoso y se emplea a veces el eufemismo deferente para condenar al abuso autoritario. De allí que sea convicción generalizada la de que la iglesia es solidaria con los grandes intereses y mantiene una implícita alianza con los poderes temporales.[12]

El fermento pastoral europeo vino de la comprobación de que las masas católicas sólo lo eran nominalmente y vivían alejadas de la iglesia. Dos sacerdotes franceses publicaron un libro que fue una llamada de atención: *Francia: país de misión* (1943). "La idea de Godin es que hay que llegarse a la masa, una masa que continúa escapándose, en su conjunto, de la acción católica especializada."[13] Los intelectuales católicos que en la década de los 50 iban a estudiar a Europa, encontraron en Francia o Bélgica un fermento teológico y pastoral, una toma de conciencia de ciertas realidades sociológicas de la iglesia, y una búsqueda de caminos de renovación.[14] La palabra *conquista* que había caracterizado a la acción católica antes de la guerra ("conquista del mundo obrero", por ejemplo), cedió su lugar a la palabra *presencia,* la necesidad de dar testimonio de Jesucristo entre las masas con una presencia auténtica.[15]

Río de Janeiro 1955; "el peligro protestante" y la oleada de nuevos misioneros católicos

Un importante cónclave de obispos latinoamericanos se realizó del 25 de julio al 4 de agosto de 1955 en Río de Janeiro. Convocado desde Roma, fue el primero de una serie de encuentros de los que surge el actual Consejo Episcopal Latinoamericano (CELAM), y un movimiento de renovación dentro del catolicismo. Según un historiador católico de esa reunión de 1955, "el fruto de tantos afanes no resulta hoy día ni muy estimulante ni muy actual"[16], pero sí fue un punto de partida de lo que sería después la famosa reunión de Medellín. La preocupación principal en 1955 era la escasez de clero y hubo una conclusión muy importante: "La conferencia reconoce la inaplazable necesidad de solicitar la cooperación de numeroso clero no nacional, tanto secular como regular."[17] Los sacerdotes norteamericanos y europeos, cuya influencia profunda en el catolicismo latinoamericano de estas décadas no se ha destacado ni estudiado bien todavía, tuvieron así la puerta abierta.

Hay un dato más de interés: "La conferencia estima que esta solución podría ser facilitada si los superiores trasladan a América Latina el personal desplazado de los territorios que están bajo el dominio comunista. Con esto aumentaría el personal para rechazar la influencia que pueden ejercer en nuestros pueblos los pastores protestantes que, desplazados de los territorios mencionados, están siendo enviados, en número alarmante, a América Latina."[18] Esta preocupación por el avance protestante se convierte en uno de los temas constantes de los líderes católicos, y como veremos más adelante, un factor de renovación de su pastoral. Lo que aquí es importante recordar es la influencia profunda que estos sacerdotes extranjeros, llegados a partir de la década de los cincuenta, han tenido en el fermento teológico y eclesiástico. En la reflexión teológica sobre lo social, el belga Roger Vekemans es clave en Chile y luego Colombia, lo mismo que el francés Thomas Cardonnel en Brasil; en los estudios sociológicos en el continente actuaron mucho Emile Pin y Francois Houtart, y en la pastoral Ireneo Rosier; en la reflexión teológica una pléyade que va desde el belga José Comblin en el Brasil, hasta el español Jon Sobrino en El Salvador. Además, en el trabajo pastoral y en el activismo misionero una orden norteamericana como la de Maryknoll ha tenido profunda influencia por su metodología, por la radicalidad de sus prácticas así como por la forma en que unen activismo pragmático y fidelidad al Vaticano.[19]

La "presencia" católica entre los pobres: Medellín, 1968

La noción de *presencia* en medio de las masas tuvo su impacto en experimentos como los de los sacerdotes obreros en Francia y otros países europeos. La Iglesia Católica se encontró con el mundo obrero y ello tuvo un impacto decisivo. Se puede decir que lo mismo pasó en América Latina, aunque dentro de circunstancias propias de este continente. Al igual que en Francia, la presencia de sacerdotes entre los obreros o los universitarios, llevó lentamente a una identificación con las luchas políticas de éstos y con su causa, y se planteó en la práctica un cambio radical del papel social que hasta ese momento había cumplido el catolicismo. Para Gustavo Gutiérrez este es un hecho fundamental:

> La inserción de las luchas populares por la liberación ha sido —y es— para muchos cristianos en América Latina el inicio de una nueva manera de vivir, comunicar y celebrar su fe. Que ellos vengan de las clases populares mismas o de otros sectores sociales, en ambos casos hay —aunque con rupturas y por caminos diferentes— una identificación consciente y clara con los intereses y los combates de los oprimidos del continente. Este es el *hecho mayor* de la comunidad cristiana en estos últimos años en América Latina. Este hecho fue y sigue siendo la matriz del esfuerzo de clarificación teológica que llevó a la teología de la liberación.[20]

Hoy se puede conocer la historia de ese movimiento, que aunque sólo afectó a un sector del catolicismo, ha tenido una influencia creciente. Las experiencias se dieron en diversos países y según diferentes modelos, pero trece años después de la reunión de Río de Janeiro, los obispos católicos se volvieron a reunir en Medellín, Colombia. En sus deliberaciones y en el documento final de *Conclusiones* que produjeron, se deja sentir la influencia de este "encuentro con las masas", de esta identificación con las mayorías, a la cual se denomina "opción por los pobres".[21]

No se debe olvidar que el fermento europeo, al cual nos referimos en líneas más arriba, iba a ser una fuerza importante en el Concilio Vaticano II, que se desarrolló entre 1962 y 1965. Se puede decir que en el Concilio, la Iglesia Católica Romana aceptó oficialmente e institucionalizó la *triple "respristinación"* (vuelta a las fuentes) que el canónigo Thils describía como la corriente teológica predominante: un regreso a la fuente bíblica, a la fuente litúrgica y a la fuente patrística.[22] También la idea de una "puesta al día" (aggiornamento) de la iglesia, según frase del Papa Juan XXIII, describe bien lo que fue el Concilio. El impacto de esta reunión sobre la conciencia católica alrededor del mundo fue renovador, aunque causó agudas tensiones. Y precisamente, los obispos latinoamericanos se reunieron en Medellín en 1968 para aplicar el Concilio a América Latina. Su tema era: "La iglesia en la actual transformación de América Latina, a la luz del Concilio". Cuando se leen las *Conclusiones* de Medellín se percibe que tanto las discusiones de los obispos como el documento resultante, estuvieron fuertemente determinados por el lenguaje y la visión del Vaticano II. Sin embargo, algunos teólogos de la liberación recalcan hoy en día el hecho de que en Medellín fue la realidad latinoamericana la que tuvo influencia más decisiva, tanto en la reunión como en sus conclusiones y efectos. Es decir, en Medellín se reflejó el efecto de lo que les estaba pasando a los católicos que se habían "encontrado con los pobres" y que habían empezado de esa manera a percibir la realidad social y política aguda del continente, y la necesidad de cambios revolucionarios. Dice Gustavo Gutiérrez:

> Los años que van de 1965 a 1968 son decisivos en la experiencia del movimiento popular de América Latina, y lo son también para la participación de los cristianos en ese movimiento. La teología de la liberación que nace poco antes de Medellín, hunde sus raíces en esos años. Sin la vida de las comunidades cristianas en ese tiempo no se explica lo sucedido en la Conferencia Episcopal de Medellín. En ella se expresan las experiencias de la inserción de esos cristianos en el proceso de liberación.[23]

Un elemento clave en Medellín fue la manera de visualizar o percibir la situación latinoamericana. Las *Conclusiones* reflejan una metodología que se puede resumir en tres pasos: 1) hechos, 2) reflexión, 3) recomendaciones o consecuencias pastorales. Precisamente, al partir de los "hechos" de la realidad latinoamericana, se utiliza la metodología de las ciencias sociales, cuyas descripciones y diagnóstico se aceptan también como punto de partida. En ese sentido, este documento es diferente de otros documentos católicos en los cuales se parte de la "esencia" o "naturaleza" de las cosas provista por la revelación o la tradición, y se aplica eso a la situación particular que se considera. Dice Oliveros: "Las 'conclusiones' de Medellín no parten de la esencia de la justicia o la paz, aunque sea un tema bíblico muy interesante e importante. Parten de la realidad latinoamericana profundizada y expresada ordenadamente por las ciencias sociales."[24] Como veremos más adelante, en esta metodología se ha dado un salto cualitativo. La teología católica que siempre había partido de la filosofía, partía ahora de las ciencias sociales. Como dice Oliveros, éstas "profundizan" y "expresan ordenadamente" la visión de la realidad latinoamericana. Y como ha señalado Gutiérrez, Medellín en su cuadro de la realidad latinoamericana, había aceptado el lenguaje y las categorías de la "teoría de la dependencia", en la cual hay elementos marxistas.[25] Este punto importante de la reflexión teológica de Medellín será analizado en detalle en el curso de nuestro estudio.

En resumen, vemos que el fermento en el catolicismo europeo, la presencia de clero e ideas de Europa y Norteamérica, la experiencia novedosa de católicos en medio de las masas empobrecidas del continente, y el uso de las ciencias sociales para la reflexión teológica, hacen de Medellín 1968 un hecho histórico radicalmente diferente de Río de Janeiro 1955. Pero es importante recordar que el sector católico que tiene influencia decisiva en Medellín es minoritario, si bien es activo, militante y muy bien articulado intelectualmente. El hecho de que los obispos diesen su aprobación a las *Conclusiones* no implica que éstas representen la práctica y el pensamiento de todos los católicos. Este nuevo tipo de catolicismo coexistía con la religiosidad popular de las masas, el catolicismo tradicional de la población y la presencia de capellanes en las fuerzas armadas, nuncios apostólicos y grupos de presión frente a los gobiernos latinoamericanos.

Puebla 1979: ¿Progreso o retroceso de la renovación católica?

Once años después de Medellín, en Puebla, México, se realizó la tercera conferencia general del episcopado latinoamericano. El panorama había cambiado notablemente. La atmósfera revolucionaria que parecía llevar a un triunfo continental del socialismo en 1968, fue reemplazada por la aparición de regímenes militares de corte totalitario, en varios países. Fue así como sectores más militantes de un catolicismo "estilo Medellín" entraron en abierto conflicto con dichos regímenes; por ejemplo en Chile, Argentina, Brasil, Ecuador. La noción misma de "opción por los pobres" fue interpretada como subversiva. Según un informe presentado a la conferencia de Puebla, entre 1968 y 1978, un total de 1,500 sacerdotes, obispos, monjas y laicos activos habían sido arrestados o torturados o secuestrados o asesinados o exiliados.[26]

Por otra parte, en el Vaticano accedió al poder un Papa polaco que habiendo sufrido bajo un régimen marxista, tenía una posición claramente crítica de la ideología materialista dialéctica. En el CELAM mismo, a su vez, el sector más conservador del catolicismo latinoamericano, representado por algunos obispos colombianos y argentinos, llegó a las posiciones clave. No es de extrañar por ello, que desde antes de Puebla se previera un retroceso a posiciones conservadoras en varios aspectos.[27] La prensa en general, y la católica también, hizo públicas las profundas divergencias y graves tensiones entre sectores opuestos del catolicismo, especialmente respecto a lo social y político.[28] A comienzos de 1978, el CELAM hizo circular un documento de más de doscientas páginas que llevaba como título *La Evangelización en el Presente y el Futuro de América Latina.* Se resumía allí el trabajo de reflexión e inquietudes recogidas en el continente, para que la Conferencia Episcopal (asamblea de obispos) de cada país latinoamericano lo considerase. Es muy ilustrativo estudiar la cantidad de aportes diferentes que desde cada país se recibieron antes del encuentro de Puebla. Ello da una idea de la variedad de posiciones según la problemática de cada país, y las tendencias de la jerarquía.[29] El documento constituía una agenda para la conferencia de Puebla y, en realidad, planteaba de antemano lo que se esperaba que los obispos aprobasen. Ello explica en parte la polémica que despertó desde antes de la conferencia.

La discusión se polarizó especialmente alrededor del tema de la acción social y política de los católicos. Decía un comentarista jesuita: "Lamentablemente en algunos lugares el Documento ha sido recibido con sospechas y hasta con ataques vitriólicos que incriminan a los redactores responsables el ocultar complicidades inconfesables."[13] En esta controversia el tema de la "liberación" era clave. Los Documentos Finales de Medellín empleaban mucho no sólo este término, sino también otros como "opresión" y "colonialismo", que muestran que al hacer un diagnóstico de la situación latinoamericana había predominado cierta perspectiva política. En las circunstancias que siguieron a Medellín 1968, en varios países hubo católicos que acentuaron su inclinación hacia esa línea llegando inclusive a optar por una alianza estratégica con el marxismo, abiertamente reconocida por grupos como los llamados "Cristianos por el Socialismo".[31] Para quienes sostenían esta posición, el Documento de Consulta de Puebla significaba un retroceso, porque aunque presenta un análisis realista de la situación del continente, hay en él una crítica clara, consistente y repetida contra el marxismo.

Tanto en este como en otros aspectos, el Documento de Consulta reflejaba los pronunciamientos del papa Paulo VI y del famoso Sínodo de la Evangelización.[32] El propio documento y los portavoces del CELAM así lo reconocían. En su carta apostólica llamada "Octogessima Adveniens" 1975, Paulo VI tomó posición clara en contra del marxismo como opción política aceptable para los católicos, y en su exhortación apostólica al episcopado, clero y fieles de la iglesia, llamada "Evangelii Nuntiandi" acentuaba la tarea de evangelizar como la tarea fundamental de la iglesia. Los dos pronunciamientos papales son continuamente citados en el Documento de Consulta para Puebla.

En el Documento Final que produjo la conferencia de Puebla,[33] está clara la toma de posición de los obispos en contra de las ideologías. Desde la perspectiva evangélica, como lo hemos señalado en otro lugar, el Documento representa un retroceso en

cuestiones como la religiosidad popular, las relaciones con los no católicos y el constantinismo abierto o disfrazado.[34] Ello explica en parte que los teólogos de la liberación en general hayan evaluado a Puebla con mucho menos entusiasmo que a Medellín. Así, por ejemplo, Gustavo Gutiérrez ha llamado la atención al hecho de que Medellín reflejó posiciones avanzadas en lo social, "y es también lo que ciertas personas no le perdonan y por eso buscan borrarlo de la escena latinoamericana".[35] Al mismo tiempo es evidente en las palabras de uno de los artífices de Puebla que había la intención de corregirle la plana a Medellín.[36]

Esta evolución de hechos que rodea el desarrollo de

posiciones teológicas tiene que ser percibida para poder entender las teologías de la liberación hasta el presente. Al mismo tiempo es importante comprender algo de ese "avance protestante" que tanto preocupaba a los obispos en 1955 y que les sigue preocupando hasta hoy. A ello dedicaremos el siguiente capítulo.

Notas del Capítulo II.

[1] Pedro Savage, ed. *El Debate Contemporáneo sobre la Biblia.* Barcelona: Ediciones Evangélicas Europeas, 1972, p. 225.

[2] Aunque la intención de la mencionada *Instrucción* era zanjar diferencias entre las teologías de la liberación aceptables para el Vaticano y las condenables, el hecho de que el documento no mencione nombres concretos le ha dado cierta ambigüedad, de manera que nadie se da por aludido.

[3] Juan A. Mackay, *Las Iglesias Latinoamericanas y el Movimiento Ecuménico* New York: Comité de Cooperación en América Latina, 1963, p. 3.

[4] J. L. Idigoras S. J., *Liberación. Temas Bíblicos y Teológicos* Lima, 1984. p. 5.

[5] Germán Arciniegas, *Entre la Libertad y el Miedo.* Buenos Aires: Sudamericana. 1958. En el presente resumen histórico hemos adoptado un estilo descriptivo adecuado a nuestro propósito. En los capítulos en los cuales tocamos los temas de historia e ideología, se percibirá por qué no adoptamos ni un lenguaje ni una forma de describir los hechos que ciertos sectores académicos consideran el único válido y científico.

[6] Tulio Halperin Donghi: "Cincuenta Años de Historia Latinoamericana", en *Criterio,* Buenos Aires, Nos. 1777-1778, Dic. de 1977, p. 711.

[7] Carlos Sanz de Santa María: *América Latina ¿Progreso o Retroceso?* Bogotá: Ed. Revista Colombiana, 1967, p. 11.

[8] C. René Padilla, ed. *Fe Cristiana y Latinoamérica Hoy.* Buenos Aires: Ediciones Certeza, 1975. Ver mi trabajo "La situación latinoamericana", pp. 13-34

[9] Este es el cuadro historiográfico que adopta, por ejemplo, Halperin Donghi en su *Historia Contemporánea de América Latina.* Madrid: Alianza, 9a. Ed. 1981.

[10] Gustavo Gutiérrez, *La Fuerza Histórica de los Pobres.* Lima: CEP, 1979, p. 342. En su trabajo "Teología desde el reverso de la historia", que forma parte de este libro, Gutiérrez ofrece un resumen del proceso histórico e intelectual de las décadas recientes, desde la perspectiva de su teología de la liberación. Citamos este libro en adelante con las iniciales FHP.

[11] Id.

[12] José Luis Bustamante y Rivero, *Mensaje al Perú.* Lima: Ed. Universitaria, p. 157. El ensayo citado, escrito en 1959, muestra la evolución crítica de un laico católico, típico de la tendencia social-cristiana de esa década.

[13] R. Girault y otros, *Las Etapas del Apostolado.* Barcelona: Nova Terra, 1963. Este libro ofrece un panorama histórico de la pastoral católica desde una

perspectiva propia del movimiento de sacerdotes obreros en Francia.

[14] Así, por ejemplo, Gustavo Gutiérrez estudió en Lovaina (Bélgica) Filosofía y Psicología de 1951 a 1955. Luego estudió Teología en Lyon, (Francia). Junto a él estudió Camilo Torres, que después optaría por la guerrilla. Muchos otros latinoamericanos siguieron la ruta de Bélgica y Francia.

[15] La idea de la tarea misionera como "presencia" debería sustituir a la noción de "conquista", según los pastoralistas católicos de ese momento. Una fundamentación teológica de este cambio se puede observar en G. Thils, *¿Apóstoles o Testigos? ¿Trascendencia o Encarnación?*. Bilbao: Desclée de Brouwer, 1953. La noción se hizo popular también en el mundo protestante ecuménico a través del Movimiento Estudiantil Cristiano, vinculado al Consejo Mundial de Iglesias.

[16] Hernán Parada. *Crónica de Medellín*. Bogotá: Indoamerican Press Service. 1975. p. 25.

[17] *Id.*

[18] *Id.*

[19] Por alguna razón los historiadores de las teologías de la liberación no prestan atención al aporte catalizador de este clero extranjero hasta hoy. El catolicismo no ha podido resolver en América Latina el problema de una aguda necesidad de clero, y el flujo de sacerdotes extranjeros sigue siendo necesario.

[20] Gustavo Gutiérrez, *FHP,* p. 305.

[21] Más adelante expondremos las diferentes maneras de entender esta "opción" dentro del catolicismo. Toda la sección 14, precisamente titulada "Pobreza", en las *Conclusiones* de Medellín se ocupa del tema.

[22] Gustavo Thils, *Orientaciones Actuales de la Teología*. Buenos Aires: Troquel. 1959. Este libro es un excelente resumen del fermento teológico que agitaba al catolicismo europeo antes del Concilio Vaticano II.

[23] Gutiérrez, *FHP,* p. 365.

[24] Roberto Oliveros, *Liberación y Teología. Génesis y Crecimiento de una Reflexión 1966-1977*. Lima: CEP. 1977, p. 116. Este libro es un buen resumen histórico del desarrollo de las teologías de la liberación desde la óptica de Gustavo Gutiérrez y su grupo de Lima.

[25] Gustavo Gutiérrez, "Teología y Ciencias Sociales", en *Páginas* Nos. 63-64, septiembre de 1984. En este trabajo, respuesta a las críticas recibidas desde el Vaticano, Gutiérrez distingue entre "teoría de la dependencia" y análisis marxista, pero reconoce que la mencionada teoría tiene elementos marxistas, ver pp. 7-8. Una evaluación más detenida de la mencionada teoría, acompañada de un diálogo entre liberacionistas y conservadores, dentro del CELAM, se puede ver en CELAM, *Liberación: diálogos en el CELAM*. Bogotá, 1974, pp. 201-235.

[26] Citado por Mortimer Arias en CLADE II, *América Latina y la Evangelización en los años 80,* p. 323.

[27] Ver mi artículo "El Episcopado Católico en Puebla", *Pensamiento Cristiano,* Vol. 25, No. 95, 1979, p. 24.

[28] Ver posiciones muy variadas en las crónicas del evento mismo ofrecidas por *Noticias Aliadas,* periódico semanal de la izquierda católica, publicado en Lima, especialmente el Vol. 11 correspondiente a 1979; la revista *Mensaje*

de Chile, publicación de los jesuitas, números 267 y sigs.; las crónicas de *Vida Nueva* de España, a partir de su número especial 1147; los artículos en órganos protestantes "CELAM III measured steps forward" por Dean Peerman en el *Christian Century,* abril 4 de 1979, y "Puebla: all thing to all bishops", in *Christianity Today,* March 23, 1979.

[29] Así surge, por ejemplo, de la comparación entre el "Aporte de la Conferencia Episcopal Peruana", publicado por ésta en Lima, 1978; por otra parte, el volumen *Puebla 78,* publicado por Ediciones Paulinas de Sao Paulo Brasil; y por otra la serie de trabajos preparatorios publicados en Argentina por SEDOI (Servicio de Documentación e información del Instituto de Cultura Religiosa Superior).

[30] Manuel Virasoro S. J. "Requisito previo: evangelización de los evangelizadores", *Revista del CIAS,* Buenos Aires, junio de 1977, p. 9.

[31] Más adelante, al referirnos al tema de las opciones políticas desarrollaremos este tema.

[32] La serie de trabajos publicados por SEDOI en Argentina, ya mencionados, destacan el aspecto de la evangelización, descuidado en otros de los aportes nacionales.

[33] Utilizaremos en este trabajo la versión de *Puebla. La Evangelización en el Presente y el Futuro de América Latina,* publicada por Ediciones Paulinas, Lima 1979. En adelante nos referiremos a este documento con el título de *Puebla.* La sección 5 del Cap. II es la que trata del tema de las ideologías, especialmente los párrafos 535 a 562.

[34] "El Episcopado Católico en Puebla", *Pensamiento Cristiano,* No. 95, Buenos Aires, pp. 24 y ss.

[35] Gutiérrez, FHP, p. 365

[36] Nos referimos a Alfonso López Trujillo. Hay que leer con mucho cuidado su artículo "Medellín: una mirada global", en *Hacia una Sociedad Nueva* Bogotá: Ediciones Paulinas, 1978, p. 104 y ss. Es mucho más explícito en "La Iglesia en América Latina. Una rápida mirada", revista *Criterio,* Buenos Aires, Nos. 1777-1778, Dic. de 1977, pp. 699-704.

Capítulo III

EL AVANCE EVANGELICO EN AMERICA LATINA

El avance protestante que tanto preocupaba a los obispos católicos en 1955, y que les sigue preocupando en 1986, tuvo como uno de sus efectos indirectos el fermento teológico de estos últimos años. Las voces de alarma más elocuentes se lanzaron en la década de los años 50, pero el movimiento protestante había empezado mucho antes su expansión en América Latina.[1] Frente a él los católicos no sólo percibieron la ineficacia de su propio ministerio docente y pastoral entre las masas, sino que tuvieron que plantearse las preguntas acerca de la autenticidad de su cristianismo. En Europa preocupaba a los pastoralistas católicos la secularización y el hecho de que las masas obreras se hicieran comunistas, en los países de mayoría católica.[2] Tal preocupación también existía en América Latina, pero por encima de ella parecía predominar en la mente de la jerarquía, la angustia por el hecho de que las masas, especialmente los más pobres se estuviesen haciendo protestantes.[3] No es de extrañar, entonces, que la reflexión teológica en cada caso haya seguido rumbos diferentes.

El movimiento misionero protestante, que todavía manifiesta su vitalidad, empezó a fines del siglo XVIII en los círculos pietistas del centro de Europa y luego en el mundo de habla inglesa.[4] En Africa y Asia fue paralelo a la expansión imperial europea, y en particular la británica, de manera que en la percepción de muchos está asociado al colonialismo. La naturaleza y alcances de dicha asociación deben establecerse y comprenderse con más claridad.[5]

En América Latina, en cambio, la llegada del movimiento misionero protestante a comienzos del siglo XIX, coincide con las luchas por la independencia del dominio español, y la consiguiente apertura del continente al capitalismo británico y norteamericano.[6] También aquí es necesario estudiar más a fondo los hechos históricos mismos, aunque la historiografía dominada por la visión marxista tiende a equiparar protestantismo e imperialismo en forma demasiado simplista.[7] El protestantismo no sólo trae un mensaje evangélico dirigido a las profundas necesidades espirituales del continente, sino que viene rodeado de una actitud social y política que es una opción por el cambio y la modernización. Se identificó en forma explícita o implícita con el movimiento político que se suele describir utilizando el término genérico de "liberalismo", tal como se había identificado con el movimiento emancipador.[8]

1. Caracterización del protestantismo latinoamericano

El protestantismo actual en América Latina es un fenómeno complejo. Se trata de una minoría religiosa significativa que según cálculos católicos supera los 50 millones de iberoamericanos. En algunos países supera el 20% de la población y en todos sigue creciendo. Sin embargo, hoy en día no se puede hablar de un protestantismo latinoamericano, sino de un movimiento protestante con varias corrientes. Es necesario establecer una tipología sencilla y comprender algo de su desenvolvimiento histórico para entender el fermento de las tres últimas décadas.[9]

Corrientes del protestantismo latinoamericano

En el protestantismo actual se pueden distinguir tres corrientes principales, atendiendo a factores teológicos, históricos y sociales. No hay ninguna tipología que resulte enteramente satisfactoria, y como evangélicos nos parecen muy deficientes las tipologías que centrándose en lo social y político se olvidan de la historia y los factores teológicos. Por ello creemos con Orlando Costas que las corrientes que pueden distinguirse serían las siguientes:

1. Las iglesias de trasplante
2. Las iglesias evangélicas
3. Las iglesias pentecostales

El nombre mismo de protestantismo de trasplante alude al origen histórico de las iglesias que vinieron procedentes de Europa con los movimientos migratorios, y se establecieron para servir a las comunidades migrantes. Así, a lo largo del siglo pasado aparecen en varios países latinoamericanos comunidades de la Iglesia Anglicana para servir a la colonia británica que por negocios, industria o emigración se había establecido en diferentes ciudades. Lo mismo se puede decir de la Iglesia Luterana que viene con los colonos alemanes al sur de Brasil, sur de Chile, y Argentina; o de los menonitas que se establecen como comunidades en Paraguay y México. La principal intención de estas comunidades no era ganar adeptos entre los nacionales de cada país, aunque muchas veces sirvieron como punto de partida para la evangelización más allá de sus límites.[10] Estas iglesias trajeron una teología, una liturgia y una pastoral bien definidas. Fueron también a veces el ámbito en el cual se mantenía la cultura del país de origen, en particular el idioma. Traían también, por su origen, una actitud de tolerancia y no de beligerancia frente al catolicismo, y éste, a su vez, las toleró especialmente por su compromiso de no hacer prosélitos.[11]

Tenemos en segundo lugar las iglesias evangélicas fruto de la obra misionera. Hay aquí dos líneas. Una es la de las denominaciones que al calor del gran impulso de fines del siglo XVIII enviaron misioneros a América Latina durante el siglo XIX. Tal es el caso, por ejemplo, de los presbiterianos y metodistas y de diferentes iglesias bautistas. La segunda línea sería la de las misiones interdenominacionales independientes (llamadas en inglés "faith missions") que dieron lugar a iglesias como las Centroamericanas, la Alianza Cristiana y Misionera, la Iglesia Evangélica Peruana, o los llamados Hermanos Libres en varios países. Con el correr del tiempo, algunas denominaciones de la primera línea han encontrado más afinidad con el protestantismo de trasplante y se han identificado como "históricas". Es necesario destacar, sin embargo, que en sus orígenes fueron fruto de un celo evangelizador intenso, sin el cual no hubiesen podido sobrevivir a la resistencia, a veces violenta, del catolicismo oficial. Sus primeros misioneros vieron a América Latina como "tierra de misión" y a fin de ganarse espacio para cumplir su vocación evangelizadora, se aliaron varias veces a las fuerzas sociales y políticas que luchaban contra el feudalismo colonial en el siglo XIX y aun en pleno siglo XX. Esto explica la beligerancia del catolicismo conservador contra estas iglesias aun hasta nuestros días[12]

Parte de la reacción católica fue interpretarlas como motivadas por el imperialismo cultural anglosajón.[13] La influencia marxista en la historiografía más reciente ha vuelto a insistir en el tema.[14] No se puede negar que los misioneros eran personas cuya época y cultura condicionaban su acción. Pero al acentuar este condicionamiento, explícito en algunos casos, se pierde de vista el dinamismo teológico interno que impulsaba la acción misionera.[15] Teológicamente estas iglesias derivaban su celo evangelizador de convicciones doctrinales protestantes acerca de la revelación, la salvación y la vida cristiana, que se habían definido en la Reforma del siglo XVI. Algunas de ellas se acentuaron por contraste con el tipo de catolicismo predominante que mostraba algunos de los mismos vicios y abusos contra los cuales Lutero había insurgido. En 1961 un observador católico resumía así la situación: "Por el momento el protestantismo latinoamericano responde indudablemente a necesidades religiosas legítimas, igual que ocurrió, por otra parte, en el siglo XVI con la Reforma."[16]

Tenemos en tercer lugar a las grandes iglesias pentecostales que han arraigado fuertemente en nuestro suelo, extendiéndose mucho más que las anteriores. También habría dos líneas dentro de este movimiento pentecostal. En primer lugar, los movimientos desprendidos de otra iglesia, luego de una experiencia pentecostal o carismática. Tal es el caso de la Iglesia Metodista Pentecostal en Chile, o del movimiento *Brasil para Cristo*. Una segunda línea sería el pentecostalismo que es fruto de la obra misionera venida de Europa (Suecia) o de Norteamérica, como por ejemplo, las Asambleas de Dios o las iglesias cuadrangulares. En su etapa inicial algunos grupos pentecostales mantuvieron una línea propia, independiente de los demás evangélicos, pero con el tiempo se ha producido un acercamiento mutuo. Ya que en sus orígenes el movimiento pentecostal sale de iglesias protestantes y evangélicas, lleva consigo una carga teológica vinculada también a doctrinas fundamentales de la Reforma. Pero la experiencia de renovación espiritual, con un redescubrimiento de la acción del Espíritu Santo, ofrece un dinamismo nuevo que todavía no se ha interpretado teológicamente en toda su significación.[17] Además, su expansión entre las masas urbanas pobres, determina una liturgia y un proceso de comunicación donde lo oral predomina sobre lo escrito. Ello hace muy difícil ubicar y entender este movimiento tanto a los católicos como a los mismos protestantes.[18] El hecho macizo es que hoy en día el movimiento pentecostal constituye desde el punto de vista numérico el sector más fuerte del protestantismo latinoamericano.[19]

El carácter "evangélico" del protestantismo latinoamericano

La mayor parte de los protestantes en América Latina prefieren llamarse "evangélicos", cuando usan un término genérico por encima del nombre particular de su iglesia o denominación. El vulgo, la prensa, y aun las autoridades católicas usan muchas veces el término "evangelista", emparentado con "evangélico". Hay iglesias que de hecho rechazan el uso del nombre "protestante". La preferencia por el término "evangélico" indica una realidad histórica y un contenido teológico. La mayor parte de los misioneros que vinieron a América Latina pertenecían a un sector del protestantismo europeo o norteamericano que en inglés se describe con el término "Evangelical", y que en Europa se suele describir con el término "pietista". El historiador Justo L. González ha señalado bien los elementos de esta posición que conviene comprender en su génesis histórica, para entender el carácter evangélico de buena parte del protestantismo latinoamericano:

> A fines del siglo XVII y a través de todo el XVIII aparece en la historia del protestantismo un *despertar de la religiosidad individual* que va aparejado a un *nuevo interés en las misiones.* Los dirigentes de este nuevo despertar *protestaban contra la rigidez de la vieja ortodoxia protestante,* y aunque ellos mismos eran por lo general teólogos debidamente adiestrados, tendían a subrayar *por encima de las fórmulas teológicas la importancia de la vida cristiana práctica.* Esta vida cristiana se entendía por lo general en términos individualistas, de modo que se subrayaba *la experiencia personal del cristiano* y su obediencia como individuo ante los mandatos divinos. En términos generales, estos movimientos no pretendían constituirse en nuevas sectas o iglesias, sino que su propósito era más bien servir de levadura dentro de las iglesias ya existentes. Si en algunas ocasiones éste no fue el resultado de tales movimien-

tos, ello no se debió tanto al espíritu cismástico de sus fundadores como a la rigidez de las iglesias dentro de las cuales surgieron.[20]

Este "despertar", o "avivamiento", para usar un término más conocido por los evangélicos latinoamericanos, estuvo en el origen del gran movimiento misionero del siglo XIX. Quienes estamos familiarizados con la historia de la expansión evangélica en América Latina, en el siglo pasado y comienzos del presente, sabemos que las biografías, cartas, informes y publicaciones de sus personajes principales reflejan esta nota evangélica. En ella el pietismo es muy importante. Dice González:

> Es notable cómo la influencia del pietismo alemán y especialmente de Spener y Francke, puede seguirse a través de Zinzendorf, Wesley y el Gran Despertar en América del Norte. Puesto que es a través de estos movimientos que comenzó la gran expansión misionera protestante del siglo XIX, no ha de sorprendernos el que esa expansión haya tenido algunas de las características del pietismo y los demás movimientos que de él surgieron. Así, por ejemplo, los misioneros protestantes del siglo XX tendían a subrayar la necesidad de una decisión individual por parte de los conversos mucho más de lo que antes lo habían hecho los misioneros católicos y aun los primeros misioneros protestantes. . .[21]

Por otra parte, un observador agudo y gran historiador, llama la atención a otra dimensión de la posición evangélica que especialmente se nota en América Latina. En nuestro caso se trata no sólo del origen del movimiento misionero sino del talante que éste adquiere, y del tipo de iglesias nacionales que surgen, al expandirse en territorio en el cual había predominado el catolicismo ibérico. Dice Latourette:

> Las minorías vitales de protestantes en Europa son en gran parte de tradición puritano-pietístico-evangélica. A la misma corriente obedece más aún el crecimiento en números e influencia fuera de Europa. Esto significa que el protestantismo mundial tiene más y más una complexión puritano-pietístico-evangélica. No todos los que tienen una herencia protestante o todos los movimientos vigorosos dentro del protestantismo pertenecen a esta corriente. Sin embargo, a través de ella, *en la práctica el protestantismo acentúa más que antes* el sacerdocio de todos los creyentes, la justificación por la

> fe y el derecho y deber del juicio individual. Y al hacer esto se acerca más que nunca en su testimonio al corazón del evangelio.[22]

Reconociendo que aquí estamos generalizando y que sin duda había variantes según cada región, país o denominación, podemos enumerar las notas que reconocemos en la fe evangélica del protestantismo latinoamericano. Son ellas: un énfasis en la conversión personal y en la vivencia individual de la fe aun por encima de la formulación teológica, una pasión misionera y evangelizadora, un cierto puritanismo en cuestiones de conducta personal, y una concentración en aquellos aspectos de la doctrina que eran parte de la controversia con el catolicismo.[23] Otros factores podrían agregarse, provenientes del entorno social en el cual el protestantismo creció y de las condiciones políticas o el tipo de catolicismo predominante en cada país. Es con este trasfondo que tendremos que comprender las direcciones que toma la vida y el pensamiento de los protestantes latinoamericanos dentro del marco agitado de las tres últimas décadas. ¿Cómo responden los evangélicos que piensan su fe a los procesos de transformación que sufre el continente a partir de la posguerra?

2. Evolución histórica del protestantismo latinoamericano

En el caso del protestantismo, podemos tomar como punto de partida para este estudio el año de 1949, en el cual se realizó la primera Conferencia Evangélica Latinoamericana, conocida como CELA I. Esta fue seguida de la CELA II (1961) y la CELA III (1969), que en cierto modo son hitos que marcan la evolución de un sector del protestantismo. Casi las mismas fechas, como veremos más adelante, marcan la evolución de otro sector, con los Congresos de Evangelización de Lima y Bogotá. Para comprender este proceso de bifurcación, tendremos que ver algo del protestantismo anterior a 1949.

De Panamá 1916 a la CELA I, 1949

La primera toma de conciencia de la realidad continental de un protestantismo latinoamericano se da en el *Congreso de Acción Cristiana en la América Latina* realizado en Panamá del 10 al 19 de febrero de 1916. Un antecedente de esta reunión fue la Conferencia Misionera de Edimburgo en 1910, en la cual se reunieron representantes de las principales iglesias protestantes europeas y norteamericanas interesadas en la misión cristiana en el mundo. Desde nuestro punto de vista evangélico latinoamericano, en Edimburgo sucedió algo importante que después caracterizará al moderno movimiento ecuménico. Los líderes del sector anglo-católico de la Iglesia Anglicana se opusieron a que se considerase al mundo hispano como legítimo campo de esfuerzo misionero protestante. Anunciaron que se negarían a asistir a la conferencia si los misioneros protestantes o los líderes evangélicos de América Latina eran invitados. Al decir de John A. Mackay:

> En aquellos años el esfuerzo misionero protestante en América Latina y en tierras asociadas históricamente con la Iglesia Católica Romana, era considerado por la mayoría de los eclesiásticos europeos como algo meramente anticatólico. Los misioneros a estas tierras eran tildados de fanáticos, miembros de un proletariado iletrado y rústico, cuyo trabajo merecía el repudio.[24]

De la Conferencia de Edimburgo salieron tres grandes movimientos que después confluyeron en la institución ecuménica de origen protestante que es hoy el Consejo Mundial de Iglesias.[25] La actitud del protestantismo europeo respecto al latinoamericano no varió mucho en las primeras décadas del movimiento ecuménico y ello en parte explica la indiferencia de la mayoría de los evangélicos latinoamericanos frente al ecumenismo de origen europeo. Sin embargo, un grupo de participantes en Edimburgo 1910 propició una forma de subsanar el error anglocatólico. Surgió así el Comité de Cooperación en América Latina que fue el organismo que preparó el Congreso de Panamá.[26] Esta reunión fue decisiva para el futuro de la obra evangélica y sus efectos se dejaron sentir en acuerdos diversos de cooperación misionera, estudios de la realidad del continente y planes de trabajo conjunto. Algunos de los responsables de este Congreso eran militantes convencidos del ecumenismo y al mismo tiempo entusiastas de la evangelización: Robert Speer, Samuel Guy Inman y John R. Mott. Evidentemente, tenían un criterio diferente del de los anglocatólicos de Edimburgo 1910.

Después de Panamá, el Comité de Cooperación organizó otros dos eventos importantes: La Conferencia de *Montevideo*, 1925; y la de *La Habana* en 1929. La participación del liderazgo evangélico latinoamericano fue aumentando en estos eventos. El trabajo del Comité se reflejó en varios aspectos de la obra evangélica. Así, en Educación Teológica fueron apareciendo los "Seminarios Unidos" de México, Matanzas, Puerto Rico y Buenos Aires. En Literatura aparecieron revistas como *La Nueva Democracia* y casas editoriales como La Aurora y Casa Unida de Publicaciones. Al mismo tiempo fueron apareciendo entidades paraeclesiásticas como el Movimiento Estudiantil Cristiano (MEC), las Asociaciones Cristianas de Jóvenes (YMCA y YWCA en sus iniciales en inglés), y años más tarde la Unión Latinoamericana de Juventudes Evangélicas (ULAJE).

Este fue el ámbito en el cual se dieron los primeros esfuerzos de reflexión teológica de evangélicos latinoamericanos. Al lado de misioneros como Juan A. Mackay, Stanley Rycroft o Juan Ritchie surgieron predicadores y maestros latinoamericanos que trataron de pensar la realidad del pueblo evangélico, y expresarla en categorías accesibles no sólo a los creyentes sino también a las personas pensantes fuera de la iglesia. Entre ellos destacan los mexicanos Gonzalo Baez Camargo y Alberto Rembao, el brasileño Erasmo Braga, los argentinos Jorge Prando Howard y Juan C. Varetto, el portorriqueño Angel M. Mergal, entre otros. Aunque muchos misioneros independientes e iglesias pentecostales no se sintieran necesariamente expresados por estos pensadores, su obra de conjunto reflejaba el dinamismo de la realidad evangélica. Rembao dirigía la revista *La Nueva Democracia*, en la cual sin duda muchos intelectuales latinoamericanos se toparon por primera vez con una expresión teológica protestante de nivel académico, tal como el escritor peruano Luis Alberto Sánchez lo ha testificado.[27]

Las primeras expresiones teológicas forjadas por evangélicos en América Latina se centran en los temas de una *teología de la misión*. Mackay, por ejemplo, procura interpretar la realidad espiritual del continente buscando más allá de las manifestaciones de la religiosidad oficial, el hambre de Dios y la presencia de un "Cristo Invisible" entre algunos de los más destacados intelectuales y literatos del mundo indoamericano.[28] Mergal trató de establecer la continuidad espiritual entre los Reformadores españoles del siglo XVI y el protestantismo iberoamericano del siglo presente.[29] Rembao es posiblemente el más audaz, al intentar formular, con razones históricas y teológicas, no sólo la legitimidad de la presencia evangélica sino sus posibilidades de crear una cultura alternativa.[30] La práctica misionera de Ritchie sirve de base a la creativa eclesiología que propone y que precede a las más modernas reflexiones sobre indigeneidad y tarea misional.[31] Algunos de estos teólogos incluyen en su reflexión un diálogo con las grandes corrientes protestantes de teología europea de su momento, pero es importante destacar que el espíritu evangélico que les viene de su práctica misionera les da una visión crítica y evita que se convierta en un simple eco servil del protestantismo del viejo mundo o de Norteamérica.[32] En un continente en el cual la intelectualidad había abandonado al cristianismo oficial, la amistad de Mackay con José Carlos Mariátegui y Víctor Raúl Haya de la Torre, y el impresionante número de intelectuales que colaboraban en *La Nueva Democracia,* son ejemplos de que pese a su condición tan minoritaria, el protestantismo tenía la iniciativa teológica en el continente, correspondiente con su vigor misionero. La Segunda Guerra Mundial y la inclinación general del catolicismo latino hacia el fascismo, especialmente en sus sectores más conservadores, coadyuvaron a una cierta identificación entre protestantismo, democracia y apertura al futuro.[33]

Las corrientes que se fueron generando en este período culminan en la Primera Conferencia Evangélica Latinoamericana (CELA I) que se realizó en Buenos Aires, 1949. Su tema central fue "El Cristianismo Evangélico en América Latina", y como dice Míguez Bonino: "Es una afirmación de la realidad del protestantismo evangélico, se regocija en su crecimiento, afirma su derecho pleno a ser parte integrante de América Latina y representar una fuerza vital en la vida de sus pueblos. Se presenta con firmeza —y hasta con cierta agresividad— frente a posibles cercenamientos de su libertad y como alternativa a un catolicismo formal y estático."[34] Bien puede decirse que fue este tipo de presencia vigorosa y articulada el que causó profundas inquietudes a los obispos católicos reunidos en Río de Janeiro en 1955.

La posguerra y las fisuras en el protestantismo latinoamericano (1949-1962)

En el primer período de las tres décadas que ahora nos ocupan, empiezan a notarse fisuras en el edificio del protestantismo latinoamericano, que hasta aquí había manifestado cierta solidez. Posiblemente el germen de las mismas estaba dado ya en sus orígenes pero las circunstancias históricas agudizan los virajes. El mundo ecuménico vinculado al Comité de Cooperación en América Latina, que ya hemos mencionado, recibe una fuerte influencia del ecumenismo europeo de posguerra que había culminado en el Consejo Mundial de Iglesias. El curso de esta influencia se puede percibir, por ejemplo, en la revista *Cuadernos Teológicos,* fundada en 1950, y que se publicó hasta 1967. Tanto el protestantismo de trasplante como algunas de las denominaciones más antiguas del protestantismo evangélico confluyen en la búsqueda de una teología para los tiempos nuevos que se empezaban a vivir. La tarea fue definida por Mackay en estos términos:

> La iglesia cristiana de hoy sea que se la considere como un centro espiritual de resistencia contra las nuevas fes totalitarias, o como una comunidad ecuménica que por primera vez ha alcanzado realidad en la historia mundial, necesita una teología que le dé fuerza de resistencia, cohesión comunal y poder expansivo.[35]

Estas tres notas finales son importantes. El protestantismo europeo había enfrentado los totalitarismos stalinista y nazi; hombres como Bonhoeffer, Barth y Brunner dieron expresión teológica a ese conflicto. He ahí la "fuerza de resistencia" que se demandaba de la teología. Pero también en las trincheras y campos de concentración, protestantes y católicos se habían encontrado en un acercamiento que tuvo consecuencias para muchos europeos. Esa experiencia era totalmente desconocida para los católicos y protestantes de España e Indoamérica. De manera que la "cohesión comunal" que Mackay pedía tenía un sentido diferente en Europa. Finalmente, si bien Mackay fue siempre un teólogo con profundo sentido de la obligación misionera de la iglesia, y por ello pedía que la teología proveyese "fuerza expansiva", las iglesias y denominaciones protestantes que en América Latina empezaron a girar alrededor del movimiento ecuménico, en muchos casos habían perdido su impulso evangelizador de otras épocas.[36]

El vigor misionero había pasado a los grupos independientes, especialmente los de procedencia norteamericana, que se multiplicaron después de la Segunda Guerra Mundial. El acercamiento entre Estados Unidos y América Latina, debido al panamericanismo y la llamada "política del buen vecino", abrió puertas a esta expansión. Pero la guerra fría que marca esta época, como vimos en el capítulo anterior, acentuó en algunas de estas misiones nuevas e independientes una actitud muy conservadora en lo social, agravada por su falta de raigambre teológica profunda; al mismo tiempo que un apego acrítico al pragmatismo, individualismo y énfasis en la técnica, propios de la cultura norteamericana. El mejor estudio de esta fuerza misionera lo debemos a Kenneth Strachan quien ha señalado bien tanto sus virtudes como sus defectos.[37] Una aclaración importante de Strachan es que el tipo de misión interdenominacional e independiente (llamado en inglés "faith mission") no se originó en esta época, sino que estuvo presente desde el siglo pasado. Algunos de sus representantes más destacados como Juan Ritchie, fueron al mismo tiempo gente de profunda convicción teológica evangélica y de visión ecuménica. Pero la pérdida de vigor evangelizador del protestantismo más antiguo y el cambio de actitud frente al catolicismo, bajo la influencia del ecumenismo europeo, fueron alejando a muchas iglesias y denominaciones del movimiento que la CELA I había representado. Así comenzó a surgir un movimiento paralelo de cooperación evangélica que recibió fuerte influencia de las misiones independientes más nuevas.[38] Si bien el movimiento pentecostal había surgido unas décadas antes, se había mantenido a cierta distancia de las demás iglesias evangélicas, pero al ir adquiriendo vigor se identificó mayormente con este nuevo esfuerzo de cooperación.

Al término de este período, cuando llegamos a la realización de la Segunda Conferencia Evangélica Latinoamericana (CELA II, en Lima, 1961) ya se habían realizado otros encuentros evangélicos interdenominacionales en busca de la cooperación y el esfuerzo unido para la evangelización (San José, Costa Rica, 1948), la literatura (Placetas Cuba, 1956) y las comunicaciones en general, incluyendo radio y literatura (Cali, Colombia, 1959). Para comprender la historia del protestantismo latinoamericano en este siglo, y la evolución de la teología dentro del mismo, no se puede pasar por alto el papel que han jugado estos encuentros, que constituyen un movimiento de cooperación evangélica paralelo al de las organizaciones ecuménicas, y posiblemente representativo de un sector mucho más amplio del protestantismo en general.[39]

Algo de la diferencia en la teología de estos movimientos hacia la unión y cooperación evangélica se puede observar en la comparación de dos revistas de circulación continental publicadas en la Argentina. Ya hemos mencionado a *Cuadernos Teológicos,* fundada en 1950 y que era auspiciada por los seminarios y facultades de teología interdenominacionales de Buenos Aires (Argentina), Matanzas (Cuba), México y Río Piedras (Puerto Rico). La dirigían dos teólogos académicos: Angel M. Mergal (Puerto Rico) y B. Foster Stockwell (Buenos Aires). Este último señalaba la falta que hacía en los países de habla castellana de un órgano que "se propusiera tratar los temas corrientes de orden teológico desde el punto de vista protestante". Y definía luego la tarea de la revista: "Abogará por una interpretación evangélica constructiva y positiva de la fe cristiana. Publicará colaboraciones de diversas tendencias teológicas evangélicas, sin responsabilizarse por todos los juicios emitidos en las mismas, y tratará de servir, en el terreno del pensamiento, al movimiento ecuménico en la América Latina."[40] Pasando revista a su contenido y tomando algunos ejemplos, notamos que en sus diecisiete años de vida *Cuadernos Teológicos* divulgó por primera vez en castellano material de teólogos como Barth, Bultmann, Tillich y Bonhoeffer; los trabajos bíblicos de Cullman, Bonnard, Dodd o Rowley; y el pensamiento misiológico de Max Warren o Lesslie Newbigin, que acompañaba el desarrollo del movimiento ecuménico. Varios de estos autores serían luego muy influyentes en el movimiento teológico latinoamericano, incluyendo las teologías de la liberación. Además, en esta revista hicieron sus primeras armas teológicas toda una generación de pensadores protestantes latinoamericanos muy conocidos hoy, como José Míguez Bonino, Emilio Castro y Rubén Alves.

En 1953 se fundó *Pensamiento Cristiano,* cuyos cien primeros números se han completado en 1985. Los fundadores eran un grupo de laicos, pastores y maestros de las iglesias de los Hermanos Libres y bautistas, a los cuales se unieron después redactores de otras denominaciones. Explicaban el objetivo de la revista de esta manera: "Como lo indica su nombre, ha de presentar un panorama de lo que es el pensamiento cristiano actual, entendiéndose por tal, el que está basado sobre las

Sagradas Escrituras. Su posición ha de ser la de aquellos que creen en la inspiración plenaria de la Biblia y en la obra expiatoria del Señor en la cruz."[41] En *Pensamiento Cristiano* aparecieron por primera vez en castellano trabajos que reflejaban el renacimiento bíblico y teológico evangélico que empezaba a florecer especialmente en el mundo de habla inglesa. Nombres como los de F. F. Bruce, G. W. Bromiley, Bernard Ramm, D. J. Wiseman, aparecían al lado de clásicos evangélicos como James Orr, James Denney o B. B. Warfield. También en esta revista hicieron sus primeras armas pensadores evangélicos de una generación más reciente como René Padilla, Pedro Arana, José Grau, Plutarco Bonilla, entre otros. De la misma manera que algunos de los escritores más activos de *Cuadernos Teológicos* eran los principales oradores y organizadores de la CELA II; personas como Paul Sheetz y Alejandro Clifford, de la revista *Pensamiento Cristiano* estaban activamente involucradas en los movimientos de cooperación evangélica como LEAL.

Es importante también aclarar que la referencia a la inspiración plenaria de la Biblia y la obra expiatoria de Cristo en la cruz, definían a los evangélicos nucleados alrededor de *Pensamiento Cristiano* como conservadores en teología. Pero ello no significaba en modo alguno que se inscribieran en el ámbito de extrema derecha teológica que se conoce como "Fundamentalismo". Su posición correspondía más bien a las notas de lo "evangélico" a las que ya hemos hecho referencia. *Pensamiento Cristiano,* fue atacada repetidas veces por el fundamentalismo más vociferante del Concilio Internacional de Iglesias Cristianas.[42]

Aunque toda nomenclatura entraña un riesgo, podríamos decir que entre la CELA I y la CELA II empiezan a definirse dos tipos de protestantismo en América Latina. Por una parte un "protestantismo ecuménico" cercano al ecumenismo europeo en su espíritu y su teología. Refiriéndose a éste, José Míguez Bonino dice que se había pasado de un "liberalismo evangélico" a una "neoortodoxia evangélica".[43] Por otra parte, aparece también un protestantismo más conservador, vinculado a las nuevas fuerzas misioneras y animado por un fuerte celo evangelizador, para el cual utilizaremos el término de "protestantismo evangélico". El "protestantismo ecuménico" dominó teológicamente la CELA II realizada en Lima, en 1961. El "protestantismo evangélico" se expresó más definidamente en una consulta sobre evangelización, literatura y comunicaciones realizada en Lima, en 1962. En el seno de esta consulta se criticó, desde dentro, tanto lo foráneo de la iniciativa que la convocó como su falta de solidez teológica.[44] Estas dos vertientes del protestantismo latinoamericano evolucionaron hacia eventos importantes que marcan la siguiente etapa, ambos realizados en 1969.

El tiempo de toma de conciencia y radicalización (1962-1969)

Este período puede describirse con los dos términos enunciados: toma de conciencia y radicalización. Como resultado de su toma de conciencia de la realidad social y política del continente, un sector del protestantismo ecuménico se radicaliza, siendo su expresión más visible el movimiento llamado ISAL (Iglesia y Sociedad en América Latina). Por otra parte, dentro del protestantismo evangélico aparece junto a la clara vocación evangelizadora una inquietud social que busca expresión teológica consecuente, parte de la cual halla cabida en la Fraternidad Teológica Latinoamericana, que se formó en 1970. Ambas corrientes muestran en 1969 un punto culminante de su evolución, y hay dos cónclaves que son el límite que utilizaremos para una ojeada histórica a este período: en el protestantismo ecuménico la CELA III (Buenos Aires, julio de 1969), y en el protestantismo evangélico el Congreso Latinoamericano de Evangelización (CLADE I, Bogotá, noviembre de 1969).

El organismo ecuménico Consejo Mundial de Iglesias (CMI), había iniciado en 1955 un estudio de largo alcance acerca del papel de las iglesias en los rápidos cambios sociales, bajo la dirección de Paul Abrecht. Entidades ecuménicas juveniles del área del Río de la Plata se vincularon a este estudio y desde 1959 publicaban en Montevideo un boletín llamado "Iglesia y Sociedad en América Latina".[45] Este grupo promovió una "Consulta latinoamericana sobre Iglesia y Sociedad" que se llevó a cabo en Lima en julio de 1961. El Consejo Mundial de Iglesias apoyó económicamente el proyecto y para febrero de 1962 se constituyó en Sao Paulo, Brasil, el Movimiento Iglesia y Sociedad en América Latina (ISAL). Desde Montevideo, donde se ubicó su sede, empezó a publicarse la revista *Cristianismo y Sociedad,* y los materiales que el estudio del CMI había venido publicando.[46] Podría decirse que fue en este ámbito donde empezó a darse un fermento teológico intenso, en el cual pensadores del protestantismo ecuménico trataron de interpretar la realidad social y responder desde una perspectiva protestante.

Las sucesivas conferencias que ISAL organizó muestran un proceso de radicalización que lo hizo cada vez más extraño al ámbito evangélico latinoamericano, pero lo fue acercando más a ciertos sectores católicos y a grupos de intelectuales de izquierda. El mejor análisis de este proceso se debe a René Padilla, quien en 1971 hizo una evaluación teológica de ISAL desde la perspectiva evangélica.[47] Habiendo empezado como un esfuerzo por formular "la responsabilidad social de la iglesia evangélica frente a los rápidos cambios sociales",[48] seis años después se declaró como "grupo intermediario" dedicado a la formación de personas para la revolución. Como dice Padilla, para ISAL "poco a poco fue tomando forma la convicción de que lo que se requería no era una respuesta 'cristiana' a la revolución, sino 'la integración al proceso revolucionario que conmueve hoy a nuestros pueblos'".[49]

No es de extrañar, entonces, que en el propio seno de las iglesias del protestantismo ecuménico que se congregaron en la Tercera CELA, se percibiese una crisis determinada por la radicalización de ISAL. En las iglesias protestantes que habían crecido y tenían solidez institucional, como los presbiterianos del Brasil y los metodistas del Río de la Plata, la presencia y acción de ISAL dieron lugar a polémicas agudas en este período.[50] A las cuestiones puramente institucionales se sumaron las del ambiente político y social que en los países mencionados, por ejemplo, marchaba en dirección a un autoritarismo militar conservador que condicionaba fuertemente la política eclesiástica. En el seno de la CELA III y en sus documentos finales se percibe esta tensión.[51]

En el seno del protestantismo evangélico los encuentros de 1962, ya mencionados, y el impacto de movimientos evangelizadores como Evangelismo a Fondo, pusieron sobre el tapete de la discusión teológica el tema de la evangelización. Kenneth Strachan, pensador y estratega misionero evangélico latinoamericano, sostuvo un diálogo con líderes ecuménicos. Esto mostraba que la fuerza del avance evangelizador en América Latina podía plantear temas teológicos aun en los cerrados círculos ecuménicos de Europa.[52] Fue natural que esta inquietud latinoamericana se conectase con la reflexión teológica y misional surgida alrededor del fenómeno evangelizador representado por Billy Graham en el mundo de habla inglesa, desde 1949. En 1956 el teólogo Carl F. H. Henry había fundado la revista *Christianity Today* vinculada con Graham, que consiguió atraer al sector evangélico pensante en Norteamérica y Europa. Para celebrar sus primeros diez años de vida la revista convocó a un Congreso Mundial de Evangelización en Berlín, 1966. Diversos sectores evangélicos cooperaron en ese Congreso, que representó así una expresión de vigor evangélico renovado alrededor del mundo. El encuentro de Berlín fue seguido por una serie de Congresos de Evangelización regionales. El correspondiente a América Latina se organizó para 1969 en la ciudad de Bogotá.

Según un estudioso del tema, Bogotá fue la reunión "más grande y más abarcadora que ha habido, de protestantes evangélicos del continente y del pueblo de habla hispana de los Estados Unidos".[53] Un Congreso así en América Latina no podía dejar de reflejar la creciente inquietud que la situación del continente despertaba en pastores, evangelistas y líderes evangélicos que confrontaban día tras día en su ministerio las realidades sociales y políticas. La ponencia sobre responsabilidad social de la iglesia fue recibida con interés y difundida ampliamente después del Congreso. Al mismo tiempo, el encuentro sirvió para que un grupo de pastores, evangelistas y profesores de seminarios, tomando conciencia de la falta de una teología evangélica latinoamericana forjada en el propio continente, decidieran propiciar una Fraternidad Teológica Latinoamericana (FTL).[54]

Puede señalarse una diferencia entre estas dos aproximaciones teológicas, fruto de una toma de conciencia común acerca de la realidad social y política del continente. El protestantismo ecuménico, siguiendo más la línea del ecumenismo europeo y de las iglesias étnicas, plantea la responsabilidad social cristiana dando por sentada una realidad eclesiástica establecida. Por ello la preocupación evangelizadora es mínima en esta aproximación. En nuestro continente ello explica también la lenta pérdida de identidad protestante específica que se ve en algunos de los teólogos del protestantismo ecuménico. Por otra parte, en el protestantismo evangélico la preocupación por la realidad social va unida a una actividad evangelizadora y una convicción misionera muy claras. Con esto se relaciona también la actitud hacia el catolicismo romano, con cuya teología los pensadores ecuménicos encuentran muchos puntos en común para seguir posteriormente la ruta de las teologías de la liberación. La teología del protestantismo evangélico, en cambio, considera que hay barreras teológicas infranqueables entre fe evangélica y catolicismo, que no sólo suponen caminos diferentes en lo social hoy en día, sino que también explican históricamente la realidad social y política de nuestro continente.[55]

No todos los pensadores del protestantismo ecuménico siguieron el camino de radicalización de ISAL. En el Consejo Latinoamericano de Iglesias Evangélicas (CLAI), que como expresión de actividad ecuménica se formó en el período siguiente al que estamos estudiando, hay teólogos ecuménicos cuya aproximación a la realidad social difiere de ISAL.[56] Sin embargo, dado el carácter de antecedente de las teologías de liberación que ISAL sin duda tiene, dedicaremos en el próximo capítulo una sección a los temas teológicos centrales que plantea.

Años de germinación y fruto teológico

La década que empieza en 1970 iba a ser el comienzo de un período de producción teológica que expresaba el fermento de la década anterior en las filas del protestantismo latinoamericano. No está demás señalar que incluso en la publicación de trabajos teológicos todavía en ese momento la iniciativa la tienen los protestantes. Aunque las reuniones del año 1969, a las cuales aludimos en la sección anterior, eran expresión de la vida de las iglesias en términos más amplios, también reflejaban la evolución de un pensamiento teológico incipiente, como hemos visto. Sería muy difícil resumir la vida de las iglesias en este último período que consideraremos, ya que los acontecimientos están próximos y todavía no es posible percibir con claridad cuáles han tenido mayor trascendencia. Nos referiremos más que nada a los desarrollos en el campo teológico.

Uno de los pensadores más serios del protestantismo ecuménico escribía en 1970: "La iglesia cristiana tiene una larga deuda con América Latina: cuatro siglos y medio de catolicismo romano y uno de protestantismo no han producido el mínimo de pensamiento creador que estos pueblos tienen derecho de esperar de quienes sostienen haber recibido la misión de anunciar la Palabra de Dios a los hombres. La escasa literatura producida hasta hace pocos años no ha hecho más que traducir, reproducir o imitar la de otras latitudes como si no hubiera nada en el hombre y la circunstancia latinoamericanos que evocara aunque más no fuera un vocabulario nuevo para comunicar el mensaje de Cristo."[57] Junto con esta comprobación de una carencia venía, sin embargo, un anuncio de cambios en la situación. Porque estas palabras de Míguez Bonino abrían su prólogo al libro *Religión: ¿Opio o Instrumento de Liberación?* del teólogo presbiteriano Rubén Alves, del Brasil.[58] Moviéndose estrictamente dentro del ámbito de la teología protestante, proponiendo una nueva lectura de textos bíblicos como el Exodo, interpretando la realidad latinoamericana con el apoyo de autores que hacían uso del marxismo, proveyendo él mismo su interpretación crítica del marxismo, en este libro Alves se manifiesta sin duda como precursor de temas y metodologías que iban a ser tomados luego por los teólogos católicos de la liberación.[59]

En el protestantismo evangélico también 1970 es fecha de toma de conciencia de la carencia teológica. Ese año se reúne la asamblea constitutiva de la Fraternidad Teológica Latinoamericana en la cual se trata de establecer un consenso acerca de la posición bíblica desde la cual se esperaba intensificar la reflexión teológica necesaria. En su ponencia sobre "La Autoridad de la Biblia", René Padilla señalaba "la ausencia casi total de reflexión teológica en círculos evangélicos conservadores latinoamericanos".[60] En la misma reunión, al referirnos a lo agudo de esa carencia teológica proponíamos la necesidad de tomar en serio la situación de las iglesias y el momento histórico que vivía el continente: "Es en ese punto, en el de la vinculación entre la problemática diaria, la situación vital y la necesidad de 'dar razón' de la fe, donde empieza la tarea teológica. Es allí que hay que buscar la pertinencia, y donde se va a forjar una reflexión teológica que no sea copia servil e indiscriminada de lo hecho en otras tierras."[61]

En los años siguientes, la reflexión teológica latinoamericana proveniente del mundo protestante no sólo iba a incrementarse sino que también iba a encontrar repercusión en Norteamérica y Europa. Antes de publicarse en castellano o portugués, el libro mencionado de Rubén Alves había aparecido en inglés y su pensamiento llamaba la atención de estudiosos conocidos.[62] Por otra parte, al realizarse en 1974 el Congreso de Evangelización de Lausana, los trabajos de misiología, ética social y teología, brotados del mundo evangélico de América Latina, tuvieron influencia decisiva en la reflexión del protestantismo evangélico a nivel mundial.[63]

Resumiendo una tendencia de este período, que tendremos oportunidad de desarrollar en el curso de nuestro estudio, podemos decir que a partir de 1970 el acercamiento entre el protestantismo ecuménico y catolicismo romano se acentúa, y que ello se refleja teológicamente en la ausencia de una especificidad protestante entre los teólogos de este campo que se encaminan por las teologías de la liberación. Los esfuerzos ecuménicos representados por las CELAS, y luego por UNELAM, culminaron en 1982 al constituirse el Consejo Latinoamericano de Iglesias (CLAI). Uno de sus líderes, hablando a nombre de los organismos que fueron decisivos en la constitución del CLAI dice: "muchos de los componentes y hoy en día hasta de los dirigentes de algunos de esos movimientos son miembros de la Iglesia de Roma, en la cual están dispuestos a admitir errores y a veces hasta enfrentarse con sus jerarquías, pero no a renegar de su fe".[64]

En el seno del protestantismo evangélico, por el contrario, el asunto de la identidad es fundamental. El desarrollo de una teología de la misión pertinente a la realidad latinoamericana y fiel a la Biblia, pasa de hecho por la afirmación de una identidad evangélica, una manera evangélica de acercarse a la Palabra de Dios y un reconocimiento de la legitimidad teológica e histórica de la presencia protestante en América Latina. Estas convicciones han sido premisas fundamentales del trabajo de la FTL, en sus consultas continentales sobre "El reino de Dios" (Lima, 1974)[65] y "El Pueblo de Dios" (Itaici, 1977). Una afirmación de los postulados fundamentales de la Reforma del siglo XVI fue también el punto de partida del Segundo Congreso Latinoamericano de Evangelización (CLADE II, Lima 1979), con el cual la FTL celebró sus primeros diez años de vida.[66] Sobre la base de una manera evangélica de concebir la autoridad de la Palabra de Dios, hay una manera diferente de hacer teología, y ella por fuerza determina la perspectiva ante las teologías de la liberación que hoy florecen más en el mundo católico.

En años recientes, un sector del protestantismo evangélico busca la cooperación de iglesias evangélicas y entidades paraeclesiásticas, dentro de ciertos límites ideológicos estrechos, habiendo organizado en 1982 la entidad denominada Confraternidad Evangélica Latinoamericana (CONELA). Utiliza como plataforma el pacto de Lausana, pero no ha propiciado la reflexión teológica, de manera que por el momento no tiene ninguna significación para el presente estudio.

La expansión evangélica en el continente continúa con ritmo acelerado. Dentro del pueblo latinoamericano le caben importantes tareas críticas a la reflexión teológica sobre la misión. Pero cualesquiera que sean esas tareas críticas, será necesario asumir la vocación misionera y evangelizadora indeclinable, si es que nuestra teología va a ser fiel al Señor y consecuente con la historia evangélica. Sólo desde una perspectiva evangélica clara en lo teológico será posible entender plenamente los cambios dentro del catolicismo a los cuales hicimos referencia en el capítulo anterior. Las tareas de testimonio y proclamación en esferas de responsabilidad civil cada vez más amplias para los evangélicos latinoamericanos, exigen que desde esa misma perspectiva se asuma con valentía el momento que nos toca vivir hoy.

Notas del Capítulo III

[1] Así, por ejemplo, el artículo sobre "Avance de los Evangélicos en Chile" que publicó el sacerdote jesuita Ignacio Vergara en la revista *Mensaje* (Santiago, Chile, No. 41, 1955), y que fue ampliamente difundido por la prensa católica y protestante del continente.

[2] Los libros de Ireneo Rosier *En Busca de la Ausencia de Dios* son una muestra elocuente de esta corriente. Véase del mismo autor *Ovejas sin Pastor,* Buenos Aires, Lohlé, 1960.

[3] Esta preocupación empapa, por ejemplo, el libro del jesuita Prudencio Damboriena, *El Protestantismo en América Latina* (2 Tomos, Feres, Bogotá-Friburgo; 1962). Junto con otros estudios sociológicos esta obra es parte de la serie "Estudios Sociológicos Latinoamericanos", de la institución FERES, uno de los primeros frutos de la presencia europea que siguió a la conferencia del CELAM en Río de Janeiro, 1955.

[4] Justo González, *Historia de las Misiones,* Buenos Aires: La Aurora, 1970.

[5] El capítulo sobre "Sociología de la Misión" en Roger Mehl, *Sociología del Protestantismo* Madrid: Studium, pp. 197 y ss. es un excelente acercamiento, que supera la retórica marxista de muchos de los recientes libros y artículos sobre ese tema.

[6] Antes de ese momento la presencia misionera fue sólo esporádica. En los autos de fe de la Inquisición figuran muchos casos de condenados por acusación de protestantismo. Ver Gonzalo Báez Camargo, *Protestantes Enjuiciados*

por la Inquisición en Iberoamérica, México: Casa Unida de Publicaciones, 1959.

[7] En ese sentido, los trabajos de Carmelo Alvarez o Jean Pierre Bastian, mencionados en otra parte de este libro, son expresiones del simplismo aquí anotado.

[8] Posiblemente José Míguez Bonino es quien mejor ha estudiado el tema.

[9] Orlando Costas en su tesis doctoral *Theology of the Crossroads in Contemporary Latin America,* Amsterdam: Rodopi, 1976, nos ofrece una excelente síntesis de los fundamentos de algunas tipologías del protestantismo latinoamericano. Ver cap. II.

[10] En el Perú, por ejemplo, una de las congregaciones evangélicas más antiguas empezó a reunirse en el local de la Iglesia Anglicana que en sus comienzos fue usado estrictamente sólo para cultos en inglés.

[11] Ver, por ejemplo, J. B. A. Kessler Jr., *Op. Cit.,* pp. 29 y ss. y pp. 40 y ss.

[12] Un documento oficial reciente del CELAM acerca de las "sectas", muestra claramente esta tendencia romana.

[13] Así, por ejemplo, Damboriena, *Op. Cit.,* p. 34.

[14] Carmelo Alvarez en Seminario Bíblico Latinoamericano-DEI, *Op. Cit.*

[15] Ese es el problema del trabajo de Rubén Lores sobre las misiones y el "Destino Manifiesto", en Varios. *Lectura Teológica del Tiempo Latinoamericano,* SBL, San José, 1979, pp. 207-228

[16] Antonio Canedo, citado por Francois Malley, *Inquietante América Latina* Barcelona: Estela, 1967, p. 101

[17] Del pentecostalismo en general puede señalarse lo que dice el estudioso suizo Walter Hollenweguer: que su teología es sobre todo oral hasta este momento.

[18] Un intento interpretativo sugerente es el de Orlando Costas: "La Realidad de la Iglesia Evangélica Latinoamericana", en C. René Padilla, Ed. *Fe Cristiana y. . . ;* pp. 50 y ss.

[19] No hay cifras precisas al respecto, pero puede verse el trabajo periodístico de Pedro Wagner, *Cuidado, ahí vienen los pentecostales,* Miami: Editorial Vida, 1974, para obtener alguna información.

[20] Justo González, *Op. cit.,* pp. 187-188.

[21] *Id.,* p. 203.

[22] Kenneth Scott Latourette, *Desafío a los Protestantes,* Buenos Aires: La Aurora, 1957, p. 78

[23] Ver un buen resumen crítico acerca de esta posición en Adam F. Sosa, "Algunas consideraciones sobre la posición teológica de los evangélicos latinoamericanos", *Pensamiento Cristiano,* No. 31, marzo de 1961, pp. 232 y ss.

[24] Juan A. Mackay, *Las Iglesias Latinoamericanas y el Movimiento Ecuménico,* CCAL, 1963, p. 11.

[25] Ver breve historia en Norman Goodall, *El Movimiento Ecuménico,* Buenos Aires: La Aurora, 1970.

[26] J. Kessler y W. M. Nelson, "Panamá 1916 y su impacto sobre el protestantismo latinoamericano", en CLAI, *Oaxtepec. . .,* pp. 11 y ss.

[27] El famoso crítico literario, historiador y vicepresidente del Perú, Luis Alberto Sánchez, ha dicho: "*La Nueva Democracia* era un mensuario en el que el

pensamiento libre de América, de la juventud americana encontraba un asilo que no tenía en otras partes, ahí se podía expresar libre y controvertidamente todo tipo de ideas." Revista *Leader,* Colegio San Andrés, Lima No. 45, 1972, p. 52.

[28] Juan A. Mackay, *El Otro Cristo Español,* Casa Unida de Publicaciones, México, 1952.

[29] Angel M. Mergal, *Reformismo Cristiano y Alma Española,* Buenos Aires: La Aurora.

[30] Ver, por ejemplo, Alberto Rembao, *Discurso a la Nación Evangélica,* Buenos Aires: La Aurora, 1947.

[31] Juan Ritchie, *Indigenous Church Principles in Theory and Practice,* New York, 1946.

[32] Es interesante ver cómo Mackay y Rembao en sus diversos escritos incorporan la reflexión teológica de Barth, Niebuhr, Brunner y otros.

[33] Una nota crítica sobre este punto la ofrece el jesuita Damboriena en *Op. Cit.*, Tomo I, pp. 30-31.

[34] José Míguez Bonino en *CLAI, Oaxtepec. . . ,* p. 75.

[35] *Cuadernos Teológicos,* Buenos Aires, No. 1, 1950, p. 9.

[36] Orlando Costas estudia este fenómeno en su tesis ya citada *Theology of the Crossroads, . . ,* p. 332 y ss.

[37] Kenneth Strachan, *The Missionary Movement of the non-historical Groups in Latin America,* CCLA, New York, 1957.

[38] Dayton Roberts ofrece una crónica y datos sobre este movimiento en "El movimiento de cooperación evangélica. De San José 1948 a Bogotá 1969"en *CLAI, Oaxtepec. . . ,* p. 45 y ss.

[39] Se puede ver, además del trabajo de Roberts, la tesis ya mencionada de Orlando Costas, cap. II.

[40] *Cuadernos Teológicos,* No. 1, Buenos Aires, 1950.

[41] *Pensamiento Cristiano.* No. 1, Córdoba, 1953.

[42] El periódico *El Faro Cristiano,* órgano del Concilio Internacional de Iglesias Cristianas ha sido el más consistente en sus ataques.

[43] *CLAI, Oaxtepec. . . ,* p. 76.

[44] Véanse las opiniones de Kenneth Strachan en el trabajo ya mencionado de Dayton Roberts, *Id.,* p. 58.

[45] En la revista *The Ecumenical Review,* enero de 1985 hay varios trabajos dedicados a Abrecht en los cuales se ofrece una breve historia del movimiento de Iglesia y Sociedad. Un estudio minucioso y profundo es la tesis de Alan Neely, *Protestant Antecedents of the Latin American Theology of Liberation,* The American University, Washington, 1977.

[46] Los primeros libros publicados fueron Egbert de Vries, *El Hombre en los Rápidos Cambios Sociales,* CUP, México, 1962 y Paul Abrecht, *Las Iglesias y los Rápidos Cambios Sociales,* CUP, México, 1963.

[47] C. René Padilla, "Iglesia y Sociedad en América Latina", en *Fe Cristiana y. . . ,* p. 119 y ss.

[48] Tal fue el tema de la primera consulta de ISAL.

[49] Padilla, *Op. Cit.,* p. 120.

[50] Ver especialmente Costas, *Op. Cit.,* p. 102 y ss.

[51] *Ibid.,* pp. 105-107 y Unelam, *Deudores al Mundo,* informe final de la Tercera

Conferencia Evangélica Latinoamericana, Montevideo, 1969.

[52] La revista ecuménica *International Review of Mission* registra en sus números correspondientes a abril y octubre de 1964, un debate entre Strachan, Víctor Hayward, Emilio Castro y Lesslie Newbigin, planteado por la exposición de Strachan sobre "Evangelismo a Fondo".

[53] Costas, *Op. Cit.*, p. 46.

[54] Los trabajos del Congreso Latinoamericano de Evangelización CLADE I, están recopilados en *Acción en Cristo para un Continente en Crisis,* Ed. Caribe: San José, 1970. Un breve relato de la formación de la Fraternidad por varios protagonistas se puede ver en C. René Padilla, ed. *Hacia una Teología Evangélica en América Latina,* FTL-Caribe, San José, 1984.

[55] Ver C. René Padilla, "La Cooperación Católico-Evangélica en la Evangelización", en *El Evangelio Hoy,* Buenos Aires: Certeza, 1975.

[56] Ver, por ejemplo, Mortimer Arias, *Venga Tu Reino,* México: CUPSA, 1980.

[57] Rubén Alves, *Religión: ¿Opio o Instrumento de Liberación?* Montevideo: Tierra Nueva, 1968. Prólogo por José Míguez Bonino, p. I.

[58] Versión castellana de *A Theology of Human Hope,* Washington: Corpus Books, 1969.

[59] Ver Neely, *Op. Cit.*, pp. 279 a 290 para una evaluación de la obra de Alves, de fuente protestante. Ver Roberto Oliveros, *Op. Cit.*, pp. 147-167, para una evaluación católica.

[60] Pedro Savage, ed., *El Debate Contemporáneo sobre la Biblia,* Barcelona: Ediciones Evangélicas Europeas, 1972, p. 124.

[61] *Id.* p. 20.

[62] John Macquarrie saludaba el libro de Alves como "una voz articulada de los pueblos que luchan en el Tercer Mundo". Neely, *Op. Cit.*, p. 279.

[63] Dos líderes de la Fraternidad, René Padilla y Samuel Escobar fueron autores de ponencias fundamentales del encuentro de Lausana, y sus contribuciones se incorporaron al Pacto de Lausana, en cuyo comité de redacción trabajó Escobar.

[64] *CLAI, Oaxtepec. . .*, p. 127.

[65] Las ponencias de esta consulta están recopiladas en C. René Padilla, ed. *El Reino de Dios y América Latina,* El Paso: Casa Bautista de Publicaciones, 1975.

[66] CLADE II, *América Latina y la Evangelización en la Década de los Años 80,* México, 1980. Este volumen contiene las ponencias, informes y estudios del CLADE II. Las ponencias teológicas constituyeron una relectura de los temas básicos de la misión: Palabra y Espíritu, Pecado y Salvación, Cristo y Anticristo, Esperanza y Desesperanza.

Capítulo IV

ANTECEDENTES INMEDIATOS DE LAS TEOLOGIAS DE HOY

¿Cómo hablar de Dios en épocas de fermento y de radicalización, de toma de conciencia y de confrontación social? El predicador, el pastor y el maestro, atentos por un lado a la realidad que los rodea y por otro al texto sagrado que les sirve de fuente y de norma, forjan ese pensamiento acerca de Dios que se llama teología. En América Latina, los evangélicos siempre han hecho teología partiendo de un agudo sentido de misión: ganar el continente para Cristo, avanzar con el evangelio y esperar que éste produzca un cambio radical en el mundo. Los católicos al hacer teología han partido más bien de una posición apologética: ¿cómo defender la fe del ataque de ideologías hostiles o del avance proselitista de los evangélicos? Ha sido, pues, una teología de intención pastoral, a la defensiva, presuponiendo que las masas del continente ya son cristianas. Estas dos formas tradicionales de pensar la propia fe recibieron el impacto del fermento histórico de las tres últimas décadas, y así surgieron teologías de liberación y teologías de misión. Con ellas aparece todo un nuevo acercamiento a la reflexión teológica determinado por las circunstancias de América Latina. Habiendo trazado brevemente el marco histórico de las últimas décadas vamos a detenernos ahora en antecedentes más específicos que tienen una influencia directa sobre la reflexión teológica, y que nos ayudan a entender mejor su curso actual. Habiendo alcanzado las modernas teologías el diálogo a nivel global, estos antecedentes inmediatos y específicos son importantes para nuestra evaluación evangélica.

El avance protestante tuvo una repercusión profunda en el catolicismo. En primer lugar, creó conciencia de las tremendas necesidades pastorales de las masas latinoamericanas, y los líderes católicos trataron de entender por qué el movimiento evangélico atraía visiblemente al pueblo. Como hemos visto, se intentó responder al desafío que el avance evangélico planteaba. En segundo lugar, el énfasis protestante en la Biblia, tanto en la proclamación del evangelio como en la vida de las iglesias, influyó para que el catolicismo latinoamericano se abriese al movimiento bíblico que se estaba gestando en Europa, especialmente en Francia, Holanda, Bélgica y Alemania. En tercer lugar, frente a la realidad social del continente, un sector católico resultó profundamente afectado por el sector más radical del protestantismo ecuménico, representado por ISAL. Es así que tanto ISAL como el movimiento bíblico católico se reflejan en el surgimiento de las teologías de la liberación. Comprender estos antecedentes históricos ayuda mucho cuando se quiere forjar una teología evangélica de la misión.

1. Autocrítica y conciencia de la crisis en el catolicismo

En contraste con el triunfalismo y el espíritu cerrado a todo cambio que parecía caracterizar a la Iglesia Católica del siglo XIX, a mediados de nuestro siglo hay una clara conciencia de crisis. Ya hemos mencionado la influencia que en ella tuvieron los sacerdotes extranjeros llegados en la posguerra, las ideas de los teólogos y pastoralistas influyentes en Europa, el encuentro de misioneros católicos de algunas órdenes progresistas con la cruda realidad del pueblo latinoamericano. La toma de conciencia se expresó muchas veces con claridad. La podemos detectar no sólo en expresiones extranjeras sino en voces latinoamericanas.

La autocrítica se refería a cuestiones como la religiosidad popular, la ausencia de las masas obreras de la vida de la iglesia, y la incapacidad de ésta para responder a la crisis social. Ya que los evangélicos en el pasado y hasta hoy suelen criticar estos mismos hechos, conviene aquí recordar que en el origen de las teologías de la liberación hubo también un esfuerzo católico de crítica. Bien podría resultar necesario que dentro del propio mundo evangélico las nuevas realidades obliguen a una medida de autocrítica del mismo tipo, pero desde la perspectiva del evangelio. Podemos distinguir dos momentos de la autocrítica católica. En la década de los cincuenta se plantea en forma inicial, pero en la década siguiente adquiere una dimensión pastoral y teológica más profunda.

La autocrítica más temprana

En la época de la posguerra, el catolicismo más conservador procuró impedir el avance evangélico mediante presiones políticas y diplomáticas. Dice el historiador Hans Jurgen Prien: "Los obispos y conferencias episcopales latinoamericanos más bien aprovecharon el momento favorable de la Segunda Guerra Mundial, cuando Estados Unidos necesitaba a los estados latinoamericanos como aliados, para presionar —por canales diplomáticos y con la ayuda de los católicos estadounidenses— al gobierno de los Estados Unidos para que detuviera la invasión de misioneros protestantes a América Latina, que estaban exentos del servicio de las armas."[1] Prien considera que esta reacción reflejaba el modelo colonial de cristiandad latinoamericana "que no busca las causas de la ruina de este modelo en sus propias fallas sino en los masones, liberales e, incluso, en los protestantes dedicados al proselitismo".[2] Sin embargo, en la década siguiente empiezan a darse esfuerzos por comprender las propias fallas. Un ejemplo es el libro de Richard Pattee *El Catolicismo Contemporáneo en Hispanoamérica* (1951), varios de cuyos trabajos, dedicados a cada país en particular, son un ejercicio de autocrítica. Decía, por ejemplo, el peruano César Arróspide de la Flor:

> Estas características del ambiente religioso del Perú lo definen típicamente como un país que vive cómodamente confiado en su fe tradicional, sin preocuparse mayormente de afrontar los grandes problemas vitales que se vinculan directa o indirectamente con la subsistencia de ella. . . Existen en el Perú —a pesar de hacer ya cuatro siglos de la llegada del cristianismo y del establecimiento firme de la jerarquía eclesiástica— vastas zonas que son terreno de misión, en sentido estricto; es decir, donde hace falta predicar el evangelio entre infieles.[3]

En un tono semejante se pronunció la Conferencia de Acción Católica de toda América Latina reunida en Chimbote, Perú, en 1953. Míguez Bonino resume las conclusiones de la misma, basándose en el material de publicaciones oficiales católicas, en la siguiente manera:

(1) La vasta mayoría de los católicos lo son solamente de nombre. El "catolicismo nominal", un fenómeno no limitado ciertamente a América Latina, pero que halla en ella su expresión más típica, equivale prácticamente al agnosticismo. (2) El católico romano término medio de América Latina, aun cuando profese abiertamente su fe, recibe sólo una muy rudimentaria instrucción religiosa, e ignora a veces hasta elementos básicos de la fe. (3) En la gran mayoría de los católicos la fe tiene muy poca o ninguna influencia sobre sus vidas diarias. No hay sentido de la congruencia que debe existir entre la vida política, social y moral y la fe que aunque nominalmente se profesa.[4]

La crítica pastoral y teológica

En la década siguiente y a medida que el curso histórico se acelera las voces latinoamericanas de autocrítica católica adquieren claridad y precisión teológica, derivadas de su intención pastoral. Dos teólogos que han llegado a ser famosos más tarde, inician su reflexión precisamente partiendo de la preocupación pastoral ante el estado del catolicismo latinoamericano. Ya no se trata de echarle la culpa a los liberales o al protestantismo sino que se va a la naturaleza misma del hecho religioso y a la función social de la institución religiosa. En la década de los sesenta el peruano Gustavo Gutiérrez y el uruguayo Juan Luis Segundo expresan esta autocrítica que se nutre de lo pastoral y lo teológico.

En 1969 se publica una colección de documentos que reflejan la forma en que un sector del catolicismo había venido despertando frente a la realidad social del continente. Se los presenta como "Signos de Renovación" y se los describe como "documentos postconciliares de la iglesia en América Latina". En el prólogo Gustavo Gutiérrez hace una afirmación rotunda:

> La iglesia de América Latina está en crisis. Se puede matizar esta afirmación, se pueden avanzar diversas interpretaciones; pero nada de eso afecta lo esencial. . . Ahora es ella misma (la iglesia) la que está en cuestión. Lo está en primer lugar por muchos cristianos que viven desgarradoramente la distancia que separa su iglesia de las fuentes evangélicas y su desajuste frente al mundo latinoamericano. Lo está además por todos aquellos que ajenos a ella —y son más numerosos en el continente de lo que la pastoral tradicional quiere reconocer—

la ven como un freno en la construcción de una sociedad más justa.[5]

Hay tres áreas que se anotan en este sustancioso párrafo, y que en toda su obra Gutiérrez de una u otra manera ha investigado. Por un lado, "la distancia entre la iglesia. . . y las fuentes evangélicas", por otro, el alejamiento de la iglesia de sectores muy numerosos y, finalmente, el hecho de que la iglesia es percibida "como un freno en la construcción de una sociedad más justa". En realidad, Gutiérrez había ya sistematizado algo de su preocupación pastoral en el breve libro *Líneas Pastorales de la Iglesia en América Latina,* forjado entre 1964 y 1967. Este trabajo es una reflexión sobre los caminos que ha venido siguiendo el catolicismo para responder pastoralmente a los diferentes momentos históricos que le ha tocado vivir, y proponiendo algunos cambios radicales a la luz de las nuevas líneas que el Concilio Vaticano II abría para el futuro.[6]

Por esta misma época, Juan Luis Segundo proponía una pastoral nueva y criticaba en profundidad la pastoral católica existente en América Latina. Su análisis tomaba como un dato importante para el mundo actual algunas notas de la sociedad contemporánea, como la "destrucción de los ambientes cerrados" y el fin de la era constantiniana, en la cual Occidente había sido una "gigantesca máquina de hacer cristianos". Pero, para Segundo este proceso que en Europa había durado siglos, en América Latina se presentaba en forma acelerada y el catolicismo estaba respondiendo de manera inadecuada.

> ¿Cómo extrañarse entonces de que la primera y casi la única reacción haya sido la desesperación por conservar, a costa de qué compromisos políticos o económicos, las últimas instituciones capaces de proteger el catolicismo de la masa? O, en un plano más directamente pastoral, ¿cómo extrañarse de que el esfuerzo se haya reducido a guardar los últimos contactos con la masa, por más externos y superficiales que sean, desesperadamente?[7]

Segundo elabora la crítica de un tipo de acción pastoral de la iglesia que había reducido el cristianismo al mínimo de exigencias, a fin de conservar al máximo de personas, y da abundantes ejemplos tomados de su trabajo sacerdotal y de la experiencia diaria. En este esfuerzo de crítica, que parte de la preocupación por la pastoral y la evangelización, Segundo llega al planteamiento de la problemática social de la cual había de surgir más tarde la reflexión teológica de la liberación.

> En el mundo que hasta cierto punto puede llamarse cristiano por el desarrollo y la influencia de la iglesia visible, América Latina es el continente de las estructuras inhumanas, de las desigualdades monstruosas, y es una certidumbre para todo hombre sincero que la caridad es incompatible con la defensa de esas estructuras, con la oposición a su transformación y aun con la insensibilidad a los problemas que ellas representan.[8]

Utilizando un razonamiento parecido al de tantos misioneros evangélicos, que a comienzos del siglo criticaban la miseria e injusticia de un continente llamado cristiano, Segundo critica las inconsistencias de esta situación:

> Se excluye de la comunidad sacramental a un divorciado vuelto a casar, pero no se excluye al que utiliza el cristianismo para justificar la negación misma de la caridad. Un jocista africano preguntaba mostrando las favelas de Río: "¿Ustedes son católicos? ¿Ustedes han sido totalidad o mayoría en este país desde hace siglos? ¿A qué le llaman entonces *cristianismo?*"[9]

Segundo proponía como respuesta adecuada a la situación, un planteamiento pastoral y misionero nuevo, que empezase por la autocrítica pero que fuese más allá:

> Si en América Latina el cristianismo sólo puede sobrevivir al cambio social en la medida en que se vuelva en cada hombre una vida personal, heroica, interiormente formada, la pastoral debe asumir una tarea *formalmente nueva*. Nueva con respecto a esa época constantiniana que hemos vivido hasta aquí; pero, por otro lado, la más antigua y la más tradicional: la tarea de evangelizar. . . ¿Qué es evangelizar? De acuerdo con lo que ya hemos dicho, es presentar a cada hombre el cristianismo de tal modo que por su propio contenido, por su valor intrínseco, produzca en él una adhesión personal, heroica, interiormente formada.[10]

Hay, entonces, un sector de teólogos de la liberación cuya teología ha partido de la conciencia aguda de una crisis en el catolicismo latinoamericano, y de una preocupación pastoral por la iglesia.

2. El movimiento bíblico católico

Existe abundante testimonio histórico respecto a la ausencia de la Biblia en la vida del catolicismo latinoamericano, y al hecho de que en los dos últimos siglos correspondió al protestantismo la tarea de difundir y hacer conocer la Biblia entre el pueblo.[11] El historiador Prien resume la situación diciendo que "Hasta la época anterior al Vaticano II en la Iglesia Católica de América Latina el contacto de los cristianos normales con la palabra bíblica tenía lugar en la catequesis, la predicación y otros medios, pero no de forma directa en el uso de la Sagrada Escritura."[12] La hostilidad con que el catolicismo latinoamericano respondió a los esfuerzos de difusión bíblica protestante llegó a veces a la violencia, la cual reflejaba sobre todo la actitud inquisitorial propia de la contrarreforma.[13]

Aún en 1967, un teólogo católico peruano decía: "No queremos acusar a nadie pero el temor a la Biblia es un hecho fácil de constatar y que todavía no ha sido superado en las pequeñas poblaciones, ni siquiera en sectores menores de las grandes ciudades."[14] Sin embargo, el cambio operado en las últimas décadas ha sido radical: amplios sectores del catolicismo latinoamericano han descubierto de nuevo la Biblia.

La irrupción de la Biblia en la vida de la iglesia

Sólo a partir del Vaticano II se hizo de dominio público la existencia de un movimiento bíblico dentro del catolicismo, pero aquél se había venido gestando desde mucho antes. El retorno a las fuentes bíblicas en la iglesia de Roma tuvo momentos clave como la fundación de la Escuela Bíblica de Jerusalén y la *Revue Biblique* (1892), la creación del Instituto Bíblico Pontificio (1909) y la aparición de la Obra Bíblica de los Católicos Alemanes (1933).[15] Fue en la década de los treinta que monseñor Straubinger inició en Argentina el movimiento vinculado a su nombre, con su excelente traducción de la Biblia de los originales hebreo y griego, y la fundación de la *Revista Bíblica*.

El cambio en Roma se hallaba expresado con claridad en la "Constitución sobre la Divina Revelación" promulgada por el papa Pablo VI en noviembre de 1965, durante el Vaticano II. Según ésta, la predicación, la teología, la formación de sacerdotes, la catequesis o enseñanza de la fe tenían todas ellas que centrarse en la Biblia. El cambio tenía sus límites, sin embargo, como lo explica con precisión el siguiente párrafo del especialista jesuita Walter M. Abbott:

> Veinte siglos de enseñanza y tradición no han sido barridos por estos decretos; la Biblia, 'junto con la tradición sagrada' continúa siendo 'la suprema regla de fe' para los Católicos Romanos. Lo que ha sido barrido es el enfoque polémico desarrollado durante cuatro siglos de controversia con el protestantismo. Un foco primario de la enseñanza positiva de las Escrituras será la revisión de textos de seminarios, catecismos y todo otro tipo de literatura religiosa. No todas las partes de la vasta Iglesia Católica Romana se mueven a la misma velocidad, pero ha comenzado un proceso que deberá resultar en una restauración del papel que le corresponde a la Biblia.[16]

Al reunirse los evangélicos en el Congreso de Bogotá (CLADE I), el teólogo y biblista Emilio Antonio Núñez presentó a la asamblea una ponencia sobre los cambios que se estaban operando en el catolicismo. Según él en 1969, uno de los cambios más notables era el relativo al papel que iba tomando la Escritura, en contraste con el pasado. Para Núñez este cambio era una sorpresa, pues como cualquier evangélico de su generación había sido testigo de la actitud negativa y cerrada que la Iglesia Católica mostró en el pasado frente a la Escritura. Núñez describía primero, el renacimiento bíblico de la siguiente manera:

> Tiene el renacer bíblico diversas manifestaciones, como por ejemplo, la creciente difusión del texto mismo de la Biblia, congresos y jornadas bíblicas al nivel regional, nacional e internacional, cursillos bíblicos y grupos de estudio bíblico en el hogar, un nuevo interés en la obra de las sociedades bíblicas católicas, la producción de catecismos basados ampliamente en las Escrituras y, especialmente, el extraordinario impulso que se le está dando a la investigación y exégesis bíblicas de parte de eruditos católicos romanos.

Este cambio de actitud significaba en la práctica la promoción bíblica de diversas maneras, la multiplicación de esfuerzos para poner la Biblia al alcance de todos y permitir que la Palabra de Dios llegara así al pueblo. La importancia de este aspecto de la renovación la entendía Núñez con gran clarividencia:

> De todos los cambios en el catolicismo posconciliar no hay otro

más prometedor de mejores cosas en la vida de miles de católicos que el relacionado con la nueva actitud de la Iglesia Romana hacia las Sagradas Escrituras. Debemos confiar en el poder redentor de la revelación escrita. "La fe es por el oir, y el oir, por la palabra de Dios." (Romanos 10:17) Que el "retorno a la Biblia" y la influencia del nuevo catolicismo han comenzado a surtir su efecto en la Iglesia Romana es muy notorio no sólo en Europa y Norte América, sino también aquí en la América Latina. La renovación está llegando a ser una revolución. La brisa fresca que Juan XXIII deseaba para su iglesia se ha convertido en un tremendo huracán que amenaza con remover los cimientos mismos del catolicismo tradicional.[17]

La renovación bíblica de la teología católica

Lo que Núñez advertía respecto al papel transformador que había de tener el impacto bíblico sobre la teología católica se ha podido observar en los últimos años, no sólo en el fondo sino también en la forma del trabajo teológico. Un protestante italiano, profundo conocedor del catolicismo, e intérprete de los cambios más recientes en Roma dice, al comentar el documento del Vaticano II sobre la divina revelación, que se percibe en él:

> . . . la influencia de los estudios bíblicos y patrísticos que han vuelto a florecer en el campo de la teología católica en estos últimos decenios y que han llevado a sus mejores representantes a formular su pensamiento no con categorías abstractas de tendencia escolástica, sino con categorías concretas de tipo histórico y personalista, de acuerdo con la gran inspiración hebraico-cristiana.[18]

Un ejemplo actual lo tenemos en el libro de Gustavo Gutiérrez *Beber de Su Propio Pozo.* Podemos comparar su brillante tratamiento de la antropología neotestamentaria con los trabajos de biblistas evangélicos como Hoke Smith Jr. sobre el mismo tema. La semejanza de fondo y forma, así como la riqueza de consecuencias pastorales resultan sorprendentes.[19]

En la polémica con el catolicismo en el pasado, los evangélicos podían salir airosos fácilmente dado que aún entre el sacerdocio la ignorancia de las Escrituras era abismal. Hoy las cosas han cambiado y es importante que en una evaluación evangélica reconozcamos también que el nivel general de cultura bíblica del evangélico promedio ha disminuido notablemente. El diálogo o la confrontación con el catolicismo actual obligan a los evangélicos a una profundización en su conocimiento y uso de la Biblia. En este momento la cuestión hermenéutica pasa a primer plano, puesto que si católicos y evangélicos están leyendo la Biblia la pregunta clave se vuelve cómo la interpretan y por qué. En ese campo la teología evangélica tiene mucho camino por recorrer.

Los escritos de algunos teólogos de la liberación muestran la fuerte influencia de Bultmann, Cullman, Bonnard, von Rad y otros especialistas bíblicos de origen protestante. Algunos de éstos no caerían dentro de lo que un evangélico latinoamericano consideraría aceptable, como posición de respeto a la autoridad y el carácter revelatorio del texto bíblico. Exégetas más evangélicos como Bruce, Marshall, Packer, Stott, Green; o teólogos como Berkouwer, Ramm, Henry, Blocher, son desconocidos para los estudiosos católicos. Ello se debe en parte al hecho de que los eruditos conservadores han sido menos dados al diálogo ecuménico que los eruditos protestantes situados más a la izquierda teológica. Para hacer justicia a quienes han tomado en serio el trabajo de interpretación de la Biblia, los evangélicos tendremos que trabajar mucho más en el área de la investigación e interpretación del texto.

3. Iglesia y Sociedad en América Latina (ISAL)

El tercer antecedente inmediato de las teologías de liberación es el movimiento ISAL, al cual ya hemos hecho referencia en el capítulo anterior. No es este el lugar para hacer un estudio histórico detenido del mismo, cuya evolución ha ocupado a otros autores.[20] Es necesario, sin embargo, señalar aspectos importantes de ISAL que tienen repercusión en el desarrollo teológico tal como lo percibimos un cuarto de siglo más tarde.

La participación católica en ISAL

Se ha señalado ya el carácter profundamente antiprotestante de la pastoral católica, aun de aquella que ha adoptado una posición de autocrítica. ISAL resultó una plataforma en la cual esa rivalidad dio paso a la cooperación. Ya en 1970, al final de la primera década de trabajo de ISAL, Emilio Castro destacaba ese hecho: "ISAL es una comunidad que ha trascendido los límites de las confesiones protestantes, para ser un polo donde confluyen católicos y evangélicos que, en tanto tales, están profundamente interesados en dar un testimonio de su fe frente a los desafíos que le presenta la problemática sociedad latinoamericana."[21]

Diez años más tarde y con una perspectiva histórica más amplia, Mortimer Arias señala que para la asamblea que ISAL celebró en Ñaña en 1971

> ya no era sólo un movimiento ecuménico protestante sino que incluía un numero considerable y calificado de sacerdotes, monjas y laicos católicos muy activos en varios países, así como también líderes sindicales y activistas que no eran miembros formales de ninguna iglesia cristiana. Un laboratorio ecuménico sin precedentes estaba en marcha, e ISAL llegó a ser para muchos el signo de la nueva iglesia que iba surgiendo en el encuentro con el mundo.[22]

Al igual que otros estudiosos del tema, Arias señala también el carácter elitista de ISAL: "élite conscientizada de las iglesias".[23] Ya hemos señalado que esa distancia de la situación pastoral y un cierto intelectualismo alejó rápidamente a este movimiento del cuerpo eclesiástico protestante. Posiblemente ello explica también la radicalización que llega casi hasta la pérdida de una identidad cristiana específica. Los estudios católicos sobre la teología reciente tienden a restarle importancia a estos antecedentes protestantes, de la misma manera que se la restan a los antecedentes europeos. Pero no debemos olvidar que como lo señala Arias: "El liderazgo de ISAL, junto con sacerdotes radicalizados de la Iglesia Católica Romana, pasó a ser el núcleo original de los *Cristianos para el Socialismo,* un movimiento de corta duración que tuvo significativas repercusiones internacionales."[24] En su cuidadosa introducción a las teologías de liberación Míguez Bonino establece la influencia que tuvo el encuentro de "Cristianos por el Socialismo" en su surgimiento.[25]

En un estudio histórico José Comblin trata de vincular a ISAL sólo con el sector más radical del catolicismo liberacionista. Comblin establece una clara diferencia entre el grupo formado por Gustavo Gutiérrez, Juan Luis Segundo, Lucio Gera y otros, que habría evolucionado sin ningún contacto ecuménico y el grupo que recibió la influencia de ISAL. Dice Comblin:

> Algunos católicos en situación irregular en su iglesia encontraron refugio y posibilidades de acción en ISAL: entre ellos Hugo Assman. . . no es extraño que H. Assman, y con él, en un círculo muy cercano, Pablo Richard, sean precisamente los más radicales de los teólogos de la liberación y los únicos que en su planteamiento parten de la interpretación del marxismo.[26]

No puede sostenerse lo que dice Comblin si se presta atención a los hechos y también a las ideas centrales de los téologos de la liberación, porque tanto en Gutiérrez como en Segundo el marxismo ocupa lugar importante, aunque no con la radicalidad de Assman.[27] El historiador Prien está en lo cierto cuando afirma: "No parece que Comblin haya podido eludir la tentación de cierta posición apologética que quiere librar a los grupos puramente católicos de toda acusación de marxismo."[28]

Una tesis doctoral del misionero bautista Alan Neely muestra con abundancia de datos que ISAL, lo mismo que otros movimientos en el continente, fue un antecedente de las teologías de la liberación.[29] Además de la referencia a contactos organizativos y personales directos, Neely señala que:

> una lectura de los documentos y escritos que representan los prolegómenos a la teología de la liberación revela que los escritores católicos romanos hicieron uso de múltiples fuentes protestantes, especialmente de Bonhoeffer, Moltmann, Cox y Alves, y se destaca que sus teologías eran en su mayoría citadas con sustantiva aprobación y no rechazadas o puestas en ridículo —en la forma en que católicos y protestantes habían escrito unos acerca de los otros en el pasado.[30]

No sólo las fuentes sino la temática y las ideas centrales de la reflexión teológica coincidían, como veremos de inmediato y en el curso de esta investigación.

Algunos temas fundamentales de la reflexión de ISAL

Al hacer el recuento de la primera década de ISAL, uno de sus principales protagonistas señala algunos de los temas centrales que ocuparon su reflexión teológica y que se conectan claramente con la temática central de las teologías de liberación. Está en primer lugar *el tema de la historia* y de la forma en que se da la acción de Dios en ella. Julio de Santa Ana afirma que en la evolución de ISAL se dio una importante toma de conciencia respecto al acontecer histórico latinoamericano y el papel de los cristianos en el mismo.

> Se puso de relieve que ya no podía concebirse una reflexión sobre los problemas sociales por parte de la iglesia que no tuviera en cuenta de manera primordial el acontecer de la historia latinoamericana. Este es, sin duda, un hecho de enorme importancia en la historia del movimiento evangélico latinoamericano: los ojos de los cristianos ya no estaban puestos ni en una serie de principios inamovibles, ni en una ultramundanalidad abstracta, ni en la letra muerta de un libro, sino en el acontecer histórico, sino en su propio acontecer, pues la historia pasó a ser entendida como el escenario de los hechos de Dios. Es una dimensión donde también se ejerce el señorío de Jesucristo y por lo tanto ya no cabe hacer tajantes divisiones entre el orden secular y la vida de la comunidad cristiana, entre la iglesia y el orden secular.[31]

En cuanto se reflexiona sobre esta posición se puede ver sus consecuencias, que el propio Santa Ana enuncia. La fundamental es la desaparición de una distinción entre la iglesia y el mundo, que llevará, como ya señalamos en el capítulo anterior, a la conclusión de que el cristiano en la sociedad no hace un aporte específico, derivado de su fe y su profesión cristiana, sino que sólo se suma a lo que ya está sucediendo. Como veremos más adelante, algunos teólogos de la liberación formulan la misma posición dentro de una racionalidad provista por la teología católica. En el caso de ISAL, Míguez Bonino ha señalado las influencias teológicas determinantes en esta nueva concepción, pero también ubica la misma dentro de la opción ideológica que previamente había sido adoptada por ISAL, y que es muy importante tomar en cuenta:

> Durante los primeros años (1960-1965) el análisis de la situación que osciló entre un enfoque desarrollista y otro revolucionario alcanzó mayor consistencia, adoptó la "sociología de la dependencia" (estructurada en torno a las categorías de neocolonialismo y dependencia) y una estrategia revolucionaria vinculada a una opción socialista. Esta clarificación fue seguida en los años 1966-1968 por una transformación de la perspectiva teológica que derivaba de una teología predominantemente barthiana a una "teología de la acción transformadora de Dios en la historia" fuertemente influenciada por la teología de Paul Lehman y Ricardo Shaull, hasta que Rubén

Alves le dio una expresión creadora en diálogo crítico con Marcuse por una parte y con Moltmann por otra.[32]

El segundo tema central es el de la *humanización*. Santa Ana lo vincula directamente con el primero ya que según él la acción de Dios en la historia "lleva a los hombres hacia el Reino, pero para que éste se haga realidad a ellos deben encontrarse con Jesucristo en tanto que hombres". En un largo paréntesis Santa Ana aclara que no se trata de una posición inmanentista ni de aceptación de progreso continuo; sin embargo, ni en su exposición ni en las de otros autores de ISAL se encuentra una demostración de que no sea así. Habiendo tomado una opción por lo que se llama "socialismo" o "revolución", se concluye en que la historia está marchando en esa dirección y que es siguiéndola como el ser humano alcanzará su humanización. El cristiano no contribuye nada nuevo o específico, simplemente se suma a lo que ya está pasando. "La comunidad cristiana dice: ya no es la que procura influir sobre el proceso de transición, sino la que se integra en el mismo, participando de las luchas y esperanzas de los hombres de nuestros pueblos." Cita a continuación las palabras de Jesús acerca del grano de trigo que cae y muere (Jn. 12:24), mostrando en su interpretación una clara influencia de la teología europea que había venido ocupándose del tema de la secularización y del hombre "mayor de edad". Santa Ana afirma que Dietrich Bonhoeffer y John A. T. Robinson han tenido influencia en la evolución teológica de ISAL, particularmente en este aspecto de la secularización que es parte muy importante del concepto de humanización en ISAL.[33]

La tercera área de reflexión es la de la *eclesiología*. Deriva claramente de las anteriores. ISAL acentuó su crítica a las iglesias, y las reacciones de éstas acentuaron el distanciamiento. Santa Ana dirigió su crítica fundamentalmente al protestantismo latinoamericano y en ello coincidía con otros autores de ISAL. No sólo el protestantismo evangélico es criticado acerbamente sino también el protestantismo ecuménico. La crítica académica propuesta por Santa Ana en 1970, se convertía en un programa radical cuando al año siguiente ISAL se reunió en Ñaña, cerca de Lima. La decisión de sumarse a los llamados "movimientos populares" llevó a formular una estrategia de acción dentro de las iglesias que resumimos del texto final del encuentro. ISAL planteó su tarea en las iglesias en los siguientes puntos básicos: 1) interpretar a las iglesias con metodología marxista, 2) cambiar las viejas estructuras, 3) colocar los recursos de las iglesias al servicio de la liberación tal como ISAL la entendía, 4) "nacionalizar" a las iglesias, 5) encontrar las contradicciones de clases en las iglesias, 6) alentar la lucha de clases dentro de las iglesias, apoyando a los "contestatarios", denunciando a las "clases dominantes" y liberando a la mayoría de la alienación religiosa.[34]

Esta triple temática de ISAL sigue vigente en la propuesta de las diversas teologías de liberación. En el caso de las que se ubican dentro de una tradición teológica católica romana, no sólo se alimentan de las mismas fuentes teológicas que ISAL, sino que buscan en la propia tradición católica, o en sus teólogos más recientes, el apoyo doctrinal que les permita articularse y defenderse.

La crítica evangélica a ISAL

René Padilla y Pedro Arana fueron los teólogos latinoamericanos que con más detenimiento y cuidado evaluaron a ISAL desde una perspectiva evangélica. Es importante señalar esta tarea crítica a la cual haremos referencia con más detalle en los capítulos siguientes. Padilla partía de una teología bíblica sólida en su comprensión de la relación entre iglesia y mundo, especialmente basándose en las formulaciones paulinas.[35] Arana, dentro de la tradición Reformada, había elaborado más bien el tema de la Providencia divina manifestada en la historia, y desde esa perspectiva evangélica evaluaba críticamente las formulaciones de ISAL.[36]

Padilla y Arana forman parte de una generación de evangélicos que en su ministerio evangelizador y pastoral habían empezado a forjar una teología de la misión que incluía la respuesta del discipulado cristiano a la urgente situación social del continente. Ambos teólogos evangélicos demostraron también que aunque los pensadores de ISAL criticaban al fundamentalismo de ciertos protestantes, ellos mismos habían caído en un fundamentalismo de izquierda que manipulaba el texto bíblico. Estas frases cáusticas de Arana resumían su examen de la literatura de ISAL con ocasión de la primera consulta de la Fraternidad Teológica Latinoamericana:

> En la ideología de ISAL, Dios se traduce como revolución. El pueblo de Dios como huestes revolucionarias. El propósito de Dios como humanización. Y la palabra de Dios como los escritos revolucionarios. A nadie escapa que todo esto es humanismo marxista.[37]

El paso de los años ha demostrado que las críticas que han surgido dentro del propio catolicismo respecto a las teologías de liberación repiten en muchos casos las notas que Padilla y Arana habían señalado tempranamente respecto a ISAL. Un estudio del famoso documento de Ratzinger, por ejemplo, mostrará los paralelos significativos. Pero el punto de partida de la crítica de Padilla y Arana está dentro de la línea de una teología evangélica y parte de otros presupuestos teológicos y eclesiológicos.

Notas del Capítulo IV

1 Hans Jurgen Prien, *La Historia del Cristianismo en América Latina.* Salamanca: Sígueme, 1985, p. 801.

2 *Id.,* p. 802.

3 Richard Pattee, *El Catolicismo Contemporáneo en Hispanoamérica.* Buenos Aires: Fides, 1951, pp. 384, 388.

4 José Míguez Bonino: "El testimonio cristiano en un continente descristianizado", revista *Testimonium,* Buenos Aires, Vol. IX, I, p. 33.

5 Gustavo Gutiérrez, *La Fuerza Histórica de los Pobres,* Lima: CEP, 1979, pp. 41-42.

6 Gustavo Gutiérrez, *Líneas Pastorales de la Iglesia en América Latina.* Lima: CEP, 1970.

7 Juan Luis Segundo, *De la Sociedad a la Teología.* Buenos Aires: Lohlé, 1970, p. 36.

8 *Id.,* p. 43.

9 *Id.,* p. 4.

10 *Id.,* p. 37.

11 Ver, por ejemplo, Carlos W. Turner, *La Biblia en América Latina.* Buenos Aires: La Aurora, 1951.

12 Prien, *Op. Cit.,* pp. 710-712.

13 Sobre la actividad bíblica evangélica en España y la reacción católica puede verse, por ejemplo, *Historia de la Reforma en España,* Introducción, y selección antológica por Manuel Gutiérrez Marín. Barcelona: Producciones Editoriales del Nordeste, 1975.

14 Citado por Prien, *Op. Cit.,* p. 712.

15 Gustave Thils, *Orientaciones Actuales de la Teología.* Buenos Aires: Troquel, 1959, pp. 9-32.

[16] Walter M. Abbott S. J. "Bible Needs of Roman Catholics", en *United Bible Societies Bulletin*, London, Third Quarter, 1967, p. 103.

[17] Emilio Antonio Núñez, "Posición de la iglesia frente al Aggiornamento", en Clade I, *Acción en Cristo para un Continente en Crisis*. San José-Miami: Caribe, 1970, pp. 39-40.

[18] Vittorio Subilia. *La Nueva Catolicidad del Catolicismo*. Salamanca: Sígueme, 1969, p. 234.

[19] Gustavo Gutiérrez, *Beber de su Propio Pozo,* Lima: CEP, 1983. (Ver sección II del capítulo II). Hoke Smith Jr. *El hombre: una perspectiva bíblica,* Buenos Aires: Certeza, 1972.

[20] Véase, por ejemplo, Emilio A. Núñez, *Liberation Theology*. Chicago: Moody, 1985. El capítulo III es un estudio detenido de ISAL.

[21] Varios, *De la Iglesia y la Sociedad*. Montevideo: Tierra Nueva, 1971. Prólogo por Emilio Castro, p. III.

[22] Mortimer Arias. *El Clamor de Mi Pueblo*. México: CUP, 1981, pp. 112-113.

[23] *Id.*, p. 112.

[24] *Id.*, p. 113.

[25] Míguez Bonino, *La Fe en Busca de Eficacia*. Salamanca: Sígueme, 1977. Introducción, p. 13 y ss.

[26] Prien. *Op. Cit.*, p. 1002.

[27] Segundo ha explicado detenidamente lo que toma del marxismo en *Liberación de la Teología* (Buenos Aires: Lohlé 1975), especialmente los capítulos I y IV. Gutiérrez se ocupa del tema en los dos primeros capítulos de su *Teología de la Liberación,* aunque después ha hecho numerosas puntualizaciones y aclaraciones. Nos ocuparemos más detenidamente del tema en los capítulos siguientes.

[28] Prien. *Op. Cit.*, p. 1002.

[29] Alan Preston Neely. *Protestant Antecedents of the Latin American Theology of Liberation.* Tesis doctoral presentada en The American University, Washington D. C., 1977.

[30] Neely, resumen de sus Conclusiones. *Id.*, p. 313.

[31] Julio de Santa Ana. *Protestantismo Cultura y Sociedad.* Buenos Aires: La Aurora, 1970, pp. 127-128. Santa Ana fue uno de los portavoces de ISAL.

[32] Míguez Bonino, *Op. Cit.*, p. 80.

[33] Santa Ana, *Op. Cit.*, p. 129.

[34] ISAL. *América Latina: Movilización Popular y Fe Cristiana.* Montevideo, 1971. Resumimos de las pp. 148-150.

[35] El material de la tesis doctoral de Padilla está resumido en su ponencia en Lausana 1974, "El Evangelio y la Evangelización". Ver *El Evangelio Hoy.* Buenos Aires: Certeza 1975, pp. 95 ss.

[36] Pedro Arana Quiroz. *Providencia y Revolución.* Lima: Estandarte de la Verdad, 1970. Se espera la pronta aparición de la segunda edición de este libro.

[37] Pedro Arana Quiroz en "La Revelación de Dios y la Teología en Latinoamérica", P. Savage Ed., *El Debate Contemporáneo sobre la Biblia.* Barcelona: Ediciones Evangélicas Europeas, 1972, p. 78.

Capítulo V

UNA NUEVA MANERA DE HACER TEOLOGIA

Teología no es únicamente el discurso sistemático de algunos profesores en sus cátedras teológicas, o de algunos escritores que preparan manuales para que los aprendan los pastores del futuro. Si sólo fuera eso podría decirse que la teología ha estado muchas veces ausente del torbellino del mundo y de la historia. Teología es la reflexión del pueblo de Dios, que acompaña su peregrinaje por el mundo. Hay que aprender a encontrarla allí donde, por la calidad de su presencia y el coraje de su acción y su diálogo en el mundo, los creyentes en Cristo se ven obligados a articular un pensamiento y un discurso. Esto sucede de muchas maneras. Pueden ser los incipientes esfuerzos de un estudiante que intenta dar razón de su fe en Jesucristo en medio de los debates ideológicos de las aulas universitarias. Puede ser el mensaje del pastor que pugna por articular una respuesta auténtica junto al lecho de un moribundo. Puede ser la palabra de un campesino analfabeto que en una congregación de los Andes, busca orientar a su pequeño rebaño espiritual, víctima de la violencia guerrillera y la represión policial. Teología es lo que canta el pueblo de Dios como afirmación de su fe en un Señor, en cuyo nombre hay poder para cambiar las cosas aquí y ahora. Y está también preñada de teología la oración sencilla de gracias, con la cual un cristiano creyente comienza la rutina del día encomendándose a Dios. Por eso, la teología entra en fermento cuando acompaña al pueblo de Dios en su avance misionero. Los grandes momentos teológicos han correspondido a grandes momentos de iniciativa o renovación misionera. Es así desde las páginas del Nuevo Testamento, donde los discursos teológicos más fecundos y conmovedores van claramente unidos a la intención evangelizadora, apologética y pastoral. El hermoso pasaje cristológico de Filipenses 2:5-11 está rodeado de sencillos consejos éticos a una congregación en peligro de dividirse. Los pasajes cristológicos de la Primera Epístola de Pedro son parte de una exhortación a saber seguir al Maestro y sufrir con él, para congregaciones donde abundaban los esclavos, y donde se veía venir la ola de la persecución imperial.

1. Teología y vida en América Latina. Una perspectiva evangélica

Puede decirse que en las primeras décadas de nuestro siglo los intelectuales más influyentes en América Latina estaban embarcados en la polémica antirreligiosa, en nombre del progreso, la libertad y la justicia. El peruano González Prada se sentía obligado a negar de muchas maneras a "ese Dios impasible y egoísta que eternamente cabecea en lo infinito, mientras el universo se retuerce en el dolor, la desesperación y la muerte".[1] La teología en esos años se había vuelto cosa de monasterio, discurso escolástico que no conmovía la vida pública en las plazas. Aunque las grandes universidades latinoamericanas, como las de Lima, México o Córdoba, se habían fundado alrededor de una facultad de teología, en las polémicas anticlericales del siglo XIX la teología había sido expulsada de ellas, como todo lo que era símbolo de la dominación colonial española. La teología católica entra en nuestro siglo a la defensiva. Y allí donde florece la promesa de un pensamiento nuevo, éste toma muchas veces un carácter antiteológico. Corresponde al pensamiento evangélico, que acompaña el avance misionero protestante, la presencia precursora de una teología que quiere sacudir las conciencias de los intelectuales. Un ejemplo de ello es la prédica de Juan A. Mackay en las universidades latinoamericanas entre 1916 y 1935. Los libros de Mackay resumen muchas veces lo que había sido su diálogo constante con las nuevas generaciones de intelectuales latinoamericanos; la teología volvía a la palestra, estaba en la plaza.[2]

El balcón y el camino

Mackay creó una metáfora que arraigó en varias generaciones, la del balcón y el camino. Decía el maestro escocés que hay dos estilos de vida y dos maneras de mirar el mundo. Una es la del balcón, la de la distancia, la del espectador. La otra es la del camino, la del peregrinaje, el riesgo y la obediencia. "El balcón es el punto de vista clásico, y, por tanto, el símbolo del espectador perfecto, para quien la vida y el universo son objetos permanentes de estudio y contemplación. . . Por camino quiero decir el lugar en que la vida se vive tensamente, donde el pensamiento nace del conflicto y el serio interés, donde se efectúan elecciones y se llevan a cabo decisiones. . . En el camino se busca una meta, se corren peligros, se derrama a cada paso la vida."[3]

En lo que nos presentaba como un "Prefacio" a la teología cristiana, Mackay planteaba una manera de acercarse a Dios y de nombrarlo, de pensar lo divino, es decir, de hacer teología, que estaba íntimamente vinculada con una práctica, una toma de posición. "No puede haber conocimiento verdadero de las cosas últimas, es decir, de Dios y del hombre, del deber y del destino, que no haya nacido de un serio interés y se haya perfeccionado en una entrega y adhesión; lo cual equivale a decir que la verdad religiosa se obtiene solamente en el camino."[4]

Afirmar esta relación entre la vida y la teología no es afirmar algo completamente nuevo, aunque a muchos les parezca así. Lo que pasó fue que en la tradición occidental la teología llegó a ser fundamentalmente un menester académico. Como lo ha señalado Padilla: "No se debe pretender que la única teología que merece el calificativo de tal sea la especulativa, la que haya sido escrita por un teólogo encerrado en una torre de marfil. Quien pretenda esto hará bien en notar que en la Biblia misma la única teología que se conoce es la teología 'funcional', teología fraguada en medio de la lucha y para la lucha. ¡Ninguno de los escritores sagrados fue un teólogo profesional!"[5]

Verdad y justicia

Otra convicción proclamada de diversas maneras por Mackay, era que "la verdad es en orden a la bondad", es decir, que la teología está íntimamente unida a la ética. Había tenido que proclamar a Jesucristo en un continente donde eran aberrantes las contradicciones entre profesión de fe por una parte, y ética personal y social por otra. Así que afirmó de muchas maneras la relación entre el indicativo y el imperativo de la fe cristiana, y trató de exponer las consecuencias de esta posición. Dentro de una perspectiva netamente evangélica, el encuentro con Jesucristo es, para Mackay, el centro de la experiencia cristiana, y "en el encuentro con Jesucristo, la verdad, se hallan implícitas tanto la ética como la dogmática cristianas". Además, es del evangelio de donde brota la posibilidad de una práctica evangélica:

> Nunca podrá hacerse demasiado hincapié en que el elemento primario de la religión cristiana no es un gran imperativo, algo que el hombre debe hacer, sino un gran indicativo, algo que Dios ha hecho. El divino imperativo se funda en un acto redentor contenido en un divino indicativo. Esto es lo que significa el antiguo Pacto de Dios con Israel. Los Diez Mandamientos que forman el Decálogo tienen como preámbulo un gran indicativo: "Yo soy Jehová tu Dios, que te saqué de la tierra de Egipto, de casa de servidumbre (por tanto). No tendrás dioses ajenos delante de mí (Ex. 20:2, 3). La responsabilidad ética se basa en una liberación redentora. El mismo principio ocurre en el Nuevo Testamento. El mandato de hacer la 'obra' de Dios es, ante todo, un mandato de creer en Jesucristo (Jn. 6:29).[6]

Mackay había vivido en Lima, Montevideo y México en años de tremenda efervescencia, en los cuales germinaron las luchas sociales más recientes del continente. Allí había descubierto y afirmado tras la militancia revolucionaria de algunos jóvenes una búsqueda de Dios. Esta era una extraña conexión entre la práctica política y la formulación de la verdad cristiana. Mackay recordaba: "Cuando un hombre tiene hambre y sed de justicia se realiza en él la famosa paradoja de Pascal: 'No me buscarías si no me hubieses hallado ya.' La sola presencia de esa apasionada búsqueda en un hombre, la cual Pascal llamaba 'inmanencia del deseo', es en sí misma una señal de que implícitamente se posee la verdad íntima. Significa que el caminante ha recibido la gracia que le ha sido impartida." Según este profesor de San Marcos, los movimientos utópicos acertaban al reconocer que la verdad última está relacionada con la justicia, pero se equivocaban al buscar únicamente la justicia entre hombre y hombre y olvidarse de la justicia divina. Por eso Mackay afirmaba que: "Los movimientos utópicos. . . constituyen luces intermitentes de la verdad, aberraciones, aun cuando también podríamos decir parábolas de la pasión por la justicia imperecedera, la justicia de Dios."[7]

El énfasis en la iniciativa divina, el indicativo del evangelio, va unido aquí a la afirmación de la responsabilidad humana, y a la dimensión ética de esta responsabilidad. Además, el énfasis en la *práctica* del camino está en la *obediencia* a una Palabra pronunciada antes, a un llamado al cual se responde. No se trata de una práctica que surge de la propia iniciativa humana, sino de una obediencia a la Palabra revelada. La práctica de los movimientos utópicos puede provenir de una búsqueda de la justicia, que en última instancia es búsqueda de Dios, pero esa práctica no es la luz misma. Es una evidencia de que se busca luz, una parábola. La Palabra es la luz que alumbra, es el llamado a la obediencia, la revelación de Dios sin cuyo indicativo no hay un claro imperativo para el ser humano. Estamos aquí ante una teología que expresa las intuiciones centrales de la Reforma Protestante.

2. La teología como reflexión sobre la praxis

El énfasis de la teología evangélica que acabamos de rememorar, parecería estar relacionado, de alguna manera, con el énfasis en la *praxis* que caracteriza a las teologías de la liberación. Sin embargo, los teólogos de la liberación afirman un carácter único y distintivo en su forma de hacer teología, y esto es muy importante aclararlo. No se debe entender el término "teología de la liberación" como si se tratase de un nuevo capítulo, agregado a las viejas teologías. No es que a la teología de la salvación, de la misión, de las últimas cosas, se agrega ahora un nuevo objeto de reflexión, la liberación. Se trata más bien de una nueva manera de hacer teología. Se trata de establecer un nuevo punto de partida para la tarea teológica, y ello se considera un cambio "copernicano" en la teología.

Una nueva forma de hacer teología

Gustavo Gutiérrez es quien ha expresado con más claridad y vehemencia lo nuevo de esta propuesta teológica.

> La teología de la liberación nos propone, tal vez, no tanto un nuevo tema para la reflexión, sino una *nueva manera* de hacer

> teología. La teología como reflexión crítica de la praxis histórica, es así, una teología liberadora, una teología de la transformación liberadora de la historia de la humanidad y, por ende, también de la porción de ella —reunida en ecclesia— que confiesa abiertamente a Cristo.[8]

Comprender la propuesta de Gutiérrez es muy importante para captar lo que es nuevo y propio de esta manera de hacer teología. Gutiérrez describe las funciones que la teología ha cumplido históricamente, señalando una cierta continuidad pese a las diferencias: "A través de modalidades cambiantes, lo esencial del esfuerzo por una inteligencia de la fe se mantiene." Dos tareas clásicas reconoce: Teología como *sabiduría,* para ayudar a vivir la vida espiritual en el mundo; y Teología como *saber racional,* es decir, una sistematización intelectual que ya hace uso de la filosofía.

El aporte nuevo de la TL sería que ella funciona como "reflexión crítica sobre la praxis". El cristiano de hoy ha adoptado una cierta forma de acción en respuesta a las demandas sociales y políticas propias de América Latina: esa es su praxis. Sólo después de la acción, y al reflexionar críticamente sobre ella, se está haciendo teología de la liberación.

En un trabajo más extenso sobre el tema, Gutiérrez insiste:

> En la teología de la liberación hay dos intuiciones centrales que fueron además cronológicamente las primeras, y que siguen constituyendo su columna vertebral. Nos referimos al método teológico y a la perspectiva del pobre. Desde un comienzo la teología de la liberación planteó que el acto primero es el compromiso en el proceso de liberación, y que la teología viene después como acto segundo.[9]

Gutiérrez aclara que no se trata sólo de una teología inductiva en contraste con una deductiva, sino de todo un esfuerzo "por colocar el trabajo teológico en el complejo y fecundo contexto de la relación práctica y teoría".[10] En este aspecto Hugo Assman coincide con Gutiérrez y es igualmente explícito acerca de la significación del método en la nueva teología:

> Se podría decir que la 'teología de la liberación', al definirse como reflexión crítica a partir de la interioridad de la praxis liberadora, no sólo se entiende como 'acto segundo' en relación con 'acto primero' de la praxis, sino también como 'palabra

segunda' en relación con la 'palabra primera' de las ciencias humanas.[11]

Por otra parte, ese "encuentro con los pobres" al que hicimos referencia en capítulos anteriores, y que llevó a ciertos católicos a una militancia política definida, es el elemento central de lo que se llama *praxis*.

> La irrupción del otro, del pobre, en nuestras vidas lleva a una solidaridad activa con sus intereses y sus luchas. Ese compromiso se traduce en un empeño por transformar un orden social que genera marginados y oprimidos. . . Entrar en forma concreta y exigente en el mundo del otro, del pobre, es comenzar a ser un "hombre nuevo". Es un proceso de conversión. . . la pobreza del pobre no es un llamado a una acción generosa que la alivie, sino exigencia de construcción de un orden social distinto. . . La solidaridad con el pobre implica la transformación del actual orden social. Implica una praxis histórica liberadora, es decir, una actividad transformadora orientada a la creación de una sociedad justa y libre.[12]

El énfasis en esta reflexión de Gutiérrez está en señalar la naturaleza *política* de la praxis a la que se hace referencia. Va todavía más allá: no cualquier acción política es la "praxis" de la cual él escribe, sino la acción política orientada a la transformación revolucionaria del orden social actual. Si queremos mayor precisión sobre dicha praxis, Gutiérrez la ha dado varias veces y de varias maneras. Se trata de asumir un proyecto revolucionario derivado del análisis obtenido por las ciencias sociales. El marco filosófico escogido es el marxismo. Gutiérrez reconocía en 1971 que en los orígenes de su teología estaba "la influencia del pensamiento marxista centrado en la praxis, dirigido a la transformación del mundo. . . Son muchos los que piensan, por eso, con Sartre, que 'el marxismo como marco formal de todo pensamiento filosófico de hoy no es superable'. Sea como fuere, de hecho, la teología contemporánea se halla en insoslayable y fecunda confrontación con el marxismo".[13] La praxis política se explica y fundamenta en un análisis de la situación latinoamericana que también se define con categorías económico-sociales muy precisas.

> Caracterizar a América Latina como un continente dominado y oprimido conduce, naturalmente, a hablar de liberación, y

sobre todo a participar en el proceso que lleva a ella. De hecho, se trata de un término que expresa una nueva postura del hombre latinoamericano, el fracaso de los esfuerzos reformistas ha acentuado esta actitud. Hoy, los grupos más alertas, en quienes se abre paso lo que hemos llamado una nueva conciencia de la realidad latinoamericana, creen que sólo puede haber un desarrollo auténtico para América Latina en la liberación de la dominación ejercida por los grandes países capitalistas y, en especial, por el país hegemónico: los Estados Unidos de Norteamérica.[14]

En esta cita se resume también con cierta precisión la manera de entender la palabra "liberación". Si bien Gutiérrez menciona significados diversos de esa palabra como el individual y el escatológico, el énfasis está en este significado político preciso. Un aspecto de la adopción del marxismo se refleja en la frase "fracaso de los esfuerzos reformistas", con la cual se descartan caminos políticos no revolucionarios. Si bien no hay precisión en cuanto a qué prácticas políticas concretas en cada país son "liberadoras", la polarización propia del marxismo se lleva a veces a extremos. Así Enrique Dussel escribe criticando a la Iglesia Católica por lo que él llama "tercerismo", que sería una posición igualmente crítica del capitalismo y el comunismo.[15] De la misma manera, Raúl Vidales utiliza el término "teología de la muerte" para referirse a las teologías que no aceptan el diagnóstico y la solución marxista a los problemas de América Latina.[16]

Praxis, militancia y polarización

La impaciencia de la praxis hacia lo que se considera "reformismo", "tercerismo" o "teología de la muerte", muestra que la elección de un método teológico fundamental ha hecho de esta teología una posición militante y a veces intransigente. Quizá en algunos casos esa impaciencia proviene de la inmersión en un mundo de necesidad y conflicto. Pero la impaciencia expresa muchas veces la polarización que viene de la ideología. En este extremo aun el diálogo con otras teologías les resulta difícil a los teólogos de la liberación, inclusive con aquellos que quieren tomar en serio sus propuestas. Un comentarista europeo, defensor de las teologías de la liberación, reconoce las consecuencias del alineamiento ideológico:

De hecho, la teología latinoamericana acepta deliberadamente ser una teología comprometida, militante, incluso partidista: no puede permanecer neutral frente a las posturas políticas de "derecha" o de "izquierda". Lanzará, por consiguiente, a la teología europea el reproche de su pretendida neutralidad, que, bajo el pretexto de afirmar la relatividad de lo político y el carácter absoluto de lo religioso, proporciona una justificación ideológica al sistema establecido en el Occidente capitalista.[17]

A veces la impresión que deja el discurso así polarizado es que se nos está diciendo: "O tienes una militancia como la nuestra y desde esa praxis haces teología con nosotros, o estás al servicio del capitalismo y de la opresión."

Este ha sido uno de los puntos criticados con más rigor por la "Instrucción" que el Santo Oficio publicó en 1984 acerca de las teologías de la liberación. Resume, en realidad, el sentir de una parte de la Iglesia Católica latinoamericana que ha reaccionado contra la polarización ideológica expresada en el lenguaje y las actitudes de algunos teólogos de la liberación. El documento atribuye esta polarización e intolerancia a la adopción del marxismo. Vale la pena citar por extenso algunas de sus afirmaciones.

> En la lógica del pensamiento marxista 'el análisis' no es separable de la praxis y de la concepción de la historia a la cual está unida esta praxis. El análisis es así un instrumento de crítica, y la crítica no es más que un momento de combate revolucionario. Este combate es el de la clase del proletariado investido de su misión histórica. En consecuencia, sólo quien participa en este combate puede hacer un análisis correcto. (VIII, 2, 3)
>
> La concepción partidaria de la verdad que se manifiesta en la praxis revolucionaria de clase corrobora esta posición. Los teólogos que no comparten las tesis de la 'teología de la liberación', la jerarquía y sobre todo el magisterio romano son así desacreditados a priori como pertenecientes a la clase de los opresores. Su teología es una teología de clase. Argumentos y enseñanzas no son examinados en sí mismos, pues sólo reflejan los intereses de clase. Por ello su contenido es decretado, en principio, falso. Aquí aparece el carácter global y totalizante de la 'teología de la liberación'. Esta, en consecuencia debe ser criticada, no en tal o cual de sus afirmaciones, sino en el del punto de vista de clase que adopta a priori y que funciona en ella como un principio hermenéutico determinante. (X, 1, 2)[18]

La utilización de las ciencias sociales en el quehacer teológico

¿Cómo justifican los teólogos de la liberación el haber adoptado un tipo de análisis de la situación que produce una tal polarización? ¿Por qué ha sido necesario recurrir al marxismo, una filosofía que en el pasado fue vista siempre por la Iglesia Católica como incompatible con la fe cristiana?[19] La respuesta a esta pregunta importante sigue dos caminos que nos llevan a preguntar con mayor profundidad acerca de la forma de hacer teología en la iglesia.

En varios trabajos Gutiérrez ha tratado de explicar cómo la inserción del cristiano en el mundo de la pobreza lo lleva a descubrir ciertas características de ésta, que sólo pueden ser comprendidas y descritas mediante el uso de las ciencias sociales. Este criterio es aplicado a la comprensión no sólo de los pobres dentro de una nación, sino también de las naciones pobres frente a las naciones ricas. Haremos referencia a este tema más adelante en forma detenida, pero por ahora podemos mencionar que para Gutiérrez, "quien dice pobre asume un punto de vista colectivo y señala una conflictividad social".[20] No se necesita demasiada sutileza para traducir esto en términos de "clases" y "lucha de clases", y el cuerpo de los escritos de Gutiérrez y otros teólogos así lo demuestra.[21] "Estamos ante una pobreza colectiva que crea lazos de solidaridad entre los que la sufren y los lleva a organizarse para luchar contra esta situación y contra los que usufructúan de ella."[22] Así pues, las ciencias sociales, especialmente aquellas que han recibido la influencia del marxismo, serían las únicas herramientas que nos permiten dar cuenta de lo que está pasando, e intervenir solidariamente en el proceso. Esta explicación es también la que sigue Míguez Bonino cuando afirma que el marxismo "ha demostrado ser un instrumento útil para la proyección de una praxis histórica destinada a realizar las posibilidades humanas en la historia".[23] La forma más extrema de esta adopción del marxismo la ha utilizado Hugo Assmann para quien las consecuencias de esta opción son "desenmascarar y denunciar las falsas teologías" y desbloquear la conciencia cristiana frente a problemas tales como la violencia y otros. El criterio de adopción del marxismo ha sido, pues, el de la eficacia.

Es importante destacar que en varios de estos teólogos, ha habido recientemente un proceso de aclaración de su uso del marxismo. Ante las críticas del Santo Oficio, Gutiérrez, por ejemplo, ha insistido en que:

> En las ciencias sociales contemporáneas, instrumento de estudio de la realidad social, hay la presencia de elementos de análisis marxista. Esto ocurre en las ciencias sociales en general, incluso en quienes tienen diferencias o se oponen a Marx, como es el caso de Max Weber, por ejemplo. Pero la presencia de estos puntos no permite de ninguna manera identificar ciencias sociales con el análisis marxista. . . En ningún momento, ni explícita ni implícitamente, nos propusimos un diálogo con el marxismo en vistas a una eventual 'síntesis' o a tomar un aspecto y dejar otro. . . si hay encuentro éste se da entre teología y ciencias sociales, y no entre teología y análisis marxista, salvo por los elementos de éste que se hallan en las ciencias sociales contemporáneas, en particular tal como se presentan en el mundo latinoamericano.[24]

La segunda línea de explicación del papel de las ciencias sociales en el quehacer teológico toca la metodología clásica de ese quehacer. Gutiérrez ha afirmado que el uso de cierta racionalidad para el trabajo teológico es imprescindible, y ha explicado de varias maneras el hecho de que la iglesia usó la filosofía en el pasado como la racionalidad que organizaba el pensamiento teológico. En el mundo moderno las ciencias sociales han sustituido a la filosofía. También esta línea ha sido usada por Míguez Bonino, resumiendo el trabajo teológico de Gutiérrez y otros teólogos representativos. Luego de considerar los problemas que el uso del marxismo ha planteado a las teologías de la liberación, Míguez concluye en que:

> Se presenta aquí una forma particular del antiguo problema de la relación entre la fe cristiana y la forma de racionalidad en la cual y mediante la cual el cristiano plasma su obediencia y su reflexión. Los sistemas filosóficos que sirvieron para tal fin en el pasado aparentan estar más distantes de la práctica activa y restringirse a un ámbito especulativo, en tanto que este otro instrumental propone una forma de acción como la racionalidad que corresponde al carácter histórico de la realidad humana.[25]

En este punto Gutiérrez y Míguez Bonino han reconocido de diversas maneras los complejos problemas que le plantea a la práctica cristiana y a la reflexión teológica el adoptar las ciencias sociales como elemento articulador de su teología. Pese a todas las aclaraciones y modificaciones que se han propuesto, y pese a la conciencia de los riesgos, este punto de la adopción de ciertas ideas centrales del marxismo, mediadas por las ciencias sociales, ha sido uno de los objetos de mayor polémica y crítica contra las teologías de la liberación. De hecho, el Vaticano oficialmente ha aceptado a algunas teologías y ha condenado a otras, tomando como piedra de toque el uso que hagan de elementos marxistas de análisis.

Teología y filosofía en la tradición católica

La adopción de las ciencias sociales, como vemos, se equipara a la adopción de la filosofía que caracterizó la labor teológica en el pasado. En este punto la teología católica es consistente con su tradición. En ella la relación entre filosofía y teología ha sido siempre clara y explícita. Es el fruto de un desarrollo de siglos que comenzó muy temprano en la historia del pensamiento cristiano. El problema que se le presenta a las teologías de la liberación es cómo hacer compatible su uso de las ciencias sociales con ciertos conceptos e ideas que provienen de filosofías del pasado, diferentes a la filosofía que sirve de fundamento a estas ciencias sociales. El diálogo filosófico-teológico dentro del catolicismo presupone la validez de la filosofía, y no sólo eso, sino que una cierta filosofía ha sido canonizada. Es importante ver al respecto lo que decía uno de los precursores de la teología de liberación en 1964:

> Las fórmulas dogmáticas sacadas de la teología escolástica es decir, de la teología de los maestros de las universidades medievales, fueron elaboradas en un contexto histórico y canonizadas por el uso de la Iglesia, o más bien, es el trabajo teológico medieval el que ha sido incorporado al bien de la Iglesia. Así, no serán jamás puestos en tela de juicio los resultados adquiridos de la teología medieval, aceptados y oficializados por el concilio de Trento.[26]

En este trabajo Comblin, fundamenta la aceptación de la filosofía medieval, en el hecho de que "Santo Tomás ha pensado y expresado la metafísica más perfecta", agregando que "La metafísica de Santo Tomás es en cierto modo la metafísica universal, la del espíritu humano. . . es la expresión perfecta de la armonía entre el pensamiento y la fe".[27] Citamos en especial este libro porque en él Comblin señala ya la aparición en Europa de una "teología de la acción", cuyas fuentes en la praxis son muy semejantes a las que aduce la teología de la liberación. Comblin, además, señala ya la entrada de las ciencias humanas en la reflexión teológica:

> En la época moderna, al lado de la filosofía, han nacido las ciencias humanas, que actualmente han alcanzado un desarrollo de una amplitud extraordinaria, que los medievales no podían sospechar. La ciencia del hombre puede proporcionar a una teología de la acción conceptos, procedimientos de exposición, método, punto de partida nuevo. Una teología de la acción así construida no estaría ni en contradicción ni en oposición con la teología escolástica, así como las ciencias humanas no contradicen a la metafísica.[28]

Algunos teólogos de la liberación han afirmado que si Santo Tomás viviese hoy en día hubiera realizado una síntesis entre cristianismo y marxismo, de la misma manera que en su época realizó la síntesis entre cristianismo y aristotelismo. Evidentemente los obispos en la conferencia de Puebla no creían esto posible, pues en el *Documento* de esa reunión hay referencias claras de condena a la ideología marxista.[29] Un crítico muy serio de algunas teologías de la liberación llega a la conclusión de que Santo Tomás en vez de bautizar al marxismo, como lo hizo con el aristotelismo, escribiría una "Suma contra Marx", así como escribió una contra los gentiles.[30] No podemos aquí profundizar más sobre este punto, pero debemos pasar a un comentario más extenso desde la perspectiva evangélica.

3. El método teológico en perspectiva evangélica

Reconociendo el papel que siempre ha jugado la filosofía en la teología católica, en primer lugar evaluaremos la idea de teología como reflexión sobre la praxis, pasando luego a examinar el método teológico dentro del protestantismo y las tareas que se le plantean a una teología evangélica.

Pro y contra de la nueva forma de hacer teología

Poner a la praxis como punto de partida o nuevo *locus theologicus* (lugar teológico) no es algo que resulta explicable sólo por la experiencia de algunos católicos en América Latina.

Realmente se trata de la aceptación de un desarrollo moderno del pensamiento filosófico, que ha tenido repercusiones en lo político. Con un rico conocimiento del marxismo, el teólogo evangélico yugoslavo Miroslav Volf se ha ocupado con detenimiento de la noción de una teología como "reflexión sobre la praxis". Volf ha estudiado el origen hegeliano y marxista de esta posición, que los teólogos de la liberación nunca han negado explícitamente. Antes de Hegel y Marx, el ideal filosófico estaba todavía determinado por la idea griega de la contemplación. "El conocimiento teórico consistía en contemplar el orden incambiable del universo y su origen divino". Esta idea de la teoría como contemplación de la verdad ha sido abandonada por completo. Ha cedido el paso ante una nueva noción: "la verdad se abre no ante la contemplación sino ante el hacer y el cambiar".[31] Marx toma esta intuición hegeliana y la lleva más allá. Es célebre su frase en la XI tesis sobre Feuerbach: "Los filósofos hasta ahora sólo han interpretado al mundo, lo que se requiere es transformarlo".

El término "praxis" en el marxismo tiene un contenido específico que no quiere decir sólo lo que entenderíamos como "práctica" de la verdad en un sentido cristiano. Algunos críticos católicos han llamado la atención al hecho de que los teólogos de la liberación no han definido bien su uso del término "praxis" para saber cuánto del concepto marxista toman.[32] Volf resume su historia del pensamiento de Marx sobre la praxis en esta forma:

> El pensamiento verdadero como algo opuesto a la falsa conciencia, es para Marx el pensamiento que revela su poder para establecer la verdad de este mundo. La práctica revolucionaria es el criterio de la verdad. Esto significa que la cuestión de si una teoría es verdadera (en el sentido tradicional) pierde significación. La pregunta más importante es si la teoría sirve al desarrollo de las potencialidades humanas. Si en la filosofía griega la teoría era un fin en sí misma, con Marx pierde su independencia y queda completamente subordinada a la práctica revolucionaria.[33]

Volf concuerda con los teólogos de la liberación en la necesidad de que la teología se oriente hacia la práctica. Y como hemos visto al comienzo de este capítulo, la teología evangélica inicial en América Latina proclamaba lo mismo. Pero Volf señala que hay una teoría que debe tener prioridad en el quehacer teológico aunque esa prioridad se tenga que entender en términos lógicos y no necesariamente cronológicos. Es decir, hay una teoría que en última instancia es la norma del teologizar.

> Me parece que esta prioridad está implicada en la naturaleza de la revelación cristiana. Como el testimonio bíblico lo indica, la revelación final y perfecta de Dios a la humanidad ocurrió en Jesucristo (He. 1:1 ss.; Jn. 1:1-18). Esta revelación está ahora accesible para nosotros por medio de ese tipo particular de teoría: la palabra escrita de las Sagradas Escrituras. Cristo, la Verdad, sólo es accesible para nosotros por medio de este testimonio profético y apostólico.[34]

En este mismo sentido se orienta la cuádruple evaluación crítica que hace René Padilla de la metodología teológica liberacionista. En primer lugar, Padilla acepta la importancia de la obediencia para el conocimiento de la verdad, porque ello corresponde a la enseñanza bíblica explícita. Al mismo tiempo señala el riesgo de un pragmatismo que convierte a la praxis en norma:

> Si no hay posibilidad de evaluar la praxis en base a alguna norma que está por encima de la misma, queda abierto el camino para justificar cualquier praxis, con tal que funcione; el fin justifica los medios. . . Los hechos de la revelación bíblica son también hechos sólidos y debemos reflexionar sobre ellos a fin de profundizar nuestra comprensión de su significado para la vida aquí y ahora. Conocemos en la medida en que obedecemos (y ese es el lado existencial de la verdad), pero estamos más capacitados para obedecer, en la medida en que conocemos los mandamientos, promesas y juicios de Dios revelados en las Escrituras (y ese es el lado cognoscitivo de la verdad).[35]

En segundo término, Padilla señala al acierto liberacionista al poner énfasis en la importancia de tomar en serio la situación histórica en el quehacer teológico. Pero señala también el peligro de un reduccionismo histórico, especialmente cuando el sentido de la existencia humana sólo se ve en relación con los procesos históricos, percibidos con la óptica marxista. "Según la enseñanza bíblica el sentido de la existencia humana no se define exclusivamente en relación con el proceso histórico, sino también en relación con el destino último del individuo."[36] La tercera advertencia es contra el peligro de una cautividad sociológica de la teología, especialmente al aceptar pasivamente percepciones marxistas incompatibles con la fe cristiana. En cuarto lugar, Padilla señala la importancia de reconocer el condicionamiento ideológico de la teología, pero al mismo tiempo nos pone en guardia contra el peligro de ideologizar el evangelio. Este aspecto en la argumentación de Padilla es muy importante, por cuanto en su trabajo teológico él se ha esforzado en demostrar como las teologías y las prácticas misioneras de ciertos sectores evangélicos reflejan claramente las ideologías predominantes en sus sociedades. La advertencia respecto a las teologías de la liberación proviene en su caso de una experiencia hermenéutica profunda, ejercida con rigor intelectual al mismo tiempo que arraigada en su participación en la misión de la iglesia.

> La alternativa no es: una teología bíblica "pura", o una teología que intencionalmente pone al texto bíblico al servicio de la ideología. Hay una tercera opción: una teología que continuamente busca la coherencia entre las Escrituras y la obediencia presente, por medio de un 'acto sintético' en el que el pasado y el presente —la Palabra y el Espíritu— se fusionan.[37]

Tanto Volf como Padilla están señalando, cada uno a su manera, la primacía de la Palabra de Dios, y en ese sentido su posición corresponde a una convicción básica de la Reforma Protestante y de su expresión en el protestantismo evangélico.

La teología protestante y la filosofía

Un aspecto importante de la teología de la Reforma Protestante del siglo XVI fue la crítica a la teología escolástica, precisamente por aquellas negaciones del evangelio a las cuales dicha teología había llegado al adoptar categorías filosóficas que terminaron por imponerse a la Palabra revelada. Esta sospecha respecto a la filosofía determinó una metodología teológica protestante que prestaba poca atención a la filosofía y procuraba centrarse en la Palabra de Dios.

Al respecto dice Roger Mehl: "La idea protestante de asentar la teología unicamente sobre la revelación de Dios en su Palabra y, por tanto, de no recurrir a la filosofía para establecer los prolegómenos de la Dogmática, hacen que aquella ocupe un lugar muy secundario entre las disciplinas teológicas."[38] El asunto no es tan sencillo cuando lo vemos en perspectiva histórica. Especialmente dado el hecho de que, en Occidente, la teología se volvió menester universitario, siempre existió una relación con la filosofía, una interacción e influencia mutua, de la cual podemos aprender mucho.

En un trabajo breve pero muy enjundioso del teólogo Justo L. González encontramos una síntesis del recorrido de la teología que él describe como "escalas" en diversas ciudades. En esa forma muestra el diálogo de la fe cristiana con las filosofías de diferentes épocas, y los esfuerzos de síntesis de cada etapa: Roma vía Atenas en el mundo clásico de los primeros siglos, París vía Córdoba la síntesis medieval tomista, y luego Wittemberg en el siglo XVI el tiempo de la Reforma. González describe así la experiencia de Lutero:

> La razón por la que Roma y París perdieron algo del carácter dinámico y personal de Dios, fue su intento de unir al Dios de la Biblia con el ser supremo de los filósofos. Lutero rechazó categóricamente este intento. La verdad filosófica es a la verdad evangélica como la ley es al evangelio, o como la justicia humana es a la justicia divina. En las cosas externas y cotidianas rigen la ley, la filosofía y la justicia humana; éstas pueden darnos un conocimiento general de la existencia de Dios. Pero el conocimiento salvífico de Dios, el conocimiento evangélico de Dios no se da sino en la revelación, en el evangelio, en la justicia divina. Por lo tanto, 'nadie puede llegar a ser teólogo con Aristóteles.'[39]

Sin embargo, como el propio González señala, el protestantismo posterior a la experiencia inicial de los Reformadores no dejó de hacer uso de la filosofía en la elaboración de sus sistemas teológicos. Y esto es importante que lo recordemos particularmente en América Latina. La sospecha de Lutero, lo mismo que la crítica de Calvino a las actividades y creaciones de la razón humana afectada por el pecado, reaparecen de tiempo en tiempo en la teología protestante, sirven como advertencia contra el peligro de que ésta caiga víctima de un sistema filosófico que termine por aprisionar a la Palabra de Dios. Roger Mehl ha señalado, por ejemplo, que en el renacer teológico debido a la obra de Karl Barth se percibe, como en Calvino, la conclusión respecto a la inutilidad de la filosofía en lo que se refiere a la teología.

> Barth, que se alegra ante las conclusiones de Kant, de la imposibilidad de una metafísica que no sea otra cosa que una

crítica, estima que *post-Christum* sólo podremos buscar la verdad última sobre Dios y nosotros en el evangelio, y condena con vigor el método de correlación entre la religión bíblica y la ontología que practica Paul Tillich.[40]

Partiendo de esta intuición crítica que aportó la Reforma, muchos pensadores evangélicos elaboran su crítica de sistemas teológicos, mostrando cómo por debajo de ellos subyacen sistemas filosóficos. La teología europea suele acompañar a la filosofía de moda, ya que muchas veces filósofos y teólogos son colegas de labor en las universidades. Se ha señalado, por ejemplo, que la teología de Rudolf Bultmann se elaboró dando por sentado que la filosofía existencialista de Heidegger era la última palabra de la reflexión humana, y en consecuencia podía servir de punto de partida y marco de referencia.[41] En el campo de la apologética, Francis Schaeffer, escritor popular entre ciertos evangélicos, ha criticado a muchos teólogos tratando de señalar las presuposiciones filosóficas subyacentes a sus teologías.[42] Pero se puede seguir el mismo procedimiento con estos críticos, y se llegará a un punto en el cual las propias presuposiciones filosóficas de los críticos son sometidas a examen. Esto lo ha hecho, por ejemplo Jack Rogers en relación con Schaeffer, demostrando que aun sin saberlo, ya que parecía no estar consciente de ello, Schaeffer partía de las presuposiciones del realismo escocés. Esta escuela filosófica influyó también a los teólogos conservadores de Princenton como Warfield y Machen. Es necesario entonces que el teólogo procure formarse filosóficamente además de capacitarse para su trabajo hermenéutico, al cual haremos referencia más abajo. El consejo de Mehl es muy adecuado:

> Es importante que el teólogo no haga de filósofo simple y que sea consciente de los presupuestos filosóficos que adopta, a fin de poder ejercitar por sí mismo la crítica de estos presupuestos, considerando con lucidez el papel que juegan dentro de su propio sistema, pues después de todo, leer e interpretar un texto, que es la base de toda labor teológica, no son operaciones que pueden efectuarse con absoluta inocencia intelectual. Al abordar un texto partimos de ciertos presupuestos, pues lo que en él buscamos está ligado a la cultura que poseemos.[43]

Este principio vale para la tarea crítica que los evangélicos emprenden respecto a las teologías de la liberación. Debe estar fundamentada sobre todo en la comprensión del dato revelado, y no simplemente en los presupuestos de otra filosofía. Algunos teólogos están proponiendo el regreso a la comprensión del horizonte de los autores bíblicos mismos, que por fuerza resulta crítico de toda filosofía moderna.[44]

El método en la teología evangélica

En el actual momento de la vida evangélica en el continente latinoamericano, la tarea teológica no puede limitarse a un comentario negativo acerca de las teologías que han venido surgiendo. Dice muy bien Padilla: "Mi pregunta no es: ¿Cómo respondo a la teología de la liberación a fin de mostrar sus fallas e incongruencias? Es más bien: ¿Cómo articulo yo mi fe en el mismo contexto de pobreza, represión e injusticia del cual ha

surgido la teología de la liberación?"[45] Precisamente por esta sentida necesidad de articular la fe en el ejercicio mismo de nuestra tarea misionera y pastoral, hemos venido forjando de manera crítica y contextual una teología de la misión. Esta no puede evitar en América Latina la referencia al contexto. En ese esfuerzo la cuestión del método teológico es muy importante. Las comunidades evangélicas han recibido una herencia teológica elaborada en los contextos europeo y norteamericano, y como decíamos antes, esas formulaciones se han quedado cortas frente a la realidad del continente. Nuestra teología quiere ser más que simple copia o calco de fórmulas extranjeras, aprendidas de memoria. Esas fórmulas no sirven cuando el cristiano de hoy se embarca, en su vida diaria, en la exposición y defensa de su fe, en la comunicación del evangelio, en la pastoral, en las decisiones éticas que individual y colectivamente plantean los momentos históricos de cada país. La teología evangélica ha emprendido un camino de creación que pasa por el camino crítico respecto al pasado. Crítico en el sentido de *discernir* entre Palabra de Dios y palabras humanas. En este proceso de discernimiento la teología recibida o heredada se somete también a la crítica metodológica. Si es posible y necesario tomar las propuestas liberacionistas y evaluarlas críticamente, examinando por ejemplo su metodología; también es posible y necesario examinar la metodología de las formulaciones teológicas que se nos han entregado tradicionalmente a los evangélicos, y que algunos presentarían como alternativa. El camino teológico está abierto. El indicativo de la acción divina, de la iniciativa de Dios en Jesucristo, nos desafía, y demanda una respuesta nuestra, no la repetición de las respuestas de otros.

La tarea crítica de la teología evangélica es necesaria, precisamente para hacer justicia a la convicción respecto de la autoridad de la Palabra de Dios. Dice con gran acierto Emilio Antonio Núñez:

> Tenemos también que decidir dónde está la autoridad final ante nuestra misma tendencia de mirar solamente el pasado o de remontarnos al futuro, a la lejanía escatológica, pasando por alto el presente, para preservar interpretaciones, tradiciones y prácticas caducas que son aditamentos al Texto sagrado y no la Palabra misma de Dios. No es preciso recordar que la iglesia reformada tiene que seguir reformándose, a la luz de la revelación escrita de Dios, bajo el dominio del Espíritu Santo.[45]

Padilla, por su parte, ha aplicado el trabajo crítico a desenmascarar aquellas formas de teología impuestas al mundo evangélico, que son simplemente expresiones del "cristianismo-cultura" del misionero. La tarea urgente, señala Padilla, es la de la contextualización, y en ella han venido trabajando las nuevas generaciones de teólogos evangélicos latinoamericanos. Padilla plantea una metodología teológica cuya base es la Palabra de Dios, cuyo contexto es la situación histórica concreta y cuyo propósito es la obediencia al Señor Jesucristo.[46] Esta teología corresponde al impulso misionero evangélico, en el cual ha jugado un papel fundamental la predicación bíblica; al dinamismo histórico de las propias minorías protestantes, cuya presencia ha dejado sentir su impacto en el continente; y a la visión misionera de nuestro continente, para la cual hay urgencia de anunciar el evangelio como llamado a los seres humanos al arrepentimiento y la fe.

En las páginas que siguen nos ocuparemos de los desafíos que nuestra realidad presenta hoy en lo relativo a una nueva comprensión de la historia, a una nueva hermenéutica y a una nueva visión de la praxis cristiana. Frente a ellos las teologías de la liberación plantean respuestas audaces y aplican la metodología que aquí hemos esbozado críticamente. A esos desafíos está respondiendo también la teología evangélica.

Notas del Capítulo V

[1] Manuel González Prada. *Horas de Lucha.* Lima: Lux, 1925, p. 59.
[2] Véanse especialmente sus libros *El Sentido de la Vida,* Lima, 3ra. edición, 1978 y *Mas Yo Os Digo,* México: CUP, 2da. edición, 1964.
[3] Juan A. Mackay, *Prefacio a la Teología Cristiana.* México: CUP, 1957, 2da. edición, p. 38.
[4] *Id.*
[5] René Padilla, *El Evangelio Hoy,* Bs. Aires: Certeza, 1975, p. 59.
[6] Mackay. *Id.,* pp. 114-115.
[7] *Id.,* p. 59.
[8] Gutiérrez, *TL.,* p. 34.
[9] Gutiérrez, *La Fuerza Histórica de los Pobres.* Lima: CEP, 1979, p. 367.
[10] *Id.,* p. 368.
[11] Hugo Assman, *Teología desde la Praxis de la Liberación.* Salamanca: Sígueme 1976, p. 50.
[12] Gutiérrez, "Praxis de Liberación: Teología y Anuncio", en *Concilium* No. 96, Madrid 1974.
[13] Gutiérrez, *TL.,* p. 25.
[14] *Id.,* pp. 114-115.
[15] Enrique Dussel, "El Tercerismo Eclesial". En, Elsa Tamez y Saúl Trinidad, Eds. *Capitalismo: Violencia y Anti-vida.* San José: DEI-EDUCA T.I., 1978, pp. 315 ss.
[16] E. Tamez, S. Trinidad, *Op. Cit.,* T. II, pp. 217 ss.
[17] Claude Geffre, "La Conmoción de una Teología Profética", en *Concilium* No. 96, p. 304.
[18] *Algunos Aspectos de la Teología de la Liberación.* Instrucción de la Sagrada Congregación para la Doctrina de la Fe. Madrid: PPC, 1984. Hay varias ediciones de este documento, conocido como el Informe Ratzinger, por el nombre del cardenal que lo firma. Citaremos de la presente edición, indicando los apartados y números del documento mismo.
[19] Las llamadas encíclicas sociales desde el papa León XIII, hasta el papa Paulo VI han sido claras en su condena al marxismo.
[20] Gutiérrez, *La Fuerza Histórica. . .,* p. 151.
[21] En el capítulo 13 de TL y en el libro *La Fuerza Histórica de los Pobres* hay abundante evidencia a este respecto. Pero es importante tomar en cuenta las aclaraciones que ha hecho el autor, y a las cuales nos referiremos más adelante.
[22] Gutiérrez, *TL.,* p. 354.
[23] José Míguez Bonino. *La Fe en Busca. . .,* p. 60.
[24] Gustavo Gutiérrez, "Teología y Ciencias Sociales". Revista *Páginas,* No. 63-64, Lima, septiembre de 1984, pp. 7, 8.
[25] Míguez Bonino, *Op. Cit.,* p. 123.
[26] Joseph Comblin. *Hacia una Teología de la Acción.* Barcelona: Herder, 1964, p. 18.
[27] *Id.,* p. 21.
[28] *Id.,* p. 25.
[29] *Documento de Puebla,* pp. 544, 545.

[30] Francisco Interdonato S. J. *Ser o No Ser de la Teología en Latinoamérica.* Lima: Facultad de Teología, 1985, p. 99.

[31] Miroslav Volf, "Doing and Interpreting: an Examination of the Relationships Between Theory and Practice in Latin American Liberation Theology" *Themelios,* Leicester, April 1983. (Vol. 8, No. 3), pp. 11-19.

[32] Alberto Methol Ferré, "Itinerario de la Praxis: de cómo fue llegando y anudándose en América Latina la filosofía de la praxis", en *Víspera,* No. 29, Montevideo, noviembre de 1972, pp. 40-44.

[33] Volf, *Op. Cit.,* pp. 13-14.

[34] *Id.,* p. 17.

[35] René Padilla, "La Teología de la Liberación: Una Evaluación Crítica" en *Misión,* No. 2, Buenos Aires, julio-septiembre de 1982, pp. 17, 18.

[36] *Id.,* p. 19.

[37] *Id.,* p. 20.

[38] Roger Mehl, *La Teología Protestante.* Madrid: Taurus, 1969, p. 103.

[39] Justo L. González. *Itinerario de la Teología Cristiana.* Miami: Caribe, 1975, p. 60.

[40] Mehl, *Op. Cit.,* p. 103.

[41] Véase el *Apéndice* por Justo L. González a H. R. Mackintosh, *Corrientes Teológicas Contemporáneas.* Buenos Aires: Methopress, 1964.

[42] Jack Rogers, *Reformed Journal,* May and June 1977, Grand Rapids.

[43] Mehl, *Op Cit.,* p. 105.

[44] Ver especialmente los trabajos de John Howard Yoder.

[45] Clade II, *América Latina y la Evangelización en los Años 80.* México: FTL, 1980, p. 168.

[46] René Padilla, *El Evangelio. . .,* pp. 74-75.

Capítulo VI

UNA NUEVA VISION DE LA HISTORIA

Dentro de pocos años se cumplirá el quinto centenario de la llegada de Colón con sus tres carabelas a una isla del Mar Caribe. España se prepara a celebrar el acontecimiento, pero hace poco el líder comunista Fidel Castro causó serio escándalo al afirmar que la empresa española en América había sido un genocidio.[1] En América Latina el sentido de la historia es algo acentuado en los pueblos, y la reflexión teológica tarde o temprano tiene que lidiar con el tema de la historia. Por ello resultan elocuentes las palabras que pronunció un sacerdote dominico brasileño, durante su conversación con Fidel Castro, en marzo de 1985:

> Permiso Comandante. Digo que el dios que ustedes, marxistas-leninistas, niegan, yo también lo niego: el dios del capital, el dios de la explotación, el dios en nombre del cual se hizo la evangelización misionera de España y Portugal en América Latina, con el genocidio de los indígenas; el dios que justificó y sacralizó las vinculaciones de la iglesia con el estado burgués; . . . ese dios que ustedes niegan, ese dios que Marx denunció en su época, nosotros también negamos a ese dios; ese no es el Dios de la Biblia, ese no es el Dios de Jesús.[2]

Las palabras no podían ser más directas, más elocuentes, y más teológicas. Aunque sea por la vía negativa, se trata de un discurso acerca de Dios, frente a un interlocutor que abraza una doctrina atea. Como vemos, de un plumazo se ha revisado completamente la historia y se ha tratado de disociar a Dios de la empresa colonial y misionera de los iberos. Se disocia también a Dios de un tipo de realidad política, el estado burgués, que es también lo que los marxistas atacan. Que sea un sacerdote dominico quien habla es también un dato muy importante. Frei Betto es uno de los teólogos de la liberación conocido por sus esfuerzos de divulgación de las nuevas teologías a nivel popular.[3] Las recientes décadas, que en las páginas anteriores hemos revisado rápidamente, han sido años de aceleración histórica, de cambios rápidos y dramáticos. Además, en estos años ha surgido una nueva visión de la propia historia de América Latina. En el seno de las iglesias del continente se ha dado un proceso de revisión de la historia de la iglesia, se está reescribiendo aceleradamente la crónica del pasado, se están sacando a relucir hechos y cifras hasta ahora desconocidos, bajando héroes de sus pedestales y subiendo a otros, denunciando, y a veces aun demonizando a ciertos movimientos y ciertas personas. El campo de la historia es uno de los campos en que se ha aplicado el método teológico nuevo y se busca una reubicación de la perspectiva. Aun en las filas evangélicas el prurito revisionista empuja a investigadores y divulgadores, y propone una reformulación de la identidad protestante a la luz de la nueva manera de contar la historia.

1. La revisión de la historia del cristianismo

Si se toma en cuenta que según la filosofía de la praxis la ciencia y la filosofía tienen que estar *al servicio de la praxis,* es decir, que algo es verdadero si conduce al cambio y produce cambio, se puede entender también que la investigación histórica y la tarea de historiar se pongan al servicio de una praxis política, una causa. Se trata entonces de una historia partidaria, hecha desde las presuposiciones de un proyecto político. Este proyecto servirá no sólo como principio orientador de la visión panorámica que se obtenga, sino también como clave para seleccionar ciertos datos, descubrir otros, prestar menos atención a otros. Todo ello está implicado en la revisión de la historia que se hace dentro del marco del pensamiento de la liberación. Como sería extenso hacer referencia a todo lo que sucede en el campo de la historia en América Latina, debemos limitarnos a lo que se refiere a la historia de la iglesia, aunque claro está que ésta no puede separarse de la historia de los pueblos latinoamericanos.[4]

Ni "leyenda negra" ni "leyenda blanca"

En una reflexión acerca de la manera en que los teólogos ven la historia en América Latina, no puede faltar una aclaración respecto a lo que se ha dado en llamar la "Leyenda Negra" y a lo que sería su contraparte, la "Leyenda Blanca" o "Leyenda Dorada". Nos dice un estudioso que la existencia de una "Leyenda Negra que sistemáticamente denigra el carácter y las realizaciones del pueblo español"[5] es algo que se reconocía desde la época de Quevedo. Fue en parte fruto de las luchas religiosas en Europa. "Los esfuerzos de España, como paladín del catolicismo durante los siglos XVI y XVII le valieron al país el odio imperecedero de los protestantes, en todo rincón de Europa, hasta un grado tal que acaso no lo hayan notado ni aun los propios hispanistas. Es asombrosa la enorme cantidad de material antiespañol que salió de las prensas de la Europa protestante durante ese período. . ."[6] La historiografía liberal, que era muchas veces hostil al catolicismo, criticaba a España y admiraba a los países anglosajones, haciendo uso del arsenal de la "Leyenda Negra". Como la obra misionera protestante tiene raíz anglosajona, en las percepciones de los misioneros se nota a veces la misma tendencia. La literatura misionera dejaba aparecer junto a la comprobación de los excesos de la religiosidad popular católica con sus características especiales, el juicio nutrido de los puntos más fuertes de la leyenda negra.[7]

Como contraparte surgió, especialmente entre los pensadores católicos conservadores del siglo pasado y comienzos del nuestro, una "leyenda blanca" que sostiene la tesis contraria, la bondad de la obra española. Piénsese en una frase como ésta del español Ramiro de Maeztu: "No hay en la historia universal obra comparable a la realizada por España, porque hemos incorporado a la civilización cristiana a todas las razas que estuvieron bajo nuestra influencia. . . "[8] En 1952, el historiador argentino Vicente D. Sierra termina su libro *Así Se Hizo América* con estas frases que bien se pueden contrastar con las del sacerdote dominico a quien citábamos más arriba: "Los hispanoamericanos principiamos a comprender que Dios está en nosotros, porque Dios está en la hispanidad; y está en ella porque la hispanidad como sentido de la vida es la verdad. La siembra española del siglo XVI se abre en esperanzas, que dicen que América, en las luchas del futuro, estará donde le corresponde: ¡con Cristo Rey! Desde los muros seculares del Escorial, así lo ordena la voz rectora de Felipe II."[9]

Una de las tendencias de la teología de liberación se relaciona con esta visión hispanizante que afirma los valores cristianos del pueblo latinoamericano, con cierta seguridad de que Dios marcha con ese pueblo. Esta tendencia se vincula con ciertos tipos de populismo, que bordean en el fascismo, y que suelen usar la expresión "Cristo Rey" como grito de guerra.[10] Sin embargo, en las líneas que siguen queremos referirnos a un proceso nuevo y más radical de revisión de la historia, que no busca tanto denigrar lo hispano o defenderlo, sino que ha emprendido una crítica general de la iglesia a partir de claves de comprensión tomadas de las ciencias sociales, tal como éstas se practican en los ambientes académicos de América Latina. Creemos importante que los estudiosos evangélicos en estas tierras dejen de guiarse por el recurso fácil a la fraseología y la retórica de la leyenda negra. Hay una vasta tarea por conocer y comprender la historia de la iglesia que demanda trabajo serio. Para la propia historia del protestantismo en América Latina es muy importante comprender los alcances de esta revisión histórica, que como vimos ya en el capítulo IV empieza con una actitud autocrítica en las filas de los teólogos de la liberación.

La revisión de la historia en el catolicismo

Para una iglesia que tiene cerca de cinco siglos de presencia en el continente revisar su historia puede ser una tarea penosa y difícil. Los teólogos de la liberación la han emprendido comenzando muchas veces en el cambio radical de su praxis política. Así la revisión de la historia ha venido a ser un presupuesto de su trabajo teológico. Para el catolicismo ello significa reconocer que la iglesia estuvo aliada a los conquistadores, usufructuando la victoria de los poderosos y colaborando con ellos en el proceso de dominio y explotación. Como se ha dicho, ya desde el siglo pasado la historiografía liberal criticó el papel del catolicismo en la historia latinoamericana. Por lo general los evangélicos hemos utilizado esa crítica liberal, ya que coincidía con algunas de las críticas que podían hacerse desde el lado protestante. Conforme avanzaba nuestro siglo XX, la influencia del marxismo fue llevando al desarrollo de una interpretación marxista de las estructuras de la iglesia y de su papel en la sociedad. Una parte de este análisis fue aprovechado por la misiología evangélica. Quizá el caso más ilustrativo es el de Juan A. Mackay. La primera parte de su libro *El Otro Cristo Español* se llama "Iberia y la Epopeya Católica en Sudamérica". Es un trabajo cuidadoso, documentado y crítico, pero escrito a partir de una comprensión del carácter, la religiosidad y la propia historia de los españoles y portugueses, materias en las cuales Mackay se había especializado. En una nota al pie del capítulo II, Mackay reconoce cuánto le debe toda una sección de su libro al trabajo pionero del estudioso socialista José Carlos Mariátegui sobre el Perú.[11]

Los estudios de Mariátegui y Mackay provocaron por momentos acerbas críticas de algunos intelectuales católicos.[12] El marco de referencia de Mackay, sin embargo, era misiológico y estaba nutrido de una cristología evangélica bosquejada contra el trasfondo cultural histórico y social del continente. Los párrafos críticos de su libro, sin embargo, aparecen inofensivos frente a la crítica radical que se ha desarrollado en los últimos años, dentro de las propias filas católicas, en el marco liberacionista.

La autocrítica que la teología de liberación propone tiene elementos de la crítica propia de la ciencia social, pero además tiene una dimensión teológica. Por momentos estamos frente a un intento de asimilar la visión marxista y revestirla de un lenguaje cristiano. Así, por ejemplo, hablando a los misioneros católicos reunidos en Iquitos, en 1967, el antropólogo Stefano Varese se refirió a las misiones católicas en la Amazonia y describió esa empresa como:

> Un esfuerzo misionero que, salvo muy raras excepciones individuales, nunca se ha dado o ha querido darse cuenta de que obra como una fuerza colonialista dominadora. Y estamos hablando de una iglesia que fue fundada por un hombre revolucionario y oprimido, pero que ha sido predicado en el Perú durante cuatro siglos y medio de su presencia aquí, por una misión que consciente o inconscientemente ha estado al servicio de los opresores. . . No estamos criticando a las personas por no haber leído el futuro: los misioneros de los siglos XVIII y XIX no podrían haber previsto el marxismo con sus intuiciones sobre la alienación humana, la falsa conciencia y la reificación. Pero para la historia de las misiones, el Cristo de los oprimidos y el San Francisco del no conformismo y el diálogo parece como que no hubiesen existido.[13]

El buró de la Confederación Latinoamericana Sindical Cristiana, le envió una carta al papa Pablo VI, cuando éste visitó

Colombia en 1968. Decían los sindicalistas católicos: "¡Pero cuidado hermano Pablo! la religión y la iglesia han sido constantemente utilizadas en América Latina para justificar y para consolidar las injusticias, las opresiones, las represiones, la explotación, la persecución, el asesinato de los pobres".[14]

Habiendo comenzado por aceptar de las ciencias sociales, un análisis clasista de la sociedad latinoamericana, es posible luego pasar a analizar la iglesia de la misma manera. Se desemboca así en una crítica radical que según Míguez Bonino produce una verdadera "crisis de conciencia".[15] Dice, por ejemplo, Gustavo Gutiérrez:

> Abierta o sutilmente cómplice de la dependencia interna y externa en que viven nuestros pueblos, la mayoría de la iglesia ha apostado por los grupos dominantes, a ellos ha dedicado —por 'eficacia'— lo mejor de sus esfuerzos. Identificándose con estos sectores y asumiendo su estilo de vida. Confundimos con frecuencia la posesión de lo necesario como una cómoda instalación en este mundo, la libertad para predicar el evangelio con la protección de los grupos poderosos, los instrumentos de servicio con los medios de poder.[16]

La revisión de la historia en el protestantismo

La visión histórica puede cambiar radicalmente en cosa de una o dos generaciones. En la década de los cincuenta la crítica católica al protestantismo lo acusaba, muchas veces, de ser agente o precursor del comunismo en América Latina. La acusación directa, en unos casos, era bulliciosa[17] y producía violencia y víctimas, en otros era más sutil pero definida.[18] Resulta curioso que hoy, tanto desde las propias filas del protestantismo como desde el catolicismo, la revisión histórica acuse al protestantismo de ser agente del imperialismo norteamericano. Los precursores protestantes de la teología de la liberación a los que hemos hecho referencia, emprendieron una revisión de la historia protestante con el criterio marxista. Decía, por ejemplo, Julio Barreiro, de ISAL en 1969:

> Ya sabemos que en nuestra América ha cambiado, en los últimos siglos, el nombre de los opresores pero no las condiciones de la opresión. El colonialismo interno y externo han permanecido y no habrá futuro para nuestro continente si no es en base a la destrucción de ese colonialismo. Inglaterra y

los Estados Unidos no han hecho más que tomar el lugar de España y de Portugal. En la medida en que asimilemos el protestantismo con los países que lo importaron, a través de sus misioneros solícitos y empeñosos, que no hacían más que sustituir, hasta donde les fuera posible, a los sacerdotes que importaron a su tiempo España y Portugal, no hay futuro para el protestantismo en estas tierras.[19]

Algunos de los trabajos de historiografía más recientes surgidos dentro del protestantismo ecuménico expresan en tono casi planfletario este ataque masoquista a la propia historia. Los escritos del misionero suizo Jean Pierre Bastian, por ejemplo, acumulan adjetivos dentro de un discurso irónico, a veces poco informado y plagado de medias verdades.[20] Por otra parte, en los escritos populares y en el periodismo de órganos vinculados a las teologías de la liberación, el vocabulario y el acento agresivo contra los evangélicos recuerdan los peores métodos del catolicismo conservador de las primeras décadas de este siglo.[21] La revisión histórica, sin embargo, se hace también con mayor seriedad en formas que siguen los lineamientos que hemos señalado en el caso del catolicismo. Míguez Bonino resume bien:

Es también, particularmente para los protestantes, una crisis de identidad. Luego de décadas de enorgullecerse de su posición progresista vis-a-vis con el catolicismo, comienzan a percibir que su papel ha sido mucho más ambiguo de lo que habían imaginado. Aun cuando se admita —y ésta es la convicción de quien escribe estas páginas— que fue históricamente necesario quebrar el embrujo de la mentalidad colonial tradicional, y que el protestantismo jugó un papel significativo para ello, el protestante no puede menos que preguntarse: ¿no hemos ofrecido en realidad, autorización religiosa a un nuevo colonialismo? ¿No hemos contribuido a crear una imagen benevolente e idealizada de las potencias coloniales (especialmente USA), disfrazando el carácter letal de su dominación?[22]

La pregunta de Míguez Bonino deriva de un análisis de la historia latinoamericana que pone al mismo nivel la conquista ibérica en el siglo XVI y la conquista económica en el siglo XIX. Para él se trata de dos imperialismos y dos tipos de cristianismo que se ponen a su servicio. Como lo sugiere el mismo autor:

El cristianismo penetró en América Latina a la zaga de dos movimientos históricos: la conquista y la colonización del siglo

XVI y la modernización y el neocolonialismo del XIX. Aunque los dos episodios no son simétricos en su significado e importancia, pueden servirnos como encuadre para una comprensión de la historia del cristianismo en el continente.[23]

La equiparación es una simplificación peligrosa, que tiende a ocultar ciertos hechos que son muy importantes para entender las alternativas ideológicas y políticas actuales. El elemento simplificador es la referencia a las potencias coloniales y neocoloniales, desde una óptica que le resta importancia a los factores eclesiásticos mismos, colocándolos "a la zaga" de ciertos movimientos históricos. Esta óptica refleja la influencia del marxismo y su expresión más clara se puede ver en dos ejemplos que muestran los extremos a que lleva el análisis.

Misión de la iglesia y análisis marxista

El movimiento de los "Cristianos por el Socialismo", surgido en Chile en 1971, fue el que con más claridad planteó una estrategia misionera, una manera de ver la misión de la iglesia, que se podía deducir del análisis social. Ese análisis incluía, por supuesto, una visión global del papel que había cumplido la iglesia en el pasado, y un llamado al cambio. La siguiente cita extensa del documento final de este movimiento expresa con claridad este tipo de análisis histórico y propuesta práctica:

> 1.5. El capitalismo colonialista o neo-colonialista como estructura económica conforma la realidad de los países latinoamericanos. En su fase superior esta conformación capitalista conduce al imperialismo y sub imperialismo que actúa a través de múltiples mecanismos, como agresiones militares y económicas, alianzas de gobiernos represivos, empresas multinacionales, dominación cultural, presencia de la CIA, el Departamento de Estado, etc.
> 1.6 Al interior de cada país el imperialismo actúa en complicidad con las capas dominantes dependientes o burguesía nacional, capas dominantes que aparecen en alianza con la iglesia institucional.
> 1.9 El imperialismo busca desunir al pueblo oponiendo a cristianos y marxistas con la intención de paralizar el proceso revolucionario de América Latina.
> 2.10 La alianza entre el cristianismo y las clases dominantes explica en gran medida las formas históricas que toma la conciencia cristiana. Por lo tanto, es necesario que una

> decidida toma de posición de los cristianos al lado de los explotados quiebre esa alianza y pasando por la verificación de la praxis, permita reencontrar un cristianismo renovado que rescate creativamente, en un esfuerzo de fidelidad evangélica, el carácter conflictivo y revolucionario de su inspiración originaria.[24]

Con variantes nacionales o regionales, y con matices más o menos críticos, este planteamiento lo han repetido de muchas maneras algunos teólogos de la liberación.[25] Nótese que según el punto 1.9 la oposición entre cristianos y marxistas es en realidad resultado de una intención del imperialismo para paralizar el proceso revolucionario de América Latina. Esto presupone que los agentes de dicho proceso son los marxistas, y no toma en cuenta las diferencias fundamentales entre marxismo y cristianismo como concepciones de la vida, la ética y la verdad. Nótese, en la conclusión 2.10, que la cooperación entre cristianos y marxistas es la manera en que los cristianos tienen que tomar posición al lado de los explotados, y que ello sería regresar a la inspiración original del movimiento cristiano. Cada una de estas presuposiciones es discutible a la luz de la historia y de la doctrina cristiana. Se trata de medias verdades, y eso las hace más peligrosas.

El segundo ejemplo corresponde a la tarea misionera entre las comunidades nativas del continente. Como parte de su programa de combate contra el racismo, el Consejo Mundial de Iglesias organizó un encuentro de antropólogos en la universidad de las Indias Occidentales, Barbados, a fin de estudiar la situación del indígena en América Latina. Como fruto de dicho encuentro apareció un libro con abundante y valiosa documentación sobre el tema y una "Declaración" que se basaba en la documentación y las sesiones del encuentro.[26] La Declaración destacaba la situación de explotación y pillaje de diversos tipos de las cuales son víctimas los indios, y mencionaba el hecho —probado con la documentación— de que en muchos casos las misiones cristianas contribuían a tal explotación y pillaje. Luego la Declaración hacía varias propuestas, una de las cuales era definitiva:

> Como resultado de este análisis concluimos que la suspensión de toda actividad misionera es la política más apropiada en

beneficio de la sociedad indígena y de la integridad moral de las iglesias involucradas.[27]

Ciertos sectores eclesiásticos aplaudieron la Declaración y otros reaccionaron violentamente en contra de ella. Al año siguiente, con la ayuda de los mismos auspiciadores de Barbados, pero con la colaboración de UNELAM y la presencia de misioneros activamente involucrados entre los indígenas, se realizó una reunión en Asunción, en la cual se evaluó críticamente la Declaración de Barbados. El documento que surgió de Asunción reconoce la justicia de algunas de las críticas de la declaración y la trágica situación del indígena. Pero comienza con una afirmación clara en cuanto a la misión de la iglesia y el origen de su tarea evangelizadora. Sólo a partir de allí y reconociendo la razón de ser de la iglesia como misionera, propone un programa de autocrítica y corrección para el futuro.

Notemos que los presupuestos que parten de las ciencias sociales, de sus descripciones y valoraciones, llegaron a ciertas definiciones: "La presencia misionera siempre ha implicado la imposición de criterios y formas de pensamiento y conducta extrañas a las sociedades indígenas colonizadas"... "El aspecto etnocéntrico inherente al proceso de evangelización es también un componente de la ideología colonialista".[28] Sobre la base de estas definiciones se rechaza la validez de *toda* actividad misionera. *La verdad es que con variantes de la misma teoría se puede rechazar toda actividad misionera y evangelizadora de la iglesia, en cualquier parte del mundo.*

En estos dos ejemplos, típicos de la forma en la cual varios sectores de la teología de la liberación tratan el tema de la historia de la iglesia y de la acción misionera, se puede advertir esa crítica llevada al extremo de plantear el fin de la tarea misionera o su completa reformulación. La base de esa crítica radical no es teológica, sino sociológica e ideológica. El uso de las ciencias sociales no sólo describe un fenómeno, con dimensiones nuevas o desconocidas, sino proporciona una explicación del fenómeno que se vuelve prescriptiva. A la luz de la explicación adoptada se intenta plantear una manera radicalmente nueva de ser cristiano. Y esa explicación no es científica como se pretende. Parte de ciertos presupuestos derivados de la ideología que se ha adoptado. Para comprender este proceso de crítica ideológica es necesario referirse a los elementos de la visión marxista en los que se basa la crítica.

2. El uso de elementos marxistas en la revisión histórica

Cuando consideramos cuidadosamente la difusión del marxismo, particularmente en el Tercer Mundo, percibimos que el elemento más atractivo de su mensaje es la visión de la historia orientada por la utopía socialista, y vertebrada por la noción de una lucha de clases que conduce hacia ella. Más que los aspectos de análisis científicos o cuantitativos, es la esperanza que el marxismo propone lo que atrae a los intelectuales y a las masas impacientes.

La dimensión analítica y teleológica del marxismo

La opresión, el impulso hacia el cambio social y el vacío ideológico son el caldo de cultivo ideal para el marxismo. Este tiende a ser fuertemente escatológico cuando es una fuerza revolucionaria, es decir cuando no ha llegado al poder. La visión de un futuro brillante sostiene el fervor revolucionario. Así en muchas paredes de América Latina hemos visto esta frase atribuida al Che Guevara: "¿Qué importan los sacrificios de un hombre o un pueblo si lo que está en juego son los destinos de la humanidad?"

Allá por la época de la guerra entre China y el Japón (alrededor de 1938), Mao-Tse-Tung escribió así su visión del futuro: "Esta guerra. . . será en escala mucho mayor y más cruenta que la de hace veinte años. Pero debido a la existencia de la Unión Soviética y a la creciente conciencia política del mundo, grandes guerras revolucionarias surgirán de esta guerra para oponerse a todas las guerras contrarrevolucionarias, y dándole así a esta guerra el carácter de una guerra perpetua. Aun si más tarde hay otro período de guerra, la paz mundial perpetua no está muy distante."[29] De acuerdo con esta línea de pensamiento, la actual guerra de guerrillas y el terrorismo, o aun la guerra abierta, son necesarios en el proceso de forjar el futuro, "liberando" a los oprimidos y construyendo la sociedad sin clases y sin estado de ese futuro.

Hay una corriente actual en el marxismo que rechaza esta dimensión teleológica e insiste más bien en la dimensión analítica, por tanto más "científica", del marxismo. Algunos marxistas critican desde esta perspectiva la manera en la que ciertos cristianos entienden el marxismo y lo utilizan.[30] Sin embargo, los pensadores cristianos, desde el ruso Berdiaev[31], hasta el británico Newbigin[32], han percibido que la dimensión teleológica del marxismo es la que de veras atrae a los militantes, es en consecuencia la que debe ser evaluada por el pensamiento cristiano. En un trabajo precursor de la teología evangélica latinoamericana, Justo L. González señalaba esta verdad y elaboraba una respuesta a partir de la Cristología.[33] Nos parece que el marxismo de Marx y Engels ha sido coherente y que en sus formulaciones más claras muestra ambos aspectos. Así lo vemos, por ejemplo, en este texto clásico de Engels respecto a la visión e interpretación de la historia, cuyos elementos podemos encontrar en varias teologías de la liberación:

> La idea cardinal que inspira todo el Manifiesto, a saber: que el régimen económico de la producción y la estructura social que de él se deriva necesariamente en cada época histórica constituye la base sobre la cual se asienta la historia política e intelectual de esa época, y que, por tanto, toda la historia de la sociedad —una vez disuelto el primitivo régimen de comunidad del suelo— es una historia de luchas de clases, de luchas entre clases explotadoras y explotadas, dominantes y dominadas a tono con las diferentes fases del proceso social, hasta llegar a la fase presente, en que la clase explotada y oprimida —el proletariado— no puede ya emanciparse de la clase que la explota y la oprime —de la burguesía— sin emancipar para siempre a la sociedad entera de la opresión, la explotación y las luchas de clases. . . [34]

Tres aspectos pueden destacarse en esta visión. En primer lugar, la centralidad de la lucha de clases: "toda la historia de la sociedad. . . es una historia de luchas de clases". En segundo lugar, el elemento utópico: "emancipar para siempre la sociedad entera". En tercer lugar, el carácter básico de lo económico: "el régimen económico de la producción. . . constituye la base sobre la cual se asienta la historia". Todas las elaboraciones metodológicas desarrolladas más tarde se basan en estos tres elementos fundamentales, si bien hay una gran variedad de interpretaciones "marxistas" de los textos de Marx y Engels. Además, hay que agregar que como posición típica del siglo XIX el pensamiento marxista cree en un progreso humano constante, acumulativo, y

se vé a sí mismo como la cúspide de ese progreso.[35] Más aún, en el marxismo hay cierto "mesianismo" que atribuye a su propia existencia un carácter especial, capaz de cambiar la historia. Todo esto se refleja en las teologías de la liberación.

Estos elementos se pueden percibir en la crítica a la historia de la iglesia y al papel social de las iglesias, en los ejemplos que hemos mencionado antes. La visión de la historia, como visión de dos fuerzas en constante oposición, lleva a la demonización de una de ellas, y a la exaltación de la otra. Se ve, entonces, la historia como un proceso de liberación, una marcha hacia el socialismo, y todo lo que se opone a ello sería la muerte, la explotación, el mal. Los historiadores marxistas no creerán en el diablo, pero sí creen que capitalismo y el imperialismo son una fuerza demoníaca. Según esta visión a la iglesia sólo le caben dos posibilidades: estar con una de estas fuerzas y contra la otra. En segundo lugar, ya se ha encontrado la clave acerca de la dirección en que marcha la historia, y por eso como hemos visto, se puede juzgar la maldad o bondad de determinadas posiciones políticas. Ya se sabe cual es el futuro y hay que sumarse a las fuerzas que marchan en esa dirección. En tercer lugar, al reconocer los hechos materiales como lo determinante, las empresas misioneras siempre son vistas como epifenómeno, como resultado de ese dinamismo material. Siempre están "a la zaga" o son instrumento, y por ello frente al dilema contemporáneo no pueden realizar su propia misión, según ellas mismas la conciben, sino que tienen que sumarse a otras fuerzas, ponerse al servicio de otras causas. Se podrá decir que estamos simplificando las posiciones liberacionistas, pero la retórica de muchos de sus textos, la pasión con que se habla y se escribe, el tono propagandístico de su literatura, refleja muchas simplificaciones.

Las razones de la adopción de la perspectiva histórica marxista

Los teólogos de la liberación han expuesto de diversas maneras las razones que hacen de la visión marxista, o de algunos elementos de ella, una forma más adecuada de ver la realidad histórica de América Latina. A casi un siglo y medio de Marx y Engels, es importante recordar que no hay solamente un marxismo, sino una variedad de interpretaciones de los textos originales, y que el campo de la visión de la historia ha sido objeto de polémicas desde muy temprano en los marxismos.[36]

Además, al igual que los seguidores de otras ideologías, como el liberalismo o el fascismo, los marxistas han usado la historia como propaganda. Las polémicas desatadas por algunos de los aspectos de las teologías de liberación han ido produciendo críticas, correcciones y clarificaciones en este aspecto, como en otros. Presentamos, por ello, lo que nos parece más pertinente de la visión marxista que estas teologías adoptan para el marco de la presente reflexión. Míguez Bonino explica por qué se adoptó esta visión.

> Las categorías marxistas . . . ofrecían a los sociólogos del tercer mundo un marco categorial de estudio abierto al dinamismo de la historia y una perspectiva proyectiva de la actividad humana. Su comprensión conflictiva de la realidad correspondía mejor a la situación. En este sentido, eran más objetivas que una ciencia supuestamente neutral pero de hecho entregada —consciente o inconscientemente— a la preservación del *statu quo*.[37]

Nótese en particular la necesidad que se plantea de que el análisis (ciencia) sea proyectivo (utopía). Como el propio Míguez expone, de esta combinación de elementos surgen una gran variedad de preguntas y problemas teóricos y prácticos que acompañan la opción tomada por los teólogos.[38]

Gutiérrez en su libro clásico mostraba la base de la adopción de esta visión, ubicándola dentro de una perspectiva amplia de la historia del pensamiento humano. Parece que Gutiérrez ve una marcha ascendente de la historia misma, a la cual corresponde sucesivamente el pensamiento de Descartes, Kant, Hegel, Marx y Marcuse:

> La historia muestra finalmente que los logros de la humanidad son acumulativos, al mismo tiempo que los efectos de éstos y la experiencia colectiva de las generaciones abren nuevas perspectivas y permiten una renovada eficacia a los que les siguen.[39]

¿Hacia dónde apunta el movimiento de la historia?, ¿qué lo orienta?, ¿es posible discernir una dirección por la cual ha ido avanzando la historia humana para llegar al momento actual? Esta pregunta había sido uno de los temas del Vaticano II, como lo reflejan especialmente algunos de sus documentos. De manera que Gutiérrez no está diciendo algo especialmente latinoamericano cuando afirma:

> Concebir la historia como un proceso de liberación del hombre, es percibir la libertad como conquista histórica; es comprender que el paso de una libertad abstracta a una libertad real no se realiza sin lucha —con escollos, posibilidades de extravío y tentaciones de evasión— contra todo lo que oprime al hombre. Esto implica no sólo mejores condiciones de vida, un cambio radical de estructuras, una revolución social, sino mucho más, la creación continua, y siempre inacabada, de una nueva manera de ser hombre, una *revolución cultural permanente.*[40]

En cambio cuando hace referencia específica al marxismo, el teólogo peruano ya está mostrando cómo la visión de una cierta marcha de la historia en línea progresiva, se conecta con el análisis y el camino político:

> Conocer para Marx será algo indisolublemente ligado a la transformación del mundo por medio del trabajo. Partiendo de estas primeras intuiciones, Marx irá construyendo un conocimiento científico de la realidad histórica. Analizando la sociedad capitalista en la que se da en concreto la explotación de unos hombres por otros, de una clase social por otra, y señalando las vías de salida hacia una etapa histórica en la que el hombre pueda vivir como tal, Marx forja categorías que permiten la elaboración de una ciencia de la historia.[41]

Las polémicas desatadas en el interior de la Iglesia de Roma, respecto a las consecuencias de la adopción de este tipo de análisis histórico, no han surgido, por supuesto, alrededor de detalles teóricos que exigen precisión. Han surgido, sobre todo, porque de la visión histórica y el análisis se pasa a las opciones políticas que debiera tomar la iglesia, y a un análisis crítico de la iglesia misma y su papel histórico. No debe olvidarse esto cuando se tiene en cuenta el énfasis liberacionista en la praxis, en el compromiso histórico. Gutiérrez especialmente ha insistido en sus trabajos más recientes en clarificar al máximo su uso del marxismo y rechazar las acusaciones que veladamente parecía dirigirle el Documento del Cardenal Ratzinger. Gutiérrez afirma que lo que sus esfuerzos teológicos han buscado, es:

> un examen de la realidad social para comprender mejor, gracias a una iluminación a partir de la fe, los desafíos y las posibilidades que ella presenta a la tarea evangelizadora de la iglesia. Se trata entonces del recurso al análisis social en

función del conocimiento de una situación y no para el estudio de asuntos considerados más estrictamente teológicos.[42]

En el mismo trabajo Gutiérrez niega que la teología de la liberación haya afirmado una visión propia del determinismo económico marxista respecto a la historia.[43] Niega también haber dicho que la lucha de clases es el motor de la historia, como el marxismo lo haría.[44] A muchos críticos católicos de Gutiérrez, sus aclaraciones no los convencen.[45] Debemos reconocer que su insistencia, en varias obras, en la conflictividad, y en el carácter de clase con que entiende la noción de "pobre", nos resultan difíciles de encuadrar con sus aclaraciones más recientes, aunque por las citas a que nos refiere en sus obras anteriores, vemos que ha sido muy cuidadoso en el lenguaje y las aclaraciones.

3. Observaciones desde una perspectiva evangélica

La teología evangélica ha venido señalando de diversas maneras la importancia del tema de la historia, como una de las áreas de reflexión que necesita la luz de la Palabra de Dios.[46] Ello ha estado relacionado con la percepción del carácter crítico de las últimas décadas en la historia latinoamericana. El protestantismo latinoamericano se ha visto como una fuerza de transformación histórica y por ello la teología que surja aquí tiene que lidiar con este problema.

La crítica al progresismo

En primer lugar cuestionamos la visión progresista de la historia. Dicha visión se encuentra en los teólogos de la liberación y en el marxismo. La influencia del pensador jesuita Teilhard de Chardin en el Vaticano II, se refleja en algunos de los documentos de este concilio que han sido clave en el desarrollo de las teologías de la liberación. El catolicismo refleja en esos documentos el paso de una actitud conservadora frente al progreso, hacia una actitud que da la bienvenida al progreso. Aquí se entiende como progreso el avance científico y las transformaciones sociales y políticas en la Europa moderna. Entre las encíclicas de comienzos de siglo y los decretos del Vaticano II, se puede percibir este notable cambio de actitud. Gutiérrez y Segundo, en muchos casos, están tratando de poner al día el pensamiento católico latinoamericano, en el marco del

Vaticano II y así lo han hecho saber en sus recientes defensas, frente a las acusaciones del Documento Ratzinger y los católicos conservadores.[47] Uno de los intérpretes protestantes más lucidos del Vaticano II, es el italiano Vittorio Subilia, quien ve en los resultados de ese Concilio una puesta al día, que sigue una vieja tradición católica:

> Es preciso tener presente. . . el optimismo no sólo antropológico sino cósmico de toda la tradición católica, que olvida el pecado y la incredulidad (hoy decimos secularización y descristianización); por esa causa el catolicismo se niega a tomar en serio hasta el fondo el mundo moderno e interpreta los procesos religiosos culturales y sociales de los últimos siglos como una crisis larga, pero en última instancia pasajera y no fundamental.[48]

En una serie de conferencias que presentó el teólogo reformado Pedro Arana en varias universidades de América Latina, expresó esta misma perspectiva en el marco de la situación latinoamericana, aunque sólo llegó a elaborarla teológicamente en algunas de sus ricas dimensiones. Para Arana, la encíclica *Populorum Progressio* contiene afirmaciones que "patentizan la actitud *optimista* de un *humanismo evolucionario* que arranca de Aquino y tiene su apoteosis con (Teilhard de) Chardin, pero que ignora, esquiva y se opone a la esperanza bíblica."[49]

El liberalismo protestante del siglo XIX y comienzos del XX había abrazado también el progresismo racionalista. A partir de la tragedia de la Primera Guerra Mundial, que sacudió las conciencias de los teólogos europeos y norteamericanos, los procesos históricos siguientes no hicieron sino acumular pruebas de que el progresismo había fracasado. El gran valor de la teología dialéctica de Barth, Brunner y Niebuhr estaba, entre otras cosas, en la revisión radical de ese progresismo, a partir de un redescubrimiento de la fuerza del mensaje bíblico. Aunque los evangélicos han sido críticos de Barth, no dejan de reconocer su acierto en este punto.[50] La fe de que el movimiento histórico actual se encamina hacia una "liberación", necesita ser sometida al mismo trabajo crítico. No es posible permitir que la escatología marxista se convierta en la nueva escatología cristiana, sin advertir la radical diferencia entre una y otra. Nos parece que los teólogos de la liberación no han trabajado suficientemente este

tema fundamental. Quizá una de las razones sea el temor de que su reflexión resulte usada por quienes, desde el ámbito del capitalismo y la sociedad de consumo, intentan defender las injusticias de sistemas nacionales e internacionales, basados en el espíritu de lucro y poder desnudo de las armas. René Padilla es el teólogo evangélico que de manera más consistente ha mostrado cómo el testimonio bíblico se opone con igual vigor a los mitos del desarrollo y la revolución, de la seguridad nacional y de la liberación.[51]

La crítica al progresismo en América Latina tiene que ser también crítica al cientismo o cientificismo, que se arraiga en una tradición de nuestra cultura. Todavía como herencia del positivismo del siglo pasado, hay quienes creen que si algo es "científico" es fuente de toda verdad. No se ha investigado lo suficiente en una epistemología de las ciencias sociales. Creer que porque cierta sociología dice algo, la política tendrá que aplicarlo a ojo cerrado dado que es "científico", es el error que cometen muchos propagandistas políticos. Curiosamente resulta el argumento en el cual algunos de los teólogos de la liberación sustentan su uso del marxismo en las ciencias sociales. Pero digamos de inmediato que esa misma actitud la reflejan los teóricos del capitalismo, que también dominan el campo de las ciencias sociales, especialmente en Norteamérica, y cuyas teorías se han aplicado a las economías de nuestro continente con resultados catastróficos. Más aún, hoy en día también los teorizantes de los regímenes de seguridad nacional afirman el carácter "científico" de sus propuestas.[52]

Los hechos económicos y sociales de la historia religiosa

El determinismo económico que se refleja en la revisión histórica que proponen algunos teólogos también debe ser evaluado con precisión. La aplicación de un análisis de clase, prestando atención a los aspectos económicos y socio-políticos de la vida de la iglesia, saca a luz hechos que hay que tomar en cuenta.[53] En el caso del catolicismo los evangélicos tradicionalmente habíamos aceptado los análisis económicos y políticos de la conquista católica. No cedamos a la tentación de utilizar categorías marxistas atribuyendo todo lo católico a motivaciones económicas.[54] Hay hechos sociales y económicos que no se pueden negar. Tenemos que aprender a reconocerlos e interpretarlos desde una perspectiva bíblica y misional. Aquí hay un trabajo importante para los historiadores evangélicos del presente.[55]

Sabemos que hay historiadores que, independientemente de sus convicciones religiosas o filosóficas, pueden intentar describir e interpretar la presencia cristiana en la historia, a través de los acontecimientos visibles en individuos y comunidades. Aunque la "objetividad" absoluta no es posible; en la medida en que trata de ser objetivo, el historiador puede dar una descripción adecuada de la realidad histórica del cristianismo, aunque él mismo no sea cristiano. Más aún, esta descripción puede beneficiar a los cristianos ayudándoles a entender mejor lo que son y lo que deberían ser en fidelidad a su fe. De la misma manera, el sociólogo que investiga y analiza los grupos sociales existentes en el seno de una nación, un continente o el mundo, puede tomar a las comunidades cristianas como un grupo más, que es lo que son empíricamente. Precisamente a este nivel es que la investigación sociológica está llegando a conclusiones que obligan al cristiano a reflexionar sobre la verdadera naturaleza y forma de existir del grupo social llamado iglesia, que para él es obra del Espíritu Santo y presencia del reino de Dios en el seno de la historia humana.

No corresponde al sociólogo emitir juicio acerca de la verdad o falsedad de lo que una comunidad cree. Ni siquiera es tarea suya sugerir las modificaciones que habría que hacerle a la creencia para adecuarla a las nuevas circunstancias que la comunidad vive. Pero no por ello el sociólogo deberá dejar de tener en cuenta el contenido de la creencia, al investigar la conducta de la comunidad. Un error común —que sería una forma de sociologismo, en la que caen los marxistas, por ejemplo— es desentenderse de la doctrina misma, afirmando a priori que ella no es más que la superestructura intelectual con la cual una comunidad justifica los vaivenes de su vida social.

Hay que tener en cuenta también que la sociología no describe una iglesia ideal sino una iglesia empírica. Desde la perspectiva cristiana se ha dado la clásica distinción entre iglesia visible e iglesia invisible. Protestantismo y catolicismo dan diferentes respuestas a la relación entre una y otra, y de hecho esta diferencia de actitud determina la necesidad de diferentes enfoques en una sociología de las comunidades protestantes o de las comunidades católicas. Pero es un hecho que el sociólogo describe la realidad visible con sus estructuras, jerarquía, organización y práctica social. El teólogo, por otra parte, puede exponer lo que la revelación bíblica enseña acerca de la naturaleza, la estructura íntima del cuerpo de Cristo, unido por la acción del Espíritu Santo en ese lazo y esa dinámica invisibles, pero experimentables para el creyente. Sin embargo, ambas realidades deben ser tomadas en cuenta tanto por el sociólogo como por el teólogo, y este último puede escuchar a las preguntas de la sociología porque:

> La Palabra de Dios nos viene siempre en una situación histórica y sociológica dada. No solamente por medio de fórmulas, sino de conceptos e instituciones dependientes de ciertas estructuras sociales. Ello no debería ofender al cristiano que admite y cree en un Dios, Emanuel, Dios que viene al hombre, Dios para los hombres, Verbo encarnado. La afirmación de Jesús de que la salvación viene de los judíos, es un dato teológico y también sociológico.[56]

En el ámbito de las teologías de la liberación se está dando una intensa actividad de investigación y divulgación de la historia. Al haber prestado atención a los hechos sociales y económicos se han descubierto muchas cosas que la historia eclesiástica tradicional había pasado por alto. Se está prestando atención, por ejemplo, a las dimensiones económicas de la labor misionera de católicos y protestantes en el continente. Ello saca a luz hechos que causan sorpresa, y que muchas veces demandan aclaraciones. En campañas recientes de ataques a los misioneros evangélicos, se suele usar el argumento de los fondos provenientes del exterior y del condicionamiento ideológico que opera sobre la mentalidad del misionero. Una historia veraz no puede negar los hechos, aunque tenga que ubicarlos siempre en perspectiva. Pero el criterio marxista lleva muchas veces a los historiadores a seleccionar ciertos hechos y dejar otros de lado. En este sentido hay que evaluar el proyecto de escribir una historia del cristianismo en América Latina, que se conoce como CEHILA[57], auspiciado por ciertas entidades católicas y protestantes. Lo que se suele presentar como historia "desde la perspectiva de los pobres", puede fácilmente degenerar en historia clasista, para la propaganda. Además, convertir a la historia del protestantismo en el continente en un simple apéndice de la historia católica, es un contrasentido para los protestantes, aunque resulte comprensiblemente aceptable para los católicos.

Este es un campo donde la distinción entre ciencia social y utopía, análisis e ideología, es especialmente necesaria. Lo ha dicho con claridad meridiana un historiador y biblista evangélico muy respetable:

> El sistema de Marx se compone de elementos científicos y de elementos filosóficos, que inciden en la metafísica, y hasta utópicos. Por esto y principalmente por la presencia de los últimos, puede considerársele, ya no como ciencia pura sino como ciencia-ficción. Y para reconocer, apreciar y utilizar lo que contiene de ciencia es imperativo reconocer y desglosar lo que contiene de ficción. Hay que emanciparse del fetichismo cientifista en que se ha caído respecto al famoso "análisis marxista de la realidad". La ciencia que haya en el marxismo —cual sea tiene que determinarse por medio de un riguroso examen crítico, que debe ser, el sí, científico —debe aceptarse. Su ficción puede aceptarse o no, según se prefiera o no, la novela o la historia. Pero no debe confundirse la ficción con la ciencia.[58]

El sentido de la historia

Un mensaje que anuncie la clave para entender el sentido de la historia tiene que encontrar eco en un continente como América Latina, donde los contrastes del drama histórico parecen mucho más agudos que en otras latitudes. Uno de los libros más apasionantes escrito por un latinoamericano, sobre la historia humana, es *Hombres y Engranajes* de Ernesto Sábato. Este escritor y hombre público argentino, anarquista y luego comunista en su juventud, hombre de ciencia de talento reconocido, terminó por abandonar tanto la ciencia como el marxismo, sin abandonar nunca su pasión por la justicia y su entereza intelectual y ciudadana. Su libro termina con una nota de extraña esperanza, que bordea realmente lo cristiano:

> Lo admirable es que el hombre siga luchando a pesar de todo y que, desilusionado o triste, cansado o enfermo, siga trazando caminos, arando la tierra, luchando contra los elementos y hasta creando obras de belleza en medio de un mundo bárbaro y hostil. Esto debería bastar para probarnos que el mundo tiene

> algún misterioso sentido, y para convencernos de que aunque mortales y perversos los hombres podemos alcanzar de algún modo la grandeza y la eternidad. Y que, si es cierto que Satanás es el amo de la tierra, en alguna parte del cielo, o en algún rincón de nuestro ser reside un Espíritu Divino que incesantemente lucha contra él para levantarnos una y otra vez sobre el barro de nuestra desesperación.[59]

Esta sed de sentido para la historia de la raza humana y para la historia personal, explica el atractivo de una fe escatológica. Pero la esperanza no puede brotar del simple análisis de la realidad histórica o la realidad social actual. Es materia de fe. Y el cristianismo confiesa su fe en que el sentido de la historia ha sido revelado en Jesucristo. La historia misma no revela su sentido. Quien afirma tener una clave para entender la historia y nos invite a cooperar en su empresa de "liberación", tiene que convencernos con un argumento más sólido que el de la revelación cristiana. A esta altura del siglo XX decir que esa clave es científica es un contrasentido. Y también es teológicamente inaceptable comprarse esa esperanza y adoptarla, vistiéndola luego de ropaje cristiano. Precisamos emprender la tarea de reflexionar teológicamente sobre la historia, desde la perspectiva del evangelio.

Notas del Capítulo VI

[1] La prensa española en particular ha hecho referencia al discurso de Castro sobre el tema. Ver, por ejemplo, Francisco Bustelo, "Genocidio o Epopeya", *El País,* Madrid, 4 de noviembre de 1985, (edición internacional).

[2] Frei Betto, *Fidel y la Religión,* Quito: Editorial Mañana, 1986, p. 260. Este libro registra las conversaciones entre Fidel Castro y Frei Betto, sostenidas en mayo de 1985. Versaron sobre una gran variedad de temas, en especial el tema de la religión y el papel de las iglesias en América Latina hoy.

[3] "Frei Betto" es el apelativo con el que se ha hecho popular el dominico Carlos Alberto Libanio Christo, quien fue encarcelado durante cuatro años por el régimen militar brasileño en 1969. Sus escritos han sido especialmente dirigidos al nivel popular dentro del movimiento de Comunidades Eclesiales de Base.

[4] Precisamente uno de los énfasis de los teólogos de la liberación ha sido relacionar estrechamente la historia de la iglesia con la historia de los países y la historia global del continente. Quien más ha teorizado sobre el tema es el argentino Enrique Dussel.

[5] William S. Maltby, *La Leyenda Negra en Inglaterra.* Desarrollo del sentimiento antihispánico 1558-1660. México: Fondo de Cultura Económica, 1982, p. 9.
[6] *Id.*, p. 10.
[7] En la literatura misionera de origen anglosajón han predominado a veces los esquemas de la Leyenda Negra al juzgar al catolicismo latinoamericano. Ver un estudio breve en Hans Jurgen Prien. *La Historia del Cristianismo. . .*, pp. 761 y ss.
[8] Citado por Vicente D. Sierra, *Así Se Hizo América.* Buenos Aires: Ediciones Dictio, s/f., p. 7.
[9] *Id.*, p. 402.
[10] Ver un estudio del tema en Jean Meyer, "Cincuenta Años de Radicalismo: La Iglesia Católica, la Derecha y la Izquierda en América Latina", *Vuelta,* México, No. 82, Sept. 1983.
[11] Mackay, *El Otro Cristo. . .*, p. 54.
[12] Ver una defensa de la conquista y colonización española en el libro que el peruano Victor Andrés Belaúnde escribió en respuesta a Mariátegui: *La Realidad Nacional,* Lima: Villanueva, 3ra. edición, 1964, pp. 81 y ss. Resulta especialmente interesante el reproche que le dirige Belaúnde a Mariátegu por la visión positiva que éste tiene de la colonización de Norteamérica.
[13] Por no disponer del texto en castellano hemos traducido del texto en inglés publicado por LADOC: Kayhole Series No. 2 *The Theology of Liberation* Washington D.C. s/f, p. 31.
[14] Citado por Míguez Bonino, *La fe en busca. . .*, p. 41.
[15] *Id.*
[16] Gutiérrez, *TL,* p. 174.
[17] El expresidente de Guatemala Juan José Arévalo, en su libro *Antikomunismo en América Latina,* dedicó un capítulo a estudiar el tema de la actitud de la Iglesia Católica ante el comunismo. Algunos autores católicos exageraron la nota, acusando directamente a las misiones protestantes de preparar el terreno para el comunismo específicamente en Chile y Colombia. (Editorial Palestra, Buenos Aires, 1959, capítulo IV).
[18] Pío XII en su discurso de apertura del Congreso Apostólico de Seglares, octubre de 1957, señaló que los dos grandes peligros para América Latina eran el protestantismo y el comunismo. *El Mercurio,* Santiago de Chile, 6 de octubre de 1957. Citado por Arévalo.
[19] Julio Barreiro en "Mi protesta", *Cuadernos de Marcha,* No. 29, septiembre de 1969. Este número fue dedicado al tema "Protestantes en América Latina".
[20] Si bien Bastián está realizando un trabajo de investigación histórica seria, como lo prueba su libro *Protestantismo y Sociedad en México* (México: CUPSA, 1983), se deja arrastrar por la pasión tratando de probar el esquema ideológico adoptado, aunque tenga que torcer los hechos. Tal es el caso de su artículo "Protestantismos Latinoamericanos entre la Resistencia y la Sumisión. 1961-1983", en *Cristianismo y Sociedad* No. 82, México.
[21] A partir de la visita del Papa a América Central, y la reunión del CELAM en

Haití, han arreciado los ataques de la prensa católica al protestantismo. Curiosamente, coinciden en estos ataques órganos de prensa tan diferentes entre sí como el boletín de noticias (católico de izquierda) *Noticas Aliadas* (por ejemplo Feb. 3, 1983) o el semanario ecuatoriano *Impacto,* o los columnistas del *New York Times* (artículo por Marlise Simons, publicado por *Excelsior,* de México, el 7 de noviembre de 1982). Es extraño que una persona generalmente bien informada como Oswaldo Santagada haya escrito como lo hace en el libro de CELAM *Sectas en América Latina* (número 50 de la serie "Documentos CELAM") sin fecha ni pie de imprenta.

[22] Míguez Bonino, *Op. Cit.,* p. 41.

[23] *Id.,* p. 26.

[24] Texto tomado de la versión publicada en *Mensaje.* No. 209, Santiago, junio de 1972, pp. 360 y 364.

[25] Un resumen de esta manera de percibir e interpretar la historia latinoamericana lo ofrecen Míguez Bonino y Gutiérrez en la primera parte de sus respectivos libros básicos ya mencionados. Ver también la primera parte de Roberto Oliveros, *Liberación y Teología,* Lima: CEP 1977, que es un panorama histórico de las teologías de liberación. La discusión de estas interpretaciones en el seno del CELAM, puede verse en *Liberación: Diálogos en el CELAM,* obra ya mencionada, que contiene no sólo ponencias básicas sino resumen de los debates.

[26] W. Dostal, Ed. *The Situation of the Indian in South America.* World Council of Churches, Geneva, 1972.

[27] *Id.,* pp. 378-379. (Hay versión castellana de esta obra, pero estamos traduciendo directamente de la versión inglesa.)

[28] *Id.,* p. 378.

[29] Citado por Ninian Smart, *Mao,* London: Fontana, 1974, p. 68, subrayado nuestro.

[30] El filósofo argentino Horacio Cerutti Guldberg protesta contra la adopción cristiana de términos marxistas: "Para los marxistas el problema es todavía más grave. Inmersos en un mundo de tradición cristiana, corren el tremendo riesgo de que sus términos sean decodificados en clave cristiana, perdiendo totalmente su rigor y significado precisos". *(Filosofía de la Liberación Latinoamericana,* México: Fondo de Cultura Económica, 1983, p. 170.

[31] El filósofo ruso Nicolás Berdiaev fue el primero en advertir que el marxismo en muchos aspectos, y especialmente en su visión de la historia, era un calco secularizado de la visión hebreo-cristiana. Ver por ejemplo *El Cristianismo y el Problema del Comunismo,* Madrid: Espasa Calpe, 9a. edición, 1968.

[32] La contradicción que esta visión marxista de la historia encierra por la tensión entre el aspecto proyectivo y el analítico, la ha expuesto recientemente dentro de una perspectiva misiológica Lesslie Newbigin, *The Open Secret,* Grand Rapids: Eerdmans, 1978. Ver especialmente el capítulo 8.

[33] Justo González *Revolución y Encarnación.* Puerto Rico: La Reforma, 1965.

[34] Usamos la edición del *Manifiesto* por W. Roces, México, 1949, p. 57.

[35] Lenin decía: "La doctrina de Marx es todopoderosa porque es exacta. Es

completa y armónica, dando a los hombres una concepción del mundo íntegra, intransigente con toda superstición, con toda reacción y con toda defensa de la opresión burguesa. El marxismo es el sucesor natural de lo mejor que la humanidad creó en el siglo XIX: la filosofía alemana, la economía política inglesa y el socialismo francés". *(Las Tres Fuentes y las Tres Partes Integrantes del Marxismo.* Lima: Ediciones Polémica, 1973, p. 4) Antes de convertirse a la religión islámica, el teórico número uno del Partido Comunista Francés, Roger Garaudy, decía: "En resumen, existe un núcleo de verdad absoluta del marxismo, un cuerpo de doctrina que es una adquisición definitiva y que no puede nunca ser puesto en duda, y no porque no pudiera revelar yo no sé qué evidencia cartesiana, inmutable y acabada, sino porque es el resultado de toda la práctica y de toda la experiencia humana acumuladas". *(Introducción a la Metodología Marxista.* Buenos Aires: Ed. Meridiano, 1964, p. 51).

[36] La visión marxista de la historia fue desde los inicios del marxismo un objeto de polémica entre los seguidores de Marx, como lo prueban especialmente los ataques de Lenin contra lo que llamaba "voluntarismo" por un lado y "economismo" por otro. Una versión sintética de esas polémicas, aunque sin mencionar a los interlocutores de Lenin, la da la chilena Marta Harnecker en su clásica introducción al marxismo, *Los Conceptos Elementales del Materialismo Histórico,* cap. XI. Usamos la edición peruana de France Editors, copiada de la 6a. edición del siglo XXI, México y Buenos Aires.

[37] Míguez Bonino, *Op. Cit.,* p. 60.

[38] *Id.* Ver especialmente el capítulo 6 de este libro.

[39] Gutiérrez, *Op. Cit.,* p. 35.

[40] *Id.,* p. 53.

[41] *Id.,* p. 49.

[42] Gutiérrez, "Teología y Ciencias Sociales", en *Páginas* No. 63-64, Lima, septiembre de 1984. p. 6.

[43] *Id.,* p. 11.

[44] *Id.,* p. 12.

[45] La voz más explícita en este sentido ha sido la de otro teólogo católico que trabaja en el Perú. Ver Francisco Interdonato S. J. *Ser y No Ser de la Teología en Latinoamérica.* Lima: Facultad de Teología, 1985. Según Interdonato, en los teólogos de la liberación hay una "característica penumbra expresiva", que no permite definiciones claras.

[46] Ya hemos señalado las obras de R. Padilla, J. L. González, P. Arana y otros, que de diferentes maneras se han ocupado del tema de la historia y de su urgencia. Ver especialmente *El Reino de Dios y América Latina, Fe Cristiana y Latinoamérica Hoy,* y *Providencia y Revolución.*

[47] Juan Luis Segundo ha sido el más claro y articulado en su libro *Teología de la Liberación. Respuesta al Cardenal Ratzinger.* Madrid: Ediciones Cristiandad, 1985. Segundo expone poderosas razones para sostener que las teologías de liberación siguen la línea de documentos del Vaticano II como la *Gaudium et Spes.* Ver especialmente pp. 85-111.

[48] Vittorio Subilia, *La Nueva Catolicidad del Catolicismo.* Salamanca: Sígueme, 1969, p. 177.

[49] Pedro Arana Quiroz, *Progreso, Técnica y Hombre*. Barcelona: Ediciones Evangélicas Europeas, 1973, p. 109.

[50] Por ejemplo, el más reciente trabajo de Bernard Ramm sobre Barth, *After Fundamentalism. The Future of Evangelical Theology*. New York: Herper, 1983. Hay aquí un estudio magistral del método de Barth y de su pertinencia al pensamiento evangélico.

[51] Además de los trabajos ya mencionados de Padilla ver "El Evangelio y los Mitos Contemporáneos", *Certeza* N⁰ 65, Buenos Aires, Ene.-Mar. de 1977, p. 6 y ss.

[52] Roberto Calvo, "The Church and the Doctrine of National Security", en Daniel H. Levine Ed., *Churches and Politics in Latin America*. London: Sage Publications, 1980.

[53] He tocado un aspecto de este tema en "Iglesia y Sociología" *Pensamiento Cristiano,* Buenos Aires, Nos. 76 y 77.

[54] La literatura polémica contra el catolicismo recalca a veces las motivaciones económicas en forma unilateral.

[55] El libro de Prien, que antes hemos mencionado es un trabajo histórico protestante que se beneficia de lo que la historia social y económica ha reflejado, sin perder su orientación de nivel teológico.

[56] Roger Mehl, *Tratado de Sociología del Protestantismo*. Madrid: Studium, 1974, p. 19.

[57] CEHILA son las iniciales de Comisión de Estudios de Historia de la Iglesia en América Latina. Aunque hay participación protestante en este proyecto, el criterio dominante es el de una historiografía católica de la liberación. Ello limita ideológicamente los estudios y reduce la historia del protestantismo a un apéndice de la historia del catolicismo romano.

[58] Pedro Gringoire, *Marxismo ¿Ciencia Pura o Ciencia-Ficción?* México: Jus. 1979, pp. 178-179.

[59] Ernesto Sábato *Hombres y Engranajes*. Madrid: Alianza, 1983, p. 94.

Capítulo VII

EL DESAFIO DE LA NUEVA HERMENEUTICA

En la experiencia y el mensaje de los evangélicos latinoamericanos la Palabra de Dios es una realidad central y decisiva. Los pioneros del protestantismo evangélico en estas tierras fueron entusiastas promotores de la difusión y lectura de la Biblia, convencidos del potencial germinal y generador de la Palabra en el poder del Espíritu. En muchos lugares, antes que el misionero que establecía nuevas comunidades apareció el colportor. Todavía no se ha contado la historia heróica de la difusión de la Biblia en nuestro continente, cuando era un libro desconocido, aunque se decía que era un continente cristiano.[1] Por derecho de su historia y su práctica primitiva, el protestantismo latinoamericano era "el pueblo de libro". A esa experiencia y vocación corresponde lo que afirma Emilio A. Núñez:

> Los cristianos evangélicos latinoamericanos hemos querido ser también el pueblo de un Libro, los predicadores del Cristo revelado en ese libro, y los seguidores de los principios éticos que ese libro enseña. Admitimos que mucho nos falta en cuanto al estudio, comprensión y obediencia de su contenido; pero nos aferramos a él, no queremos soltarlo. Es en esta actitud que somos preeminentemente herederos de la Reforma. Podemos estar en discrepancia con más de alguna doctrina o con algún énfasis de los reformadores, pero no con su firme determinación de exaltar "la Palabra de Dios que vive y permanece para siempre".[2]

En el quehacer teológico evangélico esto ha significado la

primacía de la Palabra. En cuanto se toma un texto teológico de factura evangélica se notará la referencia y fundamentación en la Escritura, y muchas veces la ausencia total de referencias a documentos de conferencias o concilios a los cuales se otorgue algún carácter autoritativo. Aunque esto en sí mismo tiene que ser objeto de reflexión, como veremos más adelante, es un índice de una manera de hacer teología a la cual está acostumbrado el estudioso evangélico. Esta es una de las razones que explican que en los esfuerzos más recientes por forjar una teología latinoamericana de la misión, el debate acerca del punto de partida bíblico fue el infaltable comienzo de la propia labor teológica. En la reunión inicial de la Fraternidad Teológica Latinoamericana, donde confluyeron una gran variedad de tradiciones denominacionales y experiencias pastorales, se prestó atención a los temas centrales de la revelación de Dios, la autoridad e inspiración de la Biblia y la hermenéutica. Cualquier tarea crítica que resultase impuesta por la situación y el momento histórico, necesitaba un consenso previo sobre las bases mismas de la labor teológica.

1. La primacía de la Palabra en la convicción evangélica

La reafirmación del principio

De diversas maneras la teología evangélica más reciente ha reafirmado el principio evangélico de la primacía de la Palabra. En el contexto inicial de la mencionada Fraternidad, esta afirmación se dio dentro de la polémica propia del momento que entonces se vivía. La confrontación de posiciones de ese momento inicial ha continuado, en la medida en que las formulaciones teológicas más recientes retoman los temas y las metodologías de ese momento. En el uso de la Biblia, por ejemplo, las teologías de la liberación han seguido el camino iniciado por ISAL de manera que hay continuidad en la hermenéutica de ambas posiciones. Es con ese trasfondo que se ha expresado la teología evangélica. Pedro Arana, por ejemplo afirma:

> Lo que la iglesia evangélica debe hacer en la sociedad latinoamericana no se lo ha de decir ésta, ni el compromiso ideológico de sus miembros, ni el éxito numérico de sus actividades; sino el Dios vivo y soberano a través de su Palabra. Nuestro punto de partida para hablar de ética cristiana es la revelación de Dios, la Palabra de Dios en tinta (la Biblia) y la

> Palabra de Dios en carne (Jesucristo), de quien la primera da testimonio juntamente con el Espíritu Santo. Esta afirmación de la revelación objetiva es necesaria porque nos libra del "experimentalismo" en sus dos versiones: la *subjetivista,* que reduce todo el compromiso con Cristo a arranques emotivos y vuelos místicos; y la *objetivo-materialista,* que quiere hacer de la situación histórica y de la acción en ella el caldo de cultivo de la reflexión teológica y lo que determina, por ende, la ética de los cristianos.[3]

Son dos los interlocutores a los que hace referencia este pasaje, por un lado el subjetivismo, predominante en ciertos sectores del protestantismo, especialmente en el fundamentalismo o en ciertas formas de pentecostalismo. En esta posición no se presta debida atención a la Palabra misma, aunque se sostenga en teoría doctrinas muy ortodoxas en cuanto a la Biblia. Bien sea porque se desplaza la Palabra en el púlpito, haciendo de ciertas experiencias "espirituales" el único texto y contenido de la predicación, o porque al interpretar la Palabra no se aplican principios básicos de interpretación de un texto escrito. Arana, Padilla y Núñez han tratado de distinguir claramente el principio evangélico de dar la primacía a la Palabra de Dios, criticando el subjetivismo o pragmatismo que sólo rinde culto de labios a la autoridad bíblica.[4]

El otro interlocutor es el que deslumbrado por las "señales de los tiempos", ve en ellas "la Palabra" a la cual presta atención primordial. Lee la Palabra a partir de las señales de los tiempos, y así termina por convertir a la revolución en fuente de revelación. Dice Padilla:

> Se absolutiza una forma de interpretar la situación concreta y se hace de ella el criterio último de la teología. La Palabra de Dios por su parte, deja de ejercer una función normativa y es interpretada a partir de presupuestos y premisas ideológicas. De esta teología puede decirse que en vez de mostrar la pertinencia de la revelación a la revolución, hace de la revolución su fuente de revelación.[5]

Hay lugar para una teología de la Palabra que reafirme dentro del contexto latinoamericano el principio bíblico redescubierto y reformulado por la reforma protestante. Ese principio no tiene que cerrarse a tomar en serio el momento histórico, ni tiene que cerrarse al soplo vivificador del Espíritu Santo. En este aspecto Padilla especialmente ha destacado que los reformadores nunca separaron su visión de la autoridad de la Palabra de una percepción dinámica de la actividad del Espíritu Santo:

> Cabe destacar, desde el principio, que la autoridad objetiva de las Escrituras inspiradas por Dios es solamente un aspecto del principio por medio del cual él ejerce su autoridad en todo lo relativo a la fe y conducta cristianas. El otro aspecto es el *testimonium Spiritus Sancti* (el testimonio interno del Espíritu Santo). . . La Biblia tiene un propósito soteriológico. Forma parte de la historia de la salvación. Y de allí deriva su autoridad como registro fidedigno de los acontecimientos de la redención y como parte, ella misma, de la historia de la salvación, ya que es el libro por medio del cual esos acontecimientos son actualizados de generación en generación en el pueblo de Dios, por la acción del Espíritu Santo.[6]

Más adelante tendremos oportunidad de comprender la importancia que tiene la referencia al Espíritu Santo para la tarea hermenéutica. En este punto la mencionamos para evitar que se entienda el principio protestante de la primacía de la Palabra como una forma de racionalismo intelectualista. Se reconoce la acción del Dios viviente tanto en la iluminación de la Palabra como en la acción regeneradora y docente en medio de su pueblo, que es el pueblo que lee e interpreta la Palabra. Además, al referirse a un principio protestante, la teología evangélica no desconoce la pluralidad de posiciones y aproximaciones a la Biblia en el seno del protestantismo, ni la necesidad de un diálogo fructífero entre ellas, precisamente respecto a estos temas fundamentales. Llama la atención más bien a la manera en que este principio clásico funciona en la labor teológica más reciente.

Toma de conciencia de una situación crítica

El encuentro inicial de la FTL afirmó la vocación evangélica de dependencia en la autoridad de Dios en su Palabra. Al mismo tiempo fue una campanada de alarma respecto a la situación real de los estudios bíblicos y el uso de la Escritura en el protestantismo latinoamericano. La *Declaración* de Cochabamba que fue un "manifiesto" al pueblo evangélico expresa bien esta toma de conciencia:

> El asentimiento a la autoridad de la Biblia podría considerarse como una de las características más generales del movimiento

> evangélico en América Latina. Esto es de esperarse en un movimiento con una gran mayoría teológicamente conservadora. Cabe, sin embargo, admitir que el uso real de la Biblia por parte de la generalidad del pueblo latinoamericano no siempre coincide con ese asentimiento que le distingue. La Biblia es reverenciada, pero la voz del Señor que habla en ella no siempre es obedecida; y la desobediencia es racionalizada de diversas maneras. Necesitamos una hermenéutica que en cada caso haga justicia al texto bíblico. La predicación a menudo carece de raíces bíblicas. El púlpito evangélico está en crisis. . . El mensaje bíblico tiene indiscutible pertinencia para el hombre latinoamericano, pero su proclamación no ocupa entre nosotros el lugar que le corresponde.[7]

Ya hemos señalado el impacto de la renovación bíblica en el seno del catolicismo, sin el cual no es posible comprender a las teologías de la liberación. Podremos no estar de acuerdo con las conclusiones de la hermenéutica liberacionista, pero debemos reconocer el vasto esfuerzo de algunos de sus autores en el campo del estudio bíblico y la forma en que temas y motivos de la Palabra de Dios han pasado a ser moneda corriente en muchos círculos católicos, gracias a ello. Aún antes de esta floración, la *Declaración* de Cochabamba afirmaba:

> Nos alegramos por el movimiento de difusión y estudio de la Biblia en círculos católicos romanos. Reconocemos que ese movimiento es como una campanada que viene a despertarnos del marasmo en que muchos evangélicos hemos caído, con una Biblia cerrada en las manos. Se hace necesario un nuevo movimiento bíblico en la iglesia evangélica en América Latina.[8]

A diferencia de las décadas iniciales del siglo, en las cuales la Biblia estaba ausente de la vida católica, hoy en día la presencia de la Biblia en la liturgia, la predicación y la teología católicas, demanda del protestantismo una puesta al día impostergable. Un punto central de esta puesta al día se refiere a la hermenéutica, pues como lo ha señalado Packer, "la autoridad bíblica es una noción desprovista de contenido, a menos que sepamos cómo determinar lo que la Biblia significa".[9] En el campo de la hermenéutica está el segundo gran desafío que lanzan las teologías de la liberación al debate teológico contemporáneo.

2. La propuesta hermenéutica de las teologías de la liberación

Lo primero que impresiona al estudioso actual es el volumen de trabajo bíblico realizado en el marco de las teologías de liberación, y luego los planteamientos en cuanto a la labor interpretativa de la Escritura, es decir *la forma de mirar* el texto. En ambos casos estamos frente a un desafío novedoso que puede ser fructífero. En el presente estudio hemos tenido que ser selectivos, y debemos reconocer que aquello que tomaremos como ejemplo no siempre será considerado representativo de la mayoría de las tendencias en el movimiento en cuestión. Sin embargo, hemos procurado referirnos a quienes han expresado en forma más clara y articulada sus convicciones y su metodología.

Un trabajo bíblico abundante

Sorprende al lector evangélico que las teologías de la liberación de origen católico en América Latina hayan producido un volumen de material de estudio bíblico mayor que sus antecesores de origen protestante. Ya se han visto las razones en capítulos anteriores, pero el hecho demanda un reconocimiento humilde, aunque crítico. Varios de los teólogos más conocidos practican su trabajo en forma rigurosa y metódica, aunque dentro del marco metodológico que ya se ha mencionado. Señalemos, en primer lugar, el trabajo de Gustavo Gutiérrez. Luego de la introducción histórica y metodológica de su clásico libro, la sección "Perspectivas", que ocupa la segunda parte del mismo, contiene un trabajo bíblico amplio sobre temas como "Creación y Salvación", "Promesas Escatológicas", "Cristo y la Liberación Plena", "Conversión al Prójimo" y "Esperanza Cristiana". Toda la propuesta cristológica del libro va ofreciendo una lectura del material bíblico, culminando la obra con un cuidadoso trabajo sobre el tema de la "Significación Bíblica de la Pobreza".[10] Algunos de los trabajos posteriores de Gutiérrez han seguido esta misma línea de lectura e interpretación del material bíblico, de manera que no es posible hacer justicia a su teología sin prestar atención al esfuerzo que hace por fundamentarla en una nueva comprensión del texto. En dicho esfuerzo hace uso mayormente de biblistas europeos, tanto protestantes como católicos, y ofrece a veces interpretaciones muy personales sobre los textos bíblicos.[11]

Otros teólogos que destacan por sus trabajos bíblicos son Juan Luis Segundo, Severino Croatto y Porfirio Miranda. El uruguayo Segundo ha ido elaborando un método hermenéutico en sus extensos trabajos teológicos, tanto de investigación como de divulgación.[12] Ha expuesto el método en forma sistemática en su libro *Liberación de la Teología,*[13] y ha utilizado el método también en su defensa frente a las críticas del Documento Ratzinger.[14] La minuciosidad de su reflexión sobre la tarea hermenéutica misma va a veces en detrimento de la comprensión, y el lector se pierde en las sutilezas de la argumentación. Por su parte, el argentino Croatto fue uno de los primeros en aplicar sistemáticamente el método hermenéutico liberacionista a la lectura del Exodo y otros pasajes bíblicos. En su primer libro sobre el tema (1973), expresó su intención de proveer a los trabajos de Assman, Gutiérrez y Dussel el complemento de "algunas pautas hermenéuticas que les sirvan de apoyo más que de crítica".[15] Siendo básicamente un biblista, su trabajo es altamente técnico y en muchos puntos más preciso que los ya mencionados autores. Las intuiciones iniciales de su primer libro han sido profundizadas, especialmente por el recurso a las ciencias del lenguaje, en un trabajo metodológico más reciente.[16] El mexicano Porfirio Miranda ha trabajado en el texto bíblico acicateado por las preguntas y desafíos del marxismo, y adoptando el marco de los presupuestos marxistas. Su libro *Marx y la Biblia* examina con preguntas desacostumbradas los vastos temas de la justicia y la opresión en el Antiguo Testamento.[17] En otro trabajo muy conocido examina cuestiones ontológicas y epistemológicas en los escritos de Juan en el Nuevo Testamento.[18] Si sólo tomamos estos autores tenemos un volumen de material importante respecto a las grandes cuestiones hermenéuticas. Pero también en los debates inspirados por las teologías de la liberación otros autores católicos, desde ángulos diferentes, han prestado atención al material bíblico, como resultado del desafío liberacionista.[19]

La novedad hermenéutica

La manera en que los teólogos de la liberación interpretan el texto bíblico y formulan el papel de la hermenéutica bíblica, corresponde a lo que hemos visto como su principal aporte metodológico. Es una hermenéutica "desde la praxis". Por eso en la tarea interpretativa de la Palabra las preguntas: "¿quién lee la Biblia?" y "¿desde dónde la lee?" (o "¿dónde está situado el que lee?"), se vuelven preguntas fundamentales. Aquí está la fuerza de su desafío, y tenemos que admitir que esas preguntas son legítimas, aunque las respuestas que una teología evangélica dé sean diferentes. Vinculada con este leer la Palabra "desde la praxis", viene la necesidad de que aprendamos a leer no sólo la Biblia, sino también los acontecimientos históricos de nuestra época, porque según estos teólogos Dios no sólo habla en la Biblia, sino también en la historia. Examinemos esta metodología hermenéutica comenzando con un párrafo muy explícito de Croatto:

> La fe cristiana más honda exige los dos caminos: "leer" los acontecimientos (y de allí reformular el mensaje tradicional) y escuchar la Palabra de Dios ya transmitida (para estar más abierto a los sucesos salvíficos en el mundo). Los cristianos hemos recorrido durante mucho tiempo un solo camino y hemos estado muy despistados respecto a las manifestaciones de Dios en la historia, como otrora en el suceso del éxodo y en tantos otros.[20]

Estos "dos caminos" no son algo totalmente extraño al teólogo evangélico. El gran predicador Spurgeon afirmaba que el ministro de Dios tiene que tener en una mano la Biblia y en la otra el diario, y se ha atribuido la misma idea al teólogo Karl Barth. Sin embargo, en las teologías de liberación no se trata únicamente de estos dos caminos sino que se da clara precedencia a uno sobre el otro. Esto concuerda con la idea de una primacía de la praxis sobre la lectura de la Palabra y la reflexión, o mejor una precedencia de aquella sobre ésta. Al respecto Croatto afirma:

> No es por profundizar teóricamente en el estudio de las Escrituras o de la fe cristiana como uno podrá reconocer a Dios en los acontecimientos. La verdad está en el itinerario inverso: porque el cristiano tiene la "gracia" (que viene del "Espíritu" profético otorgado en el bautismo) de descubrir a Dios en su historia, no sólo individual sino comunitaria y universal, tiene también el don de penetrar en la insondable riqueza de Dios.[21]

Esta afirmación muestra con claridad una presuposición acerca de América Latina que se advierte tanto en Croatto como en Gutiérrez. Gutiérrez dice que América Latina es el "único continente mayoritariamente cristiano de entre los pueblos despojados y oprimidos".[22] A su vez Croatto, atribuyendo poder especial otorgante de gracia al bautismo (lo cual es teología católica tradicional), aplica la presuposición a la tarea teológica. Nos dice así que la "praxis" de los cristianos embarcados en movimientos de "liberación" sería resultado de haber descubierto a Dios en la historia, debido a la "gracia" recibida en el bautismo.

Croatto afirma que en el propio proceso de formación de la Escritura se nota precedencia de los acontecimientos sobre las palabras, y su teología quiere seguir ese rumbo:

> Una teología de la liberación no se elabora con libros, ni siquiera con el conocimiento profundo de la exégesis bíblica. El mensaje bíblico brota del acontecimiento (retomaremos una y otra vez esta clave hermenéutica); la teología antes de haberse "agotado" en un sistema racionalista fue un *logos* sobre el Dios bíblico, que es el Dios-de-la-historia. El acontecimiento salvífico es el punto de partida de toda teología. Para una teología de la liberación latinoamericana no hay otra fuente primaria que los hechos-de-liberación latinoamericanos. De nuevo, son los hechos los que "desocultan" el sentido.[23]

Aunque el autor califica en varias formas su rotunda afirmación: "no hay otra fuente primaria que los hechos-de-liberación latinoamericanos", queda claro el camino que sigue esta hermenéutica. Ahora bien, como la praxis precedente ha sido determinada recurriendo a las ciencias sociales (en particular al marxismo) como ya vimos, éstas se convierten en la palabra primera y decisiva. Hugo Assman lo ha dicho en forma explícita:

> Se podría decir que la "Teología de la Liberación", al definirse como reflexión crítica a partir de la interioridad de la praxis liberadora no sólo se entiende como "acto segundo" en relación con el "acto primero" de la praxis, sino tamién como "palabra segunda" en relación con la "palabra primera" de las ciencias humanas.[24]

La reflexión hermenéutica, cuando se refiere a la Biblia, nos lleva tarde o temprano a la manera en que entendemos la forma en que Dios *se revela*. Croatto ha profundizado en la metodología de interpretación de la Biblia, dedicándose a un estudio de la formación del texto bíblico y mostrando los procesos hermenéuticos que se dan dentro del mismo texto. Para ello ha utilizado las ciencias del lenguaje en su etapa actual. Con la ayuda de la Semántica y la Semiótica y de su manera de percibir la historia de formación de textos, nos lleva a reflexiones sobre la naturaleza del texto mismo, a fin de saber cómo debemos aplicarnos a su interpretación. Como ya hemos visto, pone el énfasis en que Dios en la Biblia se revela primero en el *acontecimiento,* el cual después se hace *texto.* De allí pasa a preguntarse lo siguiente:

> ¿No está diciendo nada nuevo Dios en las luchas de los oprimidos en los procesos de liberación, en el aporte de las ciencias humanas al conocimiento del hombre y sus problemas, de la realidad y sus estructuras opresivas, de las posibilidades creativas de hombre, en los impulsos por construir un hombre nuevo en una sociedad nueva? No se trata solamente de una novedad en el orden del conocimiento de la revelación ya hecha, ni sólo de que Dios se manifiesta con modalidades inéditas y no experimentadas antes (por la profundización en su primera revelación: nivel del conocimiento en última instancia, de una gnosis humana) sino sobre todo de que se revela *en los acontecimientos.*[25]

Es evidente la respuesta que Croatto da a su pregunta. En última instancia nos está diciendo que puede haber nueva revelación de Dios en acontecimientos actuales, y que éstos se vuelven la clave para leer la revelación en aquello que la Palabra escrita registra.

> La Biblia es la lectura de fe de sucesos paradigmáticos de la historia salvífica, y lectura paradigmática de una historia de la salvación que no ha terminado. La Biblia como mensaje paradigmático y normativo no excluye su propia relectura a la luz de nuevos acontecimientos. Si no tiene sentido (porque se opone a la forma misma del mensaje bíblico) clausurar la revelación de Dios en la historia pasada, tampoco lo tiene convertir a la Biblia en un "depósito" clausurado del cual sólo hay que "sacar".[26]

Croatto considera que una "teología abierta" sólo es posible cuando no se clausuran las posibilidades del texto, y éste permanece abierto a lo nuevo que la historia puede revelar. Para él en este aspecto los planteamientos clásicos de catolicismo y protestantismo quedan igualmente descartados.

> Este carácter decisivo del acontecimiento —la historia— como lugar primero de la revelación de Dios ayer y hoy, pone en evidencia la endeblez y parcialidad de una teología fundada solamente en la(s) fuente(s) trasmitida(s) de la revelación. Sea la "Scriptura sola" o acompañada de la tradición, no hay mucha diferencia.[27]

La "reflexión desde la praxis" aporta además otro elemento hermenéutico importante. El teólogo de la liberación no está sólo contemplando lo que él percibe como acción de Dios en la historia, sino que está comprometido con ese proceso, embarcado en la acción. Y como ya hemos expuesto, ha sido guiado en esa militancia por las ciencias sociales. De manera que cuando se acerca al texto bíblico para interrogarlo lo hace trayendo preguntas que brotan en su praxis dirigida por las ciencias sociales. De allí que Assman diga claramente que "tampoco la exégesis se puede dispensar del recurso a las ciencias humanas para interrogar al texto bíblico".[28] En este punto la hermenéutica de las teologías de la liberación ha lanzado también un desafío crítico muy esclarecedor. Míguez Bonino es quien lo ha expuesto mejor, en forma crítica en algunos puntos, pero adoptando la postura liberacionista en otros. Así llega a estas conclusiones fundamentales.

> La teología no puede pretender la posesión de "verdades o eventos kerygmáticos puros", neutros o descomprometidos de un curso determinado de acción, desde los cuales se pudiera juzgar la corrección de la praxis de un cristiano o de un grupo de cristianos. Todo lo que tenemos hoy en América Latina son compromisos reaccionarios, revolucionarios o reformistas y por lo tanto lecturas reaccionarias, revolucionarias o reformistas de lo que hemos llamado "los eventos germinales de la fe cristiana". Una genuina autocrítica o un auténtico diálogo sólo pueden tener lugar si asumimos consciente y críticamente nuestra propia praxis y reflexionamos a partir de ella —o nos convertimos a otra—. Por eso los latinoamericanos no podemos tomar demasiado seriamente las frecuentes advertencias y admoniciones de teólogos europeos y (en menor medida) norteamericanos sobre nuestros "preconceptos ideológicos" como si ellos hablaran desde algún ámbito ideológicamente aséptico.[29]

Se puede percibir en este párrafo el conflicto a que lleva la asunción expresa de una militancia política y social determinada. Ante las acusaciones de que ciertas lecturas de la Biblia reflejan claramente la influencia del marxismo, el teólogo de la liberación responde que las lecturas opuestas o alternativas reflejan también la influencia de la ideología predominante en la sociedad, la clase social o la militancia política desde la cual se proponen dichas posturas. La honestidad nos obliga a reconocer la validez del argumento.

Hay ejemplos históricos claros de cómo la lectura de la Biblia se pone al servicio de una práctica. Algunos de los teólogos que elaboraron una justificación teológica de la conquista ibérica de nuestro continente, buscaron justificación en el texto bíblico sobre la conquista judía de la tierra prometida.[30] Sin embargo, no podemos pasar a un relativismo total o a un escepticismo respecto a la posibilidad de una lectura de la Biblia que corrija, supere y juzgue nuestros compromisos. En ese sentido nos parece que Míguez va demasiado lejos en su actitud crítica. En otra parte de su obra el teólogo argentino resume así la posición de las nuevas teologías:

> En una teología así concebida no queda la posibilidad de invocar o servirse de una norma exterior a la praxis misma. No se trata de un rechazo del texto bíblico o de la tradición, sino del simple reconocimiento de que siempre leemos un texto ya incorporado en una praxis, sea la nuestra o la de otros. No hay posibilidad alguna de abstraer un texto y proyectarlo objetivamente como norma.[31]

En el capítulo siguiente bosquejaremos la forma en que la teología evangélica está respondiendo a este desafío radical de las teologías de liberación. Lo que vamos a ver a continuación es cómo la metodología hermenéutica funciona, tomando tres de los temas más favorecidos por la reflexión teológica liberacionista.

3. Algunos temas centrales de la nueva hermenéutica

Hemos escogido los temas de la pobreza, el Exodo y la Cristología, en los cuales se puede percibir la aplicación del método hermenéutico aquí descrito. El lector evangélico notará, al cabo de una revisión de los materiales de estas nuevas teologías, la abundancia de textos sobre estos temas escritos en

América Latina. Hay que reconocer, además, que respecto a temas importantes para la vida de las iglesias en América Latina, la reflexión de fuente evangélica ha sido escasa y poco original. Aquí estamos presentando sólo una muestra de trabajos bíblicos más extensos y serios desde el punto de vista académico, aunque se disienta de ellos. Además, no dejamos de reconocer que algunos de estos teólogos hablan desde su propia práctica y no sólo desde una postura académica.

El tema de la pobreza

Gutiérrez es quien mejor ha trabajado este tema, tratando de examinar el material bíblico, en el capítulo 13 de *Teología de la Liberación.* Examinando la significación actual del término el autor llega ya a ciertas precisiones sobre la situación contemporánea respecto a la pobreza: "Clases sociales, pueblos y continentes enteros toman conciencia de su pobreza y, percibiendo sus causas últimas, se rebelan contra ella. Estamos ante una pobreza colectiva que crea lazos de solidaridad entre los que la sufren y los lleva a organizarse para luchar contra esta situación y contra los que usufructan de ella.[32] Gutiérrez examina luego la "significación bíblica de la pobreza" y ofrece un resumen muy claro de las investigaciones actuales sobre el vocabulario bíblico y el sentido general del término en ambos Testamentos. Ve dos grandes líneas de la enseñanza bíblica: la pobreza como estado escandaloso y la pobreza como infancia espiritual. Propone luego un ensayo de síntesis especialmente centrado en la forma en que Cristo asume el término en su práctica, lo mismo que la iglesia primitiva, "la pobreza cristiana, expresión de amor, es solidaria con los pobres y es protesta contra la pobreza".[33] Termina con la recomendación pastoral:

> El 'pobre' hoy, es el oprimido, el marginado por la sociedad, el proletario que lucha por sus más elementales derechos, la clase social explotada y despojada, el país que combate por su liberación. La solidaridad y protesta de que hablamos tienen en el mundo actual un evidente e inevitable carácter 'político', en tanto que tienen una significación liberadora. Optar por el oprimido es optar contra el opresor. En nuestros días y en nuestro continente, solidarizarse con el 'pobre' así entendido, significa correr riesgos personales —incluso poner en peligro la propia vida. Es lo que ocurre a muchos cristianos —y no

cristianos— comprometidos en el proceso revolucionario latinoamericano. Surgen así nuevas formas de vivir la pobreza, diferentes a la clásica 'renuncia a los bienes de este mundo'.[34]

Los términos "clase social explotada", "liberación" y "proceso revolucionario latinoamericano", son lo suficientemente generales como para aceptar las conclusiones de Gutiérrez. El paso del tiempo ha llevado a precisar mejor estos términos generales y referirlos a corrientes políticas y programas definidos. De hecho se considera que la pobreza es fruto del capitalismo y que sólo en un sistema socialista será posible eliminarla. Además, se da por sentado que únicamente los partidos marxistas están llevando a cabo una lucha real contra la pobreza. La pregunta que se plantea entonces ha sido formulada muy bien por Míguez Bonino:

> ¿Hay alguna correlación entre la categoría bíblica de "los pobres" y la de "clase oprimida"? ¿Puede el llamado cristiano a la solidaridad con los pobres equipararse al llamado revolucionario a la lucha de clases?[35]

Para pasar de las enseñanzas bíblicas (sobre cómo Dios defiende a los pobres, cómo la Ley provee justicia para ellos y cómo Jesús vive en la pobreza) a las recomendaciones de dónde tiene que luchar políticamente el cristiano hoy, necesitamos aceptar sin discusión el axioma de que ciertos partidos, que usan cierto análisis y cierto lenguaje (marxistas), son quienes hoy defienden a los pobres y luchan por ellos. Eso es lo que parece deducirse de los textos de la teología de la liberación. Pero en relación con la interpretación de la Biblia, Gutiérrez nos dice claramente que sólo quien tiene cierto tipo de militancia puede entender la Palabra:

> Solamente desde los pobres de la sociedad latinoamericana —y quien dice pobre asume un punto de vista colectivo y señala una conflictividad social— es posible entender el verdadero sentido y la exigencia bíblica de la defensa de los derechos humanos.[36]

El extremo de esta posición lo muestra un breve pero muy citado texto de un liberacionista italiano que dice que una lectura "inter-clasista" de la Biblia no es posible. Según este teólogo cuando decimos que en la iglesia se trascienden barreras de clase, expresamos una "ideología burguesa". Cada clase social lee la

Biblia a su manera. La verdadera lectura para hoy será la de la clase social que tiene un análisis científico de la realidad.[37]

Si para nosotros la Biblia es autoritativa ella tiene que darnos luz sobre un problema, aun antes de que decidamos adoptar tal o cual definición y comprensión del problema. El camino opuesto es el de adoptar una definición y solución y luego ir a encontrar fundamento a ellas en la Biblia. Gutiérrez examina el sentido espiritual de la pobreza en la Biblia pero no utiliza adecuadamente en sus conclusiones pastorales lo que ha encontrado en la Biblia. Además, deja sin examinar, por ejemplo, toda la literatura sapiencial que muestra otros aspectos de la problemática de la riqueza y la pobreza.

El tema del éxodo

El tema y el lenguaje del Exodo son favoritos entre autores de la teología de la liberación. Croatto dice, por ejemplo:

> Muchos biblistas o teólogos ya se han adentrado en una exploración del éxodo en relación con el nuevo camino de 'Liberación' de Latinoamérica. Es un 'lugar' querigmático característico, provocador, creativo, inexhaurible, por tanto. Justamente para una teología de la liberación, más que de la libertad, es un pasaje ejemplar; por ello es más explorado en un contexto teológico latinoamericano que europeo.[38]

Un énfasis especial de las exposiciones del éxodo dentro de la teología de la liberación hace referencia al hecho de que Israel conoció a Dios dentro de la experiencia del éxodo de Egipto, y ello hace que toda "teología", todo discurso acerca de Dios, tenga que tomar en cuenta que Dios se revela como liberador en una situación histórica concreta. Este es un énfasis de Gutiérrez[39] y también de Croatto, quien afirma: "el éxodo se constituye en un hecho *radical,* hondísimo, *en el cual* tanto Israel como nosotros debemos interpretar a Dios y a nosotros mismos. El éxodo se convierte en una "reserva-de-sentido" inagotable. Por ello, su "donación-de-sentido" es ilimitada; de ahí sus posibilidades hermenéuticas únicas para la teología latinoamericana".[40]

El énfasis más notable en la lectura del éxodo se concentra en su carácter de hecho de liberación histórica de un pueblo oprimido. El autor bíblico no ahorra detalles al describir la opresión de Israel en Egipto. Para la teología de la liberación el éxodo viene a ser, entonces, un modelo, un paradigma de todo otro proceso de liberación, comenzando con el papel paradigmático que juega en la misma Biblia, ya que "la memoria del éxodo impregna las páginas de la Biblia e inspira múltiples relecturas tanto en el Antiguo como en el Nuevo Testamento".[41] Gutiérrez reconoce aun la proyección del éxodo bíblico como paradigma de una liberación más profunda que era la que Cristo había de traer. Sin embargo, cuando salta del éxodo de Moisés a la situación contemporánea, ubica la acción salvadora en las manos de los mismos seres humanos. Tratemos de seguir el hilo de este razonamiento:

> La experiencia paradigmática del éxodo. . . estructura nuestra fe en el don del amor del Padre. En Cristo y por el Espíritu, los hombres, superando a través de la lucha y del enfrentamiento todo lo que los divide y opone entre ellos, se van haciendo uno en el seno mismo de la historia. Pero los verdaderos agentes de esa superación en búsqueda de unidad, son los que hoy sufren opresión (económica, política, cultural) y bregan por liberarse de ella. . . En consecuencia, cuando se afirma que el hombre se realiza prolongando la obra de la creación por medio del trabajo, estamos diciendo que se sitúa, por ese mismo hecho, en el interior de un proceso salvífico englobante. Trabajar, transformar ese mundo es hacerse hombre y forjar la comunidad humana, es también, ya salvar. De igual modo, luchar contra una situación de miseria y despojo, y construir una sociedad justa es insertarse ya en el movimiento salvador, en marcha hacia su pleno cumplimiento.[42]

La descripción que da Gutiérrez del éxodo oscila entre la acción divina y la acción humana, y no vemos con claridad cómo ambas se relacionan. Parte de la presuposición teológica de que hay sólo una historia en vez de dos yuxtapuestas (una profana y otra sagrada), o como dice: "un solo devenir humano asumido por Cristo, Señor de la historia". El problema del intérprete bíblico, sin embargo, es cómo entender lo que el propio texto dice acerca de la iniciativa y la acción de Dios en la historia. Croatto resuelve el problema en forma que nos parece elimina el carácter revelado e inspirado del texto bíblico y lo convierte en un simple producto de factura humana:

> El profundo sentido religioso de la cosmovisión bíblica enfatiza la *iniciativa divina* del proceso, pero eso es propio del *lenguaje* religioso; no significa que históricamente haya sido así. Es

oportuno indicarlo, ya que algunos teólogos que interpretan literalmente el dato bíblico gustan desaprobar la autenticidad de las iniciativas 'humanas' de liberación. Ignorar que el éxodo pudo ser, desde una primera perspectiva, un propósito surgido de los mismos hebreos. Fue el 'Acontecimiento' el que, desde sus propias entrañas, fue manifestando una *presencia* divina, con las implicaciones (incluida la Alianza) que tuvo. No es por nada que lo decimos, ya que parecen desconectados del evangelio pero que, poco a poco, van configurando una presencia del Cristo liberador, como pueden ser los ejemplos de Cuba, Chile o el de otros grupos que luchan por un cambio de las situaciones de opresión en nuestro continente.[43]

No es de extrañar que llegado a este punto el método hermenéutico usado interprete las plagas o la acción de Dios al liberar a Israel como aspectos diversos de una revolución judía violenta. Las publicaciones de CELADEC en el Perú muestran cómo esta lectura del Exodo se puede poner a nivel popular llegando a lo grotesco. Las plagas se interpretan como: "el pueblo comenzó una serie de sabotajes. Contaminaron el agua que tomaban los egipcios, y dividiéndose en grupos pusieron yerbas venenosas en los campos donde pastaba el ganado. . . atacaron y mataron a todos los hijos mayores de las familias egipcias".[44] El proceso es paralelo al que señalábamos en cuanto a la pobreza. Primero se ha llegado a la conclusión de que la lucha guerrillera (o resistencia popular) es buena, y es la forma en que está avanzando la historia. Luego se lee el Exodo y se encuentra allí un modelo que parece apuntar a lo mismo. Aunque ni Gutiérrez ni Croatto llegan a la crudeza de CELADEC, éste es sólo el punto final del proceso.

La búsqueda cristológica

Los evangélicos siempre se han considerado profundamente "Cristocéntricos" en su mensaje, en contraste con un catolicismo que en muchas partes parecía exaltar más a la virgen María o a los santos, que al Señor Jesucristo.[45] Por ello no podemos sino alegrarnos del intenso fermento teológico y cultural que en años recientes ha puesto de nuevo la figura de Jesucristo en el centro aun de los debates públicos.[46] Quizá en el aspecto de su Cristología es donde hay menos coincidencia y unanimidad en las diversas líneas de la teología de la liberación. Dos libros notables han surgido en las filas de la teología de la liberación como estudios cristológicos eruditos que intentan resumir la investigación moderna y relacionarla con la realidad católica de América Latina. Se trata de *Jesucristo el Liberador,* por Leonardo Boff[47], y *Cristología desde América Latina,* por Jon Sobrino.[48] Aunque estudiosos católicos han emprendido la crítica de ambos libros, se reconoce su valor al poner sobre el tapete la necesidad de comprender una vez más la rica enseñanza bíblica sobre Jesús.[49] Sobrino es quien resume bien el sentido de su exploración:

> La teología de la liberación ha revalorizado la figura del Jesús histórico dentro de la teología. Con ello se pretende superar una concepción bastante abstracta y por ello manipulable de Cristo y, positivamente, fundamentar la existencia cristiana en el seguimiento de ese Jesús histórico.[50]

El esfuerzo por "fundamentar la existencia cristiana en el seguimiento del Jesús histórico" ha llevado en algunos casos a procedimientos hermenéuticos extremos que dejan muy atrás a Gutiérrez, Sobrino o Boff. Fue popular en la euforia de los años 1968 a 1973 pintar a Jesús como un zelote cuyo ejemplo en nuestro tiempo lo encarnarían ciertos revolucionarios. Así, por ejemplo, la revista católica y peronista *Cristianismo y Revolución* afirmaba en 1971: "Camilo Torres y Ernesto Che Guevara son en nuestra opinión los ejemplos máximos, hoy en América Latina, de una actitud legítimamente cristiana y una realización verdadera del nuevo hombre en nuestra América".[51] El cubano Sergio Arce Martínez llega a esta conclusión por vía similar:

> Apartémonos de la erudición bíblica, vayamos a la realidad concreta. Jesús no fue fariseo, no fue saduceo, no fue publicano, no fue esenio, no fue herodiano. ¿Qué era? ¿Con quién simpatizaba? ¿A quién ofrecía su apoyo? ¿A quiénes? ¿Con cuál ideología simpatizaba? ¿A quiénes se unió? No queda más que una posibilidad; la única posibilidad que nos abre la propia historia evangélica. Es antibíblico y antievangélico afirmar que fuese saduceo, fariseo, publicano, esenio, herodiano, etc. . . la única posibilidad que se abre —con fundamento bíblico— era la de ser zelote. . . Dicho en otra forma, o era zelote, o por lo menos prozelote en tanto era el Cristo. O era fariseo o por lo menos profariseo y entonces no era el Cristo del evangelio, el Hijo del Dios viviente. Y en cuanto a nosotros, o creemos en un Cristo Zelote o prozelote o

somos unos redomados ateos desde el punto de vista del evangelio.[52]

Detrás de este dilema de hierro "o era esto o era lo otro", sin ninguna otra posibilidad, vemos la misma intransigencia que en la vida política muestran quienes dicen "o estás por la revolución (entendida en términos marxistas), o eres un fascista". La lectura del texto busca entonces una confirmación de la posición política tomada.

Otro teólogo embarcado en la teología de la liberación nos ha dado un ejemplo de acercamiento hermenéutico a partir de una toma de posición y un análisis materialista dialéctico de la realidad. Se trata de Jorge Pixley en su librito *Reino de Dios*. De su lectura del material de los Evangelios no surge el Mesías o el Señor sino un líder social fracasado. Su carrera es resumida en estas frases:

> Jesús ofreció a las masas de Palestina (los pobres) la buena nueva del advenimiento del reino de Dios como un reino de justicia e igualdad. . . En su análisis de la coyuntura palestina vio en el templo (correctamente) el centro de la explotación y la desigualdad. . . Su estrategia fracasó por la inseguridad del pueblo acerca de cómo Jesús echaría al yugo romano; el pueblo prefirió la estrategia de confrontación con los romanos que le ofrecían los zelotes. . . Es difícil a estas alturas saber si le hubiera ido mejor al pueblo si hubieran preferido la estrategia de Jesús. No sabemos qué pensaba hacer frente al problema del Imperio. Los textos no preservan nada respecto a sus planes y es difícil imaginarse cómo pretendía echar al yugo imperial.[53]

No se puede evitar, al leer estas páginas, tener la sensación de que, para el autor, es una lástima que Jesús no haya conocido el análisis científico de la realidad que le hubiese permitido una correcta estrategia frente a Roma. Pero también es evidente la incongruencia en el uso del material de los Evangelios. Las intenciones de Jesús en cuanto a su muerte, y su "estrategia", están claramente formuladas tanto en los Sinópticos como en Juan, pero evidentemente Pixley no las acepta ni las cree importantes.[54] El análisis de Pixley refleja una flaqueza que los críticos han encontrado aún en moderados como Boff o Sobrino: la falta de atención a la teología de la cruz, al significado más profundo de la muerte de Cristo, tan explícito en todos los textos neotestamentarios.[55]

Resulta interesante mencionar aquí dos comentarios de Croatto aplicables a los ejemplos que hemos usado de Arce y Pixley. En primer lugar, Croatto critica la tendencia a ubicar a Cristo como zelote, y lo hace de manera contundente:

> Quienes buscan identificar a ese Cristo-zelote no se dan cuenta que hacen un mal servicio a la causa de la liberación. Los zelotes, en efecto, eran grupos reaccionarios y de 'extrema derecha'. Si perseguían la expulsión de los romanos del suelo palestino, no era en primer lugar para salvar al hombre, para un desarrollo integral, en todos los aspectos, sino para restablecer la ley y las instituciones político-religiosas perdidas. Los zelotes no podían salir del 'círculo infernal del legalismo'. Cristo no podía luchar o morir en favor de la ley; más bien sufrió su poder como estructura de muerte. Añorar un Cristo zelote sería por tanto ir detrás de un Cristo reaccionario, nacionalista-religioso, 'fascista'.[56]

Tampoco Croatto acepta una espiritualización de Cristo que no tenga en cuenta la realidad de la encarnación, sino que busca más bien cómo pasar de la universalidad de la persona de Cristo a la particularidad de cómo seguirle hoy. Por otra parte, mientras Pixley critica la estrategia del pueblo, Croatto tiene fe en que el pueblo sabe encontrar la verdad y tiene la razón:

> En el proceso a Jesús son las autoridades religiosas, muy bien identificadas, las que gestionan la gran mentira de la historia. Son los grandes acusadores (cf. Lucas 23:10). Hemos sido ingenuos los cristianos al culpar a veces al *pueblo* judío, diciendo que 'se había dado vuelta' traicionando a Jesús después de la recepción triunfal en Jerusalén. La intriga vino de las autoridades religiosas. Si estuvo presente el pueblo debemos acotar dos cosas: una, que no sabemos qué cantidad (el *pueblo* como tal no es engañado fácilmente, por su maravillosa captación de la verdad). La segunda, que el grupo colaboracionista había sido 'comprado' (y no pudo por tanto ser todo el pueblo) por los príncipes de los sacerdotes y los ancianos. . . (Mt. 27:20).[57]

Evidentemente no se pude decir que haya *una* línea cristológica en la teología de la liberación, sino más bien una búsqueda intensa que muchas veces sigue los caminos de las preferencias políticas y las situaciones nacionales desde las cuales cada teólogo habla. Sería de desear que al recurrir a la Palabra se superasen las diferencias radicales y se empezase a ver ciertas convergencias. Pero si las ideologías son más fuertes que la Palabra, la hermenéutica en vez de aclarar oscurece.

4. Evaluación de esta hermenéutica

Lo primero que salta a la vista del observador evangélico es que no hay "una" forma católica de interpretar la Biblia, como suelen insistir quienes tratan de contestar la "unidad" del catolicismo con la pluralidad del protestantismo. Si bien es verdad que recientemente el papa polaco Juan Pablo II ha condenado ciertos aspectos de la teología de la liberación,[58] las cristologías y sus correspondientes lecturas de la Biblia, más diversas, se consideran católicas. Evidentemente Boff y Sobrino son criticados abiertamente por Jorge Mejía en documentos oficiales del CELAM, debido a su interpretación incorrecta del material bíblico, o a su aceptación de posiciones demasiado críticas en cuanto a la Biblia.[59] El franciscano Buenaventura Kloppenburg y el dominico Armando Bandera en la revista colombiana *Tierra Nueva,* son parte de todo un grupo de críticos sistemáticos de la teología de la liberación en sus aspectos hermenéuticos y teológicos.[60] La propia cristología del *Documento de Puebla* parece tener una ambigüedad tal que permite una interpretación liberacionista como la de Gutiérrez, y una conservadora como la de cardenal Muñoz Vega y el sacerdote Miguel Barriola, en el documento oficial del CELAM que no ahorra críticas a la teología de la liberación.[61] Si en un tema capital como la cristología caben dentro de la "unidad" de Roma personas tan diferentes como Gutiérrez, Boff, y Sobrino por un lado, y por otro Bandera, Kloppenburg y Mejía, ¡que no se pretenda criticar fácilmente las variedades cristológicas dentro del protestantismo![62]

Desde una perspectiva evangélica que parte de la *autoridad* de la Palabra de Dios por encima de las tradiciones de cualquier tipo, la crítica básica a la hermenéutica de la teología de la liberación la ha formulado Míguez Bonino, pese a su simpatía por dicho movimiento:

> El texto de la Escritura y la tradición es forzado sobre el lecho de Procusto de la ideología, y el teólogo que ha caído presa de este procedimiento está condenado a no escuchar otra cosa que

el eco de su propia ideología. No hay redención para esta ideología porque ha amordazado la palabra de Dios en su trascendencia y libertad.[63]

Luego de describir el procedimiento hermenéutico que da precedencia a la ideología, Míguez Bonino aclara que "nuestra teología latinoamericana de la liberación no ha tomado aún cuenta suficiente de este peligro, y por ende no ha desarrollado aún las necesarias defensas frente a él."

Otra posición evangélica fundamental es el reconocimiento de la unidad de la Biblia, y de la consecuente pertinencia de "toda" la Palabra para la vida y el mensaje del cristiano. El procedimiento hermenéutico que coloca la situación histórica, interpretada ideológicamente como "palabra primera", lleva a una fragmentación o selección del material bíblico, con criterio ideológico. René Padilla es el teólogo evangélico latinoamericano que mejor ha expuesto el tema de la autoridad de la Biblia para la teología, y escribiendo acerca de la hermenéutica de la teología de la liberación, afirma:

> Cuando se concibe la situación histórica como "el texto", el "lugar teológico referencial primero", se abre el camino para la subordinación de la Palabra al contexto humano. Se crea un "canon dentro del canon" y se reduce el reino de Dios a fin de circunscribirlo a la historia. Como resultado se lee la Biblia selectivamente. Esta habla sólo en relación a una situación histórica concreta y un proyecto histórico concreto, la primera interpretada y el segundo concebido sobre el presupuesto de que la Palabra de Dios no tiene nada que contribuir a estas tareas exclusivamente racionales.[64]

Final y fundamentalmente, lo que se debe preguntar a los pensadores de la teología de la liberación es si todavía creen en una Palabra de Dios revelada, inspirada, fruto de la iniciativa divina, aunque actuando a través de medios humanos. En algunos casos la metodología hermenéutica ha llevado simplemente a una negación de esa posibilidad. Adolfo Ham ha expresado así la metodología que siguen algunos pensadores de la teología de la liberación, aunque no hayan sido tan explícitos como él mismo:

> El análisis marxista nos ha llevado a dilucidar las condiciones concretas socio-políticas que motivan cualquier producción

> cultural así como el examen ideológico para determinar qué papel juega éste ideológicamente, al servicio de qué clase se pone. Los pasos son:
> 1. De un análisis científico social de la realidad,
> 2. pasamos a la crítica ideológica de toda la realidad y de todo producto cultural (superestructural),
> 3. y por ende, a la crítica de la propia Biblia como producto linguístico cultural y de su uso ideológico a través de la historia.[65]

Es exactamente el camino recorrido por Jorge Pixley cuando afirma que lo que podemos decir en cuanto a Jesús es hipotético porque "De Jesús y su estrategia con respecto al Reino hemos sido informados únicamente a través de los documentos de una iglesia cristiana ya desarraigada del contexto palestino del movimiento que Jesús encabezó".[66] Con el mismo criterio desecha el Antiguo Testamento porque sería una "traición" de la teología davídica escrita por "sacerdotes y escribas serviles a la corte".[67] Tratándose de dos autores protestantes, estos ejemplos muestran una radicalización aún mayor y más peligrosa, pues descartada la Biblia por el análisis marxista sólo queda dicho análisis como fuente de autoridad. Si la Biblia es un texto más como cualquier otro, sujeto a los condicionamientos de clase, puesto en el banquillo de los acusados por una herramienta "científica" (¿infalible?), ¿para qué recurrir a esa Biblia e invocar su autoridad? ¿Por qué no quedarse con los textos marxistas? ¿Será para poder utilizar estratégicamente a quienes todavía creen en ella como Palabra de Dios?

Notas del Capítulo VII

[1] Ver Prien, *La Historia del Cristianismo. . .*, p. 710 y ss.; y Thomson-Penzotti, *Precursores. . .*
[2] CLADE II, *América Latina y. . .*, p. 170.
[3] C. René Padilla, *Fe Cristiana y. . .*, p. 173.
[4] Ver los trabajos de estos teólogos en P. Savage, *Debate contemporáneo. . .*,
[5] *Padilla, Op. Cit.*, p. 135.
[6] Savage, *Debate contemporáneo. . .*, pp. 123 y 127.
[7] *Id.*, p. 226-227.
[8] *Id.*, p. 227.

[9] James Packer, "Hermeneutics and Bible authority", *Themelios,* Vol. I, No. 1, p. 3.

[10] Gutiérrez, *Teología. . . ,* p. 178 ss. En esta segunda sección la densidad de la exposición bíblica es por momentos fascinante. Los trabajos posteriores de Gutiérrez, especialmente *El Dios de la Vida,* Lima: Pontificia Universidad Católica, s/f, *Beber en Su Propio Pozo* (Lima: CEP, 1983) y *Hablar de Dios desde el sufrimiento del inocente* (Lima: CEP, 1986), han profundizado de manera notable en el material bíblico. Un cuestionamiento evangélico de las presuposiciones hermenéuticas no debiera llevar a una falta de apreciación de este trabajo bíblico.

[11] Gutiérrez, *TL,* p. 232 y ss. La sección "La Humanidad: Templo de Dios", ofrece interpretaciones universalistas bastante personales de Gutiérrez.

[12] Segundo usa el material bíblico especialmente en su serie de exposiciones teológicas *Teología Abierta para el Laico Adulto* (Buenos Aires: Lohlé).

[13] Juan Luis Segundo, *Liberación de la Teología.*

[14] Juan Luis Segundo, *Teología de la Liberación. Respuesta al. . .* Ver especialmente pp. 60-85.

[15] Severino Croatto, *Liberación y Libertad.* Buenos Aires: Mundo Nuevo, 1973, *Introducción.* (Hay edición peruana de este libro, Lima: CEP, 1978.)

[16] Severino Croatto, *Hermenéutica Bíblica.* Buenos Aires: La Aurora, 1984.

[17] José Porfirio Miranda SJ, *Marx y la Biblia,* Edición del autor, México 1971.

[18] José Porfirio Miranda, *El Ser y el Mesías,* Salamanca: Sígueme, 1973.

[19] Véanse, por ejemplo, los trabajos de Jorge Mejía y Samuel Ruiz en el libro de CELAM *Liberación: Diálogos en el CELAM,* Bogotá: Sec. Gral. del CELAM, 1974. Más recientemente, J. L. Idígoras S. J. *Liberación. Temas Bíblicos y Teológicos,* Lima, 1984.

[20] Severino Croatto, *Liberación y. . . ,* p. 20.

[21] *Id.*

[22] Gutiérrez, *TL,* pp. 10-11.

[23] *Introducción,* en Croatto, *op. cit.*

[24] Hugo Assman, *Opresión-Liberación Desafío a los Cristianos.* Montevideo: Tierra Nueva, 1971, p. 65.

[25] Croatto, *Hermenéutica. . . ,* p. 81.

[26] *Id.,* p. 82.

[27] *Id.,* p. 83.

[28] Hugo Assman, *Op. Cit.,* p. 65.

[29] José Míguez Bonino, *La Fe en. . . ,* p. 125.

[30] Lewis Hanke ofrece un excelente resumen de esta hermenéutica y su función ideológica en *La Lucha Española por la Justicia en la Conquista de América,* Madrid: Aguilar, 1967, capítulos II y III.

[31] Míguez, *Op. cit.,* p. 107.

[32] Gutiérrez, *TL,* p. 354.

[33] *Id.,* p. 370.

[34] *Id.,* pp. 371-372.

[35] Míguez, *Op. Cit.,* p. 139.

[36] Gutiérrez, *La Fuerza Histórica. . . ,* p. 151.

[37] "The Bible: Is an Interclass Reading Legitimate?", por Sergio Rostagno, en

Norman Gottwald Ed. *The Bible and Liberation. Political and Social Hermeneutics.* New York: Orbis, 1983, pp. 61-73.

[38].Croatto, *Liberación. . .*, p. 27.

[39] Gutiérrez, *TL,* Ver especialmente el capítulo 9.

[40] Croatto, *Liberación. . .*, p. 29.

[41] Gutiérrez, *TL,* p. 198.

[42] *Id.,* p. 200.

[43] Croatto, *Liberación. . .*, p. 42.

[44] CELADEC, *Un Pueblo en Lucha por Su Liberación.* Cuaderno Popular de Reflexión No. 1, 3ra. edición corregida, 1978, pp. 28, 29, 31 (publicado en Lima).

[45] Como lo he señalado en el capítulo II, la crítica a los aspectos no cristocéntricos de la religiosidad latinoamericana parecía seguir un camino evangélico en Medellín, pero ha retrocedido en Puebla.

[46] Una nueva apertura a los temas religiosos en general, y al tema de Cristo y el evangelio en particular ha entrado en la gran prensa de la mano de la TL. Tal es el caso inclusive en la literatura como puede verse en el libro *El Evangelio de Lucas Gavilán,* por Vicente Leñero (Barcelona: Seix Barral, 1979).

[47] Leonardo Boff, *Jesucristo el Liberador.* Buenos Aires: Latinoamérica Libros. 2da. edición, 1974 (traducido del portugués). 270 págs.

[48] Jon Sobrino S. J. *Cristología desde América Latina,* México: Ediciones CRT, 1977, 330 págs. (Hay otras ediciones.)

[49] Ver, por ejemplo, la larga nota "'Jesucristo el Liberador', de Leonardo Boff", en *Criterio,* Buenos Aires, No. 1746, 26 de agosto de 1976.

[50] Sobrino, *Op. Cit.,* p. 59.

[51] Revista *Cristianismo y Revolución,* Buenos Aires, abril de 1971, p. 29.

[52] Varios, *Cristo Vivo en Cuba.* Reflexiones Teológicas Cubanas. San José: DEI, 1978, pp. 78-79.

[53] Jorge Pixley. *Reino de Dios.* Buenos Aires: Ed. La Aurora, 1977, p. 82.

[54] En el libro de Pixley la muerte de Jesús aparece como algo totalmente incidental.

[55] Jorge Mejía, *La Cristología de Puebla,* Bogotá: CELAM. 1979, p. 11.

[56] Severino Croatto en "La Dimensión Política del Cristo Libertador", en José Míguez Bonino y otros, *Jesús: Ni vencido ni monarca celestial.* Buenos Aires: Tierra Nueva, 1977, pp. 178-179.

[57] Croatto, *Liberación. . .*, pp. 112-113.

[58] A incitación de la Congregación de Doctrina y Fe, la Asamblea Episcopal peruana se ocupó del tema de la TL del 23 al 27 de abril de 1984. La prensa de la izquierda peruana atribuye a manejos del *Opus Dei,* las críticas a la TL que los diarios *El Comercio* y *La Prensa* publicaron entre enero y abril. La prensa de izquierda, diarios como *La República* y revistas como *Quehacer* (No. 29), se lanzaron a la defensa de Gutiérrez. El boletín de la *Agencia Católica de Informaciones* publicado en Lima, Vol. V, No. 21, junio 23 de 1984, atribuye a maquinaciones marxistas lo que llama "estrategia para defender a la teología marxista de la liberación".

[59] Jorge Mejía, *Op. Cit.*

[60] Ver, por ejemplo, "La Muerte de Cristo en la Cristología de Leonardo Boff"

Tierra Nueva, Bogotá, octubre de 1981. No. 39, pp. 18 ss.

[61] Card. Pablo Muñoz Vega y P. Miguel Barriola, *La Declaración Cristológica de Puebla* y *Cristo Crucificado Señor de la Historia.* CELAM, Bogotá, 1979.

[62] Expresiones evangélicas de la Cristología predominante en el protestantismo latinoamericano son, por ejemplo, René Padilla, *El Evangelio Hoy,* cap. 1. Justo González, *Revolución y Encarnación.* Puerto Rico: La Reforma, 1965, Justo González, *Jesucristo Es el Señor.* Miami: Caribe, 1971; Emilio A. Núñez *El Cristo de Iberoamérica.* De manera un tanto más crítica, aunque todos estos autores lo son, puede verse también el trabajo de Saúl Trinidad y Juan Stam en José Míguez Bonino y otros, *Jesús: Ni vencido ni monarca celestial.* Trabajos más recientes dentro del diálogo evangélico a nivel mundial se pueden apreciar en *Boletín Teológico* No. 8, México: FTL (octubre a diciembre 1982).

[63] Míguez Bonino, *La Fe en. . .,* p. 112.

[64] René Padilla en "La Teología de la Liberación: Una evaluación crítica", revista *Misión,* Buenos Aires, No. 2, p. 19.

[65] *Cristo Vivo en. . .,* p. 112.

[66] Pixley, *Op. Cit.,* p. 61.

[67] *Id.,* pp. 46-47.

Capítulo VIII

HACIA UNA RENOVACION BIBLICA DE LA TEOLOGIA

La urgencia de que la iglesia vuelva a someterse a la Palabra de Dios fue uno de los temas centrales de esta revolución espiritual que llamamos Reforma Protestante. El mensaje de la Biblia, en el lenguaje del ser humano común y corriente, tuvo efecto en las vidas de personas y transformó sociedades enteras durante un período de agitación y cambio como pocas veces se ha visto en la historia del mundo occidental. La práctica de la fe y la reflexión teológica se revitalizaron y adquirieron una dimensión nueva, dinamizadas por la Palabra de Dios. Es muy importante no olvidarse de este hecho fundamental. Un teólogo católico del Perú lo ha reconocido recientemente de manera admirable, señalando cómo durante la Edad Media "la teología se racionalizó y se separó del contexto eclesial y litúrgico, para aislarse en las aulas universitarias", Idígoras hace luego un análisis breve pero contundente:

> La división que hace la Escolástica entre la *lectio,* la *quaestio* y la *disputatio* rompe la unidad de las fuentes bíblicas y aisla de ellas la reflexión teórica. La teología empieza a ser una doctrina seca, descarnada y privada de toda relación existencial con la fe. De ahí brotaron las virulentas quejas de Lutero contra una teología que parecía ser más metafísica que cristiana, más aristotélica que evangélica. Y el mismo reformador logró en no pocos de sus escritos un nuevo estilo teológico, indudablemente más sapiencial y querigmático.[1]

Hay aquí algo más que una simple referencia a metodología

teológica. Hay referencia al poder de la simiente bíblica para producir un fruto que no sólo es verdadero, sino también hermoso. Quienes se dicen continuadores de la Reforma, en el espíritu de Lutero, Calvino o los reformadores radicales del siglo XVI, no pueden limitarse, hoy en América Latina, a enunciar frías, secas y descarnadas proposiciones teológicas, traídas del exterior, y que muchas veces nada tienen que ver con las realidades dentro de las cuales vive el pueblo evangélico.

Aquí hay un desafío tremendo a la renovación de la teología evangélica, que tiene que empezar por la revitalización de la hermenéutica bíblica. En la reconstrucción de Israel después del exilio, narrada en el libro de Nehemías, hay un momento de refrigerio y renovación espiritual cuando vuelve a leerse el libro de Dios (Nehemías 8). El pueblo escuchó y comprendió, y como consecuencia, ese pueblo lloró, rió, construyó y volvió a comprometerse en la obediencia al Pacto. Lucas ha captado la misma nota en su Evangelio, en aquel pasaje en el cual narra cómo Jesús vincula su sufrimiento, su muerte y su resurrección, al anuncio y la promesa de todo el Antiguo Testamento. Las fuerzas físicas tanto como las espirituales de aquellos dos discípulos de Emmaús se renuevan cuando comprenden el sentido del texto que ilumina la experiencia; cuando encuentran en el Jesús resucitado la clave hermenéutica para entender los hechos que habían vivido (Lc. 24:13-35). La teología evangélica tiene que alimentarse también de un regreso a las fuentes bíblicas. Sólo así se entenderá el sentido de la convicción evangélica y su dinamismo histórico. Porque el Espíritu que renueva a la iglesia por su Palabra es el único que puede renovar de verdad la teología.

1. Los presupuestos de una teología bíblica

La hermenéutica de la iglesia comienza con una confesión de la iniciativa divina tanto en los grandes eventos de la salvación como en su revelación, que además de registrar los eventos, los explica y les da sentido. Además, la hermenéutica culmina en la obediencia y por ella se aclara y se articula mejor. En la confesión del pueblo de Dios se reconoce el carácter revelatorio del texto bíblico, su autoridad, la unidad de su mensaje y la intención salvífica de su Autor.

1 — Dios ha hablado

"Dios, habiendo hablado muchas veces y de muchas maneras en otro tiempo a los padres por los profetas, en estos postreros días nos ha hablado por el Hijo, a quien constituyó heredero de todo, y por quien asimismo hizo el universo". (He. 1:1, 2). La confesión de que Dios ha hablado no desconoce el hecho de que Dios actuó primero, sino que confiesa que el ser humano puede entender el sentido de la acción divina, y que no ha quedado simplemente a merced de ideólogos, historiadores o arqueólogos. Ha dicho Padilla:

> Al afirmar que Dios *habló por medio de los profetas,* Hebreos no contradice el énfasis bíblico general sobre el hecho de que Dios se reveló por medio de sus actos poderosos de juicio y misericordia. El autor está, más bien, señalando que no se puede separar los hechos de Dios en la historia, y la interpretación que Dios da a esos hechos por medio de sus profetas. Los actos reveladores y redentores no eran meramente hechos históricos, sino *hechos interpretados* —eventos cuyo significado y propósito Dios declaraba por medio de sus portavoces, los profetas. Sin la interpretación profética, los hechos de Dios hubieran sido como una película sin sonido. Por eso Dios no solamente actuó, sino que también habló. No dejó la interpretación de sus obras al azar, como objeto de la especulación humana, sino que lo reveló todo a sus mensajeros.[2]

Confesar así la iniciativa divina en la revelación sólo es posible dentro del marco de la comunidad cristiana. La tarea del intérprete puede beneficiarse de una serie de recursos técnicos que, por supuesto, no demandan pertenencia a la comunidad de fe: lingüística, historia, análisis social de la época bíblica y otros por el estilo. Pero aquella hermenéutica dirigida a la obediencia a Dios, presupone la pertenencia a la comunidad de fe, la confesión de Jesucristo como Señor y Salvador. Aunque puede haber "lecturas materialistas del evangelio", realizadas por estudiosos marxistas, por ejemplo,[3] tales lecturas no son la hermenéutica bíblica a la cual hacemos referencia para el quehacer teológico.

En la Primera Epístola de Pedro encontramos un ejemplo de tarea hermenéutica alrededor del núcleo cristológico. Esta Epístola muestra cómo se da la lectura apostólica del hecho de Cristo, a la luz del Antiguo Testamento, vinculándolo con la realidad pastoral de las comunidades iniciales de la iglesia. A lo largo de la Epístola los temas del seguimiento de Jesús, del sufrimiento y de las relaciones entre los hermanos y el liderazgo de la comunidad, se entrelazan con el tema cristológico del significado de la muerte de Cristo, su sacrificio expiatorio, y la realidad del nuevo nacimiento. La Epístola comienza en un momento doxológico, que es donde empieza toda auténtica tarea hermenéutica:

> Bendito el Dios y Padre de nuestro Señor Jesucristo, que según su grande misericordia nos hizo renacer para una esperanza viva, por la resurrección de Jesucristo de los muertos. . . (1 P. 1:3).

Así también nosotros comenzamos en un momento doxológico. No se puede hacer teología de otra manera, sino partiendo de la alabanza a Dios. Esta alabanza es también una afirmación de la iniciativa divina, es el reconocimiento de que Dios está antes, pues hay una prioridad divina a nuestra existencia cristiana y a nuestra reflexión.

Al afirmar la iniciativa divina estamos confesando nuestra condición de criaturas, nuestra "creaturidad". Por Jesucristo y de Jesucristo hemos aprendido que Dios es nuestro Padre. El Padre que Jesucristo revela no es un nombre que los teólogos le ponen a las fuerzas de la historia, de una manera hegeliana. Tampoco es el nombre que le ponemos al impulso humano en su gesto prometeico, como el poeta César Vallejo, quien se dirige a Dios reprochándole su lejanía:

> . . . Pero tú que estuviste siempre bien
> no sientes nada de tu creación,
> y el hombre sí te sufre:
> ¡El dios es él![4]

En su carta marcada por una clara intención pastoral, Pedro afirma la existencia divina y la iniciativa del Padre que le da a él y a las comunidades que leerán la carta, su sentido y su origen en Cristo. Dios es el Padre a quien debemos nuestra existencia como pueblo que escucha y puede entender su Palabra. Esta convicción es fundamental para la tarea hermenéutica que Pedro realiza en su Epístola. Dios ha actuado resucitando a Jesucristo y ha actuado al hacer renacer por su misericordia a quienes forman parte de su iglesia, su pueblo. Con esta confesión empieza el intérprete de la Palabra de Dios. La existencia cristiana se origina en la experiencia de la novedad descrita con el término "renacer", cuyo original griego significaba en los círculos greco-judíos "cualquier etapa decisivamente nueva en la naturaleza, la historia, o la vida personal".[5] Era un término que como otros, más propios de la teología paulina, no sólo tenía referencia personal sino comunitaria y cósmica. El segundo término de la frase, "para una esperanza viva", le agrega fuerza al significado si tomamos en cuenta la atmósfera de persecución imperial que empezaba ya a percibirse, en las regiones de Asia Menor donde estaban los destinatarios de la Epístola. Estas pequeñas comunidades (la presencia insignificante, en apariencia, del Reino en la historia) tenían que entender su vocación más profunda (2:9, 10) y fijar los ojos en su Señor (caps. 3 y 4), para enfrentar al adversario con esperanza. Renacer para una esperanza viva es una forma de existencia que cada siglo demanda de maneras diferentes. Esta afirmación de la iniciativa divina y de la existencia o identidad cristiana corresponde a una forma de argumentación y predicación que encontramos también en el estilo de Pedro en *Hechos*. Cuando los espectadores del hecho de Pentecostés lo atribuyen a una casualidad puramente humana y burlonamente explican: "Están llenos de mosto", Pedro salta y exclama: "Esto es lo dicho por el profeta. . ." (Hch. 2:12-16). "Dios prometió. . . Dios habló. . . Dios hizo. . . nosotros somos testigos", es la línea constante del argumento petrino en la predicación de aquellos días iniciales.

Paul Minear se pregunta: "¿Cuál es la mínima relación (rapport) esencial entre un autor antiguo y un exégeta moderno?", y aventura cinco respuestas. Destaquemos aquí las dos primeras:

1. Un intérprete debe creer (creer en el sentido más profundo) en el Dios de los profetas, como un Dios que llama a personas específicas y les da tareas específicas.
2. Un intérprete debe pertenecer (y pertenecer en el sentido más profundo) a una comunidad que ha sido llamada por ese mismo Dios a existir, y ha recibido una vocación distintiva.[6]

Esta confesión nos ubica, por lo tanto, en una posición desde la cual miramos el mundo, nos miramos a nosotros mismos y podemos tratar de oír y entender la Palabra de Dios. En el pasaje que sigue, partiendo de su doxología confesional, Pedro expone cristológicamente la naturaleza y el sentido de la vida cristiana (vv. 4-9):

Dios ha hablado en Cristo

> Los profetas que profetizaron de la gracia destinada a vosotros, inquirieron y diligentemente indagaron acerca de esta salvación, escudriñando qué persona y qué tiempo indicaba el Espíritu de Cristo que estaba en ellos, el cual anunciaba de antemano los sufrimientos de Cristo, y las glorias que vendrían tras ellos. A éstos se les reveló que no para sí mismos sino para nosotros, administraban las cosas que ahora os son anunciadas por los que os han predicado el evangelio por el Espíritu Santo enviado del cielo; cosas en las cuales anhelaban mirar los ángeles. (1 P. 1:10-12).

Llegamos con Pedro a la referencia hermenéutica específica. El centro es cristológico y alrededor de él se integran el anuncio profético y la predicación apostólica. Como todo el pasaje la acción divina tiene intención salvífica. Pasado y presente se juntan en un *kairós* cargado de sentido y expectación angélica.

Notemos la forma en que Pedro se refiere por igual a la labor humana del mensajero de Dios que "inquiere y diligentemente indaga" y a la acción del Espíritu que lo inspira, que revela y mueve al profeta y al apóstol. A lo largo de la Epístola, Pedro también comparte aquellos hechos de Cristo, de los cuales es testigo (que no son "fábulas artificiosas", 2 P. 1:16), pero inquiriendo e indagando en Isaías, va explicando su sentido y sacando las consecuencias. El apóstol se mueve con naturalidad dentro de una visión de la unidad y la consistencia en el habla divina, cuya clave hermenéutica es la intención salvífica de Dios y la persona y obra de Cristo.

Una hermenéutica evangélica parte de la convicción de una unidad básica en el texto bíblico. *Rehúsa empezar estableciendo polaridades* entre Antiguo y Nuevo Testamentos, entre Evangelios y Epístolas, entre Jesús y Pablo, entre profetas de izquierda y reyes de derecha. La clave de la unidad del texto es cristológica. Las polaridades provienen muchas veces de ideologías o filosofías ajenas al texto, al mundo de la Biblia; opuestas en contenido e intención al propósito salvífico de Dios. Esto no significa dejar de reconocer una pluralidad de énfasis y perspectivas propios de la dimensión humana e histórica de la revelación. Pero así como hay formas de leer el texto que terminan por eliminar a un Dios que ha tomado la iniciativa, hay polaridades impuestas al texto que terminan por destruir aun su núcleo cristológico.

La teología evangélica ha subrayado siempre la clave cristológica para discernir la unidad de la Biblia, y ha destacado esta unidad en sus consecuencias para el anuncio del evangelio. En el trabajo ya mencionado, Padilla profundiza en la finalidad de la revelación de Dios en Jesucristo: "La Palabra de Dios por los profetas fue preparatoria de su palabra final por Jesucristo. . . Cristo es la última palabra de Dios. El es el único, un evento que no puede repetirse, en el cual una vez por todas *(apax)* la manifestación de Dios ha alcanzado su culminación y su propósito ha sido inscrito en la historia."[7] El estudio de la formación del Nuevo Testamento no ha llevado a los teólogos evangélicos a una visión fragmentada o contradictoria de sus ejes centrales.

> La investigación reciente ha demostrado que el bosquejo básico del mensaje apostólico se puede discernir dentro del Nuevo Testamento. Sin negar la rica variedad de formas y enfoques teológicos dentro del Nuevo Testamento, hoy en día uno puede con seguridad dar por sentada la unidad esencial del evangelio que se predicó desde el comienzo de la iglesia.[8]

Es notable que en el más reciente estudio de Croatto, éste se refiere a la dimensión cristológica como "limitante", y la cuestiona de diversas maneras. Hace del elemento cristológico uno más entre muchos otros que él vé como una "acumulación de significado."[9] Sin embargo, dada su perspectiva liberacionista, insiste en lo que llama "ejes semánticos" cuando éstos se refieren a aquellos temas que van de acuerdo con su perspectiva y su preocupación. Así llega a destacar como "uno de esos ejes de sentido de la Biblia como totalidad" lo que él llama el querigma de la liberación de los oprimidos.[10] Pareciera que Croatto reemplaza el núcleo o eje cristológico por uno más afín con las preocupaciones de las nuevas teologías. Ahora bien, creemos que las teologías de la liberación han conseguido que prestemos atención al abundante material bíblico respecto al Dios liberador y a su demanda de justicia. Pero creemos que al rechazar de alguna manera el eje cristológico, que a lo largo de la Biblia habla también de limpieza del pecado, sacrificio expiatorio o llamado a la adoración al Dios verdadero,[11] no está haciendo justicia a esa unidad de la Biblia a la cual apunta, cuando se trata de otros ejes semánticos.

Dios ha hablado en Cristo para salvarnos

> Habiendo purificado vuestras almas por la obediencia a la verdad, mediante el Espíritu, para el amor fraternal no fingido, amaos unos a otros entrañablemente, de corazón puro; siendo renacidos, no de simiente corruptible, sino de incorruptible, por la Palabra de Dios que vive y permanece para siempre (1 P. 1:22, 23).

La exposición sobre la gracia de la iniciativa divina, que trae un renacimiento en el origen de la existencia cristiana, culmina con esta referencia a la Palabra. El contexto del propósito salvífico hace referencia ahora al amor como antes la había hecho a la esperanza. La vida nueva es vida para el amor, un amor que es concreto porque no es sentimentalismo, sino obediencia a la verdad. Se trata de un amor que se ejercita primero en el contexto de la comunidad cristiana, pero que trasciende, como puede verse en el resto de la Epístola. La noción de *pureza, purificación, incorruptibilidad,* alude a la acción divina en el proceso, y la referencia a la Palabra de Dios, utilizando en los versículos siguientes (24, 25) el lenguaje de Isaías, destaca otra vez la acción divina, la naturaleza misericordiosa de la iniciativa.

El amor es obediencia a la verdad revelada por Dios. Este es también un tema central en la teología juanina y paulina. Juan dice que en Cristo es que conocemos que Dios es amor, y también conocemos en qué consiste el amor, puesto que la entrega de Cristo a nuestro favor es prueba de amor (1 Jn. 3:16). Pero junto con esa afirmación viene la obligación inmediata de la vida en el amor: "él puso su vida por nosotros; también nosotros debemos poner nuestras vidas por los hermanos". Pablo afirma que "el cumplimiento de la ley es el amor" (Ro. 13:10), y en el mismo pasaje muestra que una manera positiva de leer los imperativos que el Decálogo expresaba en forma negativa, es amar al prójimo. El contexto de los pasajes que acabamos de citar en Juan y Pablo se refiere a las obligaciones éticas del amor fraterno y la conducta del cristiano en el mundo. Praxis desde la perspectiva bíblica es obediencia a la ley de Dios que es ley de amor y que ha sido encarnada y vivida en forma ejemplar en Jesucristo.

Pero tal praxis sólo es posible cuando el poder regenerador de la Palabra produce nueva vida en nosotros. En la formulación clásica de la Reforma, nosotros no "ganamos nuestra salvación" (y podemos decir nuestro conocimiento de Dios) a fuerza de prácticas religiosas o morales. La praxis es la respuesta que la acción del Espíritu genera en nuestra vida cuando escuchamos y obedecemos al Señor cuyo dominio hemos aceptado. El informe de Willowbank hace referencia a este hecho dentro del proceso hermenéutico.

En este proceso de interacción se irán profundizando continuamente nuestro conocimiento de Dios y nuestra respuesta a su voluntad. Cuanto más lleguemos a conocerle, mayor se hace nuestra responsabilidad de obedecerle en nuestra propia situación, y cuanto más respondemos en obediencia, tanto más él se nos da a conocer. Este continuo crecimiento, en conocimiento, amor y obediencia, constituye el propósito y el beneficio del método "contextual". A partir del contexto en que se dio originalmente su palabra, oímos que Dios nos habla en nuestro contexto actual y esto llega a ser una experiencia transformadora. Este proceso es una especie de espiral ascendente en la que la Escritura mantiene una posición central y normativa.[12]

Hay un poder generador en la Palabra de Dios: generador de nueva vida en el renacimiento, como lo es generador de vida en la creación (He. 11:3; Sal. 33; Gn. 1). Dios por la instrumentalidad de su Palabra regenera, hace renacer. En el relato de Juan 6, cuando muchos de los discípulos retroceden escandalizados ante ciertas palabras de Jesús, Pedro exclama: "Señor, ¿a quién iremos? Tú tienes palabras de vida eterna." El, que es portador de la Palabra, reconoce el poder de la Palabra como instrumento por el cual Dios da nueva vida. El principio que queda establecido es que antes que hubiese una comunidad cristiana hubo un Dios que actuó y una Palabra que fue instrumento para hacer nacer a esa comunidad.

En el contexto latinoamericano, la historia del pueblo evangélico vuelve a confirmar este principio. Antes que el misionero, en muchas partes penetró la Biblia y en abierto contraste con el ritualismo de un catolicismo nominal fatigado, aparecieron comunidades, expresiones de un pueblo de Dios, renacido por la predicación de la Palabra en el poder del Espíritu. La noción evangélica de la *Sola Scriptura* está vinculada a esta noción del poder de la Palabra por encima del poder de la institución eclesiástica. Si se renace sólo por la simiente que es la Palabra, se está desconociendo la concepción de una institución que puede hacer renacer por actos o fórmulas de un poder que reside en ella misma. Comentando las afirmaciones de Calvino sobre el poder de la Palabra de Dios, Mehl dice: "la iglesia y sus ministros tienen autoridad tan sólo cuando trasmiten la Palabra de Dios. La única arma que poseen es una palabra a la que sólo el Espíritu Santo da poder. Y ellos sólo pueden servirse de los medios que les da esta Palabra, irrisoria a la mirada de los poderes del mundo y, sin embargo, potencia suprema de la que Dios se sirve con respecto al hombre."[13] La praxis no genera Palabra de Dios. Es la Palabra que genera nueva vida y en consecuencia una praxis. Ha hecho bien la teología de la liberación al poner énfasis en la necesidad de práctica de la fe, más que de la sola profesión, y del conocer como obediencia a Dios. Pero sin anuncio y proclamación de la Palabra no habrá renacimiento espiritual, no habrá un pueblo nuevo que tenga una praxis nueva. Quizá la fraseología tomada de la Palabra de Dios pueda servir como vehículo semántico que movilice a las masas en determinada dirección, provista por la ideología. Ha sucedido antes en la historia. Pero ese no es el proceso generador de una teología evangélica o de una práctica conformada por el evangelio.

2. La autoridad de la Palabra de Dios

Al hacer referencia al poder regenerador de la Palabra de Dios, hemos tocado también el tema de la autoridad de la Palabra, al cual dedicaremos los párrafos siguientes. La polémica entre católicos y protestantes a este respecto ha sido aguda, y sigue vigente en muchos sentidos. Pero es necesario plantearla ahora en forma autocrítica y no únicamente en su formulación clásica. Porque en última instancia no se trata tanto de demostrar que los otros no tienen una teoría correcta acerca de la autoridad de la Palabra de Dios, sino de explorar cómo podemos nosotros someternos a la autoridad de esa Palabra, en el marco de nuestro tiempo.

El acercamiento evangélico al tema de la autoridad de la Biblia

La Biblia no es propiedad de ninguna iglesia en particular, como cierta polémica católica pretende. No fue la iglesia la que produjo la Biblia estrictamente hablando. La Palabra de la predicación que la Biblia contiene fue la que produjo a la iglesia. Quizá mejor, Dios por la instrumentalidad de la Palabra que anuncia a Jesucristo dio vida a su iglesia. Padilla lo ha dicho claramente:

> Desde la perspectiva de la historia de la salvación y del lugar que a los apóstoles les corresponde dentro de ella, es absurdo pretender basar la autoridad de la Biblia en la autoridad de la iglesia. Como afirmaron los reformadores en el siglo XVI, la iglesia misma se funda en el testimonio de los profetas y los apóstoles. Aparte del hecho de Cristo y de la tradición apostólica que ese hecho crea, la iglesia carece de fundamento. Si se arguye que fue la iglesia la que definió el canon, la respuesta es que la autoridad precede a la canonicidad y no viceversa. El cierre del canon lejos de ser una afirmación de la autoridad de la iglesia, fue un acto de sumisión de ésta a la Palabra de Dios dada a los apóstoles una vez para siempre.[14]

Entendemos la Reforma del siglo XVI como un ejemplo más de la manera en la cual en momentos críticos de la vida de la iglesia, el Espíritu Santo la renueva por el poder de la Palabra. Los reformadores con el concepto de una iglesia *Semper Reformanda* reconocieron humildemente que era necesaria una constante apertura, para impedir que las deformaciones propias del desarrollo histórico hiciesen volver a la iglesia a una situación decadente sin salida. Se puede decir que las iglesias provenientes de la Reforma han evitado formulaciones dogmáticas que cierren el camino a una Reforma constante y verdadera por la Palabra. Aunque hay momentos en que ideologías o filosofías predominantes pueden oscurecer el sentido de la Palabra y desplazarla de su lugar de privilegio, siempre hay la posibilidad del regreso. El protestantismo no mira sólo hacia el pasado o hacia un lugar geográfico particular como el centro del cual viene la renovación espiritual. Mira al Señor que está al frente, invoca al Espíritu que está activo en el mundo, pero al mismo tiempo tiene la norma de la Palabra que es "viva y eficaz, y más cortante que toda espada de dos filos" (He. 4:12). Expresando esta convicción protestante, Míguez Bonino escribía en 1960:

> Cuando el catolicismo romano coloca a la par Escrituras y tradición destruye la única posibilidad de escuchar esa voz que la juzga, la llama y perdona. Se ha dicho con razón que puede haber reformas *en* la Iglesia de Roma, pero que no puede haber una reforma de la Iglesia de Roma. Al equiparar Biblia y tradición la Iglesia ha equiparado su voz con la voz de los apóstoles; en el fondo ha equiparado su voz con la de Jesucristo, ha colocado su humanidad, su fe, su experiencia en el lugar que sólo la humanidad redentora de Jesucristo, de la que la Biblia da testimonio, puede hallarse. ¿Quién podrá reformar a la Iglesia cuando ésta no escucha ya la voz de su Pastor sino su propia voz?[15]

Estas palabras, fuertes por cierto, fueron escritas antes del Concilio Vaticano II, antes de la explosión de estudios e investigación bíblica en el seno del catolicismo latinoamericano. La sola consideración del volumen de los trabajos bíblicos que hemos venido mencionando, mostrará que tenemos que preguntarnos en serio si debemos plantear hoy en día la cuestión en los mismos términos que en 1960. Míguez Bonino mismo no lo haría, sin duda.[16] Otro estudioso evangélico del Vaticano II, afirma que aunque éste produjo una revolución teológica, "lo que está muy claro es que hasta hoy no ha habido cambio en la doctrina *oficial* de la Iglesia Católica Romana."[17] Y sin embargo, este teólogo no se cierra a las posibilidades futuras:

> Los documentos del Concilio reflejan opiniones sustentadas por teólogos progresistas; pero al mismo tiempo dejan incólumes los postulados del catolicismo tradicional. Una de las principales características del Concilio es su ambivalencia. Va por momentos como un péndulo del progresivismo al tradicionalismo, y termina por darle a este último la preeminencia bajo la presión ejercida por los representantes del pasado en la jerarquía papal. Sin embargo, es la esperanza de muchos que la semilla plantada en las declaraciones conciliares germine vigorosa y eche raíces capaces de abrir grietas profundas en la estructura monolítica de la Iglesia Católica Romana.[18]

No es éste el lugar para proseguir la tarea de análisis del papel de la Biblia en la teología católica en general, y la evolución que ha venido experimentando.[19] Creemos muy importante más bien tomar la quemante pregunta de Míguez Bonino y dirigirla al pueblo evangélico latinoamericano: "¿Quién podrá reformar a la iglesia cuando ésta no escucha ya la voz de su Pastor sino su propia voz?"

¿Quieren las iglesias evangélicas escuchar la Palabra de Dios hoy?

Hay una forma de teología conservadora que puede describirse adecuadamente como "no escuchar la voz del Señor sino escuchar nuestra propia voz". Cuando se sacralizan las formulaciones teológicas forjadas en otras latitudes, y en respuesta a otras preguntas, y hay una negativa a leer de nuevo la Palabra de Dios misma, en busca de su mensaje, de nada vale tener una teoría correcta sobre la autoridad de la Palabra. En la práctica no se la está aceptando. Era lo que decía la Declaración de Cochabamba: "La Biblia es reverenciada, pero la voz del Señor que habla en ella no siempre es obedecida. . . la predicación a menudo carece de raíces bíblicas. . . Hay entre nosotros un lamentable desconocimiento de la Biblia y de la aplicación de su mensaje al día de hoy."[20] Tomando los mismos temas que hemos usado para ilustrar la nueva hermenéutica que los liberacionistas nos proponen, bosquejemos el camino que una hermenéutica evangélica debería seguir. Reconozcamos que la TL nos está obligando a leer de nuevo nuestra Biblia, y cuando criticamos los excesos a que puede llevar su hermenéutica no cerremos los ojos a los desafíos que nos plantea.

A los pobres es anunciado el evangelio. Estas palabras de Jesús no son casuales ni superficiales. Cuando las usa (Lc. 4:18; 7:22; Mt. 11:5) en referencia a su propio ministerio, percibimos de inmediato que hay un rico trasfondo del Antiguo Testamento detrás de ellas, pero también que tarde o temprano nos llevan al estilo misionero de Jesús mismo, a su vida como pobre. Tenemos, además, un hecho significativo propio de la experiencia de las iglesias evangélicas mismas: su crecimiento y ministerio inicial fue entre los pobres de América Latina.[21] Esto lo captó bien la reflexión evangélica entre nosotros. Aquí tenemos palabras escritas por Gonzalo Báez Camargo hace varias décadas:

> Jesús era obrero. Era lo que llamaríamos un "proletario". En sus labios, como en ningunos, habría palpitado con inflexión de amor, al dirigirse a los obreros, la palabra consabida: Camarada. Ningunas manos como las suyas, fuertes y callosas por los afanes del taller, habrían estrechado con más simpatía,

> con más compañerismo, las callosas y fuertes manos de los trabajadores. Vistió el mandil del obrero de su época y lo llevó con la serena dignidad con que llevaría hoy, sin avergonzarse, el económico mono (traje de faena) de mezclilla. Si él volviera, lo veríamos pasar, no en andas lujosas de terciopelo, ni en automóvil del modelo último, sino confundido entre la laboriosa y anónima multitud que sale de las fábricas, de los patios del ferrocarril, de los talleres de mecánica.[22]

Una similar combinación de la experiencia y la lectura de la Palabra, llevó a evangélicos de todo el mundo a elaborar una declaración que resume esta nueva toma de conciencia, en el Pacto de Lausana. Aunque hubo resistencia de algunos, Lausana llegó a afirmar:

> Todos nos sentimos sacudidos por la pobreza de millones de personas y perturbados por las injusticias que la causan. Los que vivimos en situaciones de riqueza aceptamos nuestro deber de desarrollar un estilo de vida simple a fin de contribuir más generosamente tanto a la ayuda material como a la evangelización.[23]

La resistencia más fuerte de ciertos evangélicos norteamericanos para referirse a la pobreza se concentró en el punto relativo a "las injusticias que la causan." Y tenemos que reconocer que es el punto crucial. En ese sentido la Biblia no es neutral ni vacilante. En Israel se condena la pobreza que va de la mano con la injusticia, y esa línea de enseñanza no desaparece en el Nuevo Testamento. No compartimos las presuposiciones políticas que trae al texto Elsa Tamez en su concienzudo estudio sobre la opresión en la teología bíblica.[24] Pero la riqueza de material bíblico que ha sacado a luz, con la solidez de un examen textual exhaustivo, nos coloca frente a un hecho abrumador: la Biblia dice mucho, muy claro y muy fuerte acerca de la pobreza y la opresión. Somos desobedientes al Señor si no escuchamos la fuerza de su Palabra en cuanto a este tema. Lausana sacó dos consecuencias prácticas e inmediatas de su lectura de los hechos y de la Palabra de Dios. Los evangélicos en América Latina tenemos que elaborar nuestras conclusiones éticas y pastorales, que tendrán consecuencias para la vida política. Ya hay una práctica eclesial y una reflexión que hay que profundizar, aunque con ellas no se satisfaga las expectativas de ciertos sectores políticos.[25] Es animador también ver que las nuevas generaciones evangélicas unen a su visión misionera una disposición a asumir las responsabilidades y riesgos de un ministerio en un mundo de pobreza.[26] ¿Estamos dispuestos a escuchar a la Palabra de Dios cuando nos habla de esta realidad y de nuestra responsabilidad? ¿O preferimos que una ideología capitalista o aristocrática nos cierre los ojos a esta enseñanza?

El Dios que libera a su pueblo en el Exodo. Como en ningún otro pasaje bíblico, vemos en el caso del éxodo la necesidad de no separar la realidad histórica a la que apunta al registro bíblico, de la interpretación que el propio mensaje bíblico propone. La lectura del éxodo para el cristiano es cristológica, como lo es la de todo el Antiguo Testamento. Pero ello no supone que se rehúsa comprender el éxodo también en su contexto inmediato. El teólogo menonita John H. Yoder es quien mejor ha articulado una comprensión del éxodo dentro de su contexto histórico, pero también dentro de la totalidad del mensaje bíblico.[27] Privilegiar este texto bíblico sin prestar atención a la realidad de la creación, del pacto, y de las lecturas profética y neotestamentaria del éxodo mismo, es incongruencia. Pero también lo sería espiritualizar por completo el éxodo. La noción de que el clamor frente a la injusticia sube a los oídos de Dios no está únicamente en el éxodo ni sólo referido a Israel. No podemos creer en el Dios de la Biblia y permanecer indiferentes a la verdad de que, como dice el *Pacto de Lausana:*

> Afirmamos que Dios es tanto el Creador como el Juez de todos los hombres. Por lo tanto, debemos compartir su preocupación por la justicia y la reconciliación en toda sociedad humana y por la liberación de los hombres de toda clase de opresión. . . El mensaje de la salvación encierra también el mensaje de juicio contra toda forma de alienación, opresión y discriminación, y no debemos temer denunciar el mal y la injusticia donde quiera que éstos existan.[28]

El Dios que liberó a su pueblo Israel no sólo lo sacó de Egipto rompiendo la opresión, sino que lo llevó por el desierto, lo formó como comunidad nueva, como pueblo propio para que anunciara su nombre y fuese bendición a la humanidad. El éxodo puede ser paradigma de liberaciones humanas, pero también tienen que serlo el desierto, la renovación del pacto, la lucha contra la idolatría. Todos estos pasos nos dan una idea de un propósito de Dios que se cumple en la historia. Hay en ellos un contenido histórico concreto. No son un cascarón vacío dentro del cual podemos poner cualquier cosa. Pero nos hablan también poderosamente del interés de Dios en la justicia, en los procesos históricos.

Si el clamor de los israelitas subió hasta Dios, quien se conmovió por la opresión de que eran objeto (Ex. 3:9), Santiago nos dice que el jornal de los obreros a quienes no se paga con justicia, también clama y llega a los oídos de Dios (Stg. 5:4). ¿Cómo puede el pueblo de Dios hacer oír este mensaje profético en América Latina? ¿No es acaso anti-bíblico el anuncio de un Dios cuya palabra nada tiene que decir sobre las injusticias que causan opresión y pobreza? ¿No está la iglesia rehuyendo anunciar "todo el consejo de Dios" cuando se olvida que una profusión de textos de la Biblia anuncia al Dios que condena "toda injusticia" (Ro. 1:18)?

Cristo hoy en América Latina. La búsqueda cristológica de la TL es un desafío a nuestra predicación, a nuestra vivencia del evangelio y a la reforma de nuestra teología. Hemos heredado de la Reforma el énfasis luterano en la justificación por la fe y en la *sola gratia.* La proclamación de un Cristo que por la iniciativa divina nos salva, por su muerte en la cruz, ha sido central a la fe evangélica. Jamás debemos perder esa enseñanza que es el núcleo del evangelio.[29] Por otra parte, en contraste con una Cristología que en la religiosidad popular exaltó la cruz a expensas de la resurrección, hemos proclamado el poder transformador del Cristo resucitado, y ello ha sido un aspecto glorioso de nuestra proclamación de un Cristo, en cuya sangre hay poder para salvar y en cuyo nombre hay poder para transformar. El avance Pentecostal y el movimiento carismático han sacado a luz al Cristo sanador, de la misma manera que el carácter apocalíptico de nuestra época ha hecho redescubrir la verdad de un Cristo que vuelve en el fin de los tiempos. Aunque una sofisticada crítica católica —por ignorancia o mala fe— señale negativamente estos aspectos de la cristología evangélica en América Latina[30], hemos de ser fieles al Cristo de los Evangelios y las epístolas, de los salmos, los profetas y Moisés.

Hay, sin embargo, una dimensión de nuestra cristología que necesita recuperación. Es la línea que la Reforma radical del siglo XVI destacó al precio del martirio: la normatividad del ejemplo de Jesús para el cristiano, la imitación de Cristo como parte importante de la vida cristiana. El énfasis en el Jesús de la historia no es sólo una verdad para nuestra apologética, es un desafío a que consideremos en nuestra época una manera alternativa de vida, más acorde con el llamado de Jesús que con los valores que nos imponen los ídolos de nuestro tiempo. Esta es la dimensión de nuestra cristología que necesitamos destacar para dar mejor testimonio del Señorío de Jesucristo en medio de las circunstancias históricas actuales. Cristo salva, sana, santifica y viene otra vez, y también Cristo es nuestro ejemplo, hemos de seguir en sus pisadas y descubrir un estilo de vida más acorde con su enseñanza.

La teología evangélica puede beneficiarse mucho del rico manantial hermenéutico que la tradición anabautista ha empezado a exponer de manera renovada. Esta coincide con la renovación teológica en el mundo Reformado y aun en el Luterano, alrededor del tema del seguimiento del Jesús histórico, de la pertinencia de la ética del Nuevo Testamento, del carácter único de la revelación frente a las ideologías y filosofías de la humanidad.[31]

La pregunta central del planteamiento anabautista en Yoder, por ejemplo, es la validez del modelo de Jesús como norma de una ética social cristiana para hoy. La manera en la cual los cristianos concebimos nuestra participación en los asuntos de la sociedad en la cual vivimos, sigue muchas veces las normas de dicha sociedad, con su ideología y su tradición. Los cristianos en situación de minoría han estado dispuestos a desafiar la norma del ambiente y crear la propia, insistiendo en ella aun a costa de sacrificio.[32] Lo que ha hecho Yoder es profundizar en el texto del Nuevo Testamento para ubicar el núcleo de su originalidad ética. Ninguno de los teólogos de la liberación ha tomado en serio el radical desafío de Yoder. Y como él mismo dice, la razón que se aduce es que "no funciona".[33] En última instancia, la justificación

de la violencia revolucionaria en muchos casos es que "es lo único que funciona". Pero un luchador cristiano de la talla de Martin Luther King ha demostrado que el camino de la no violencia activa puede funcionar si se lo toma en serio. Desde el punto de vista específico de las preguntas que nos preocupan en este capítulo, el llamado es a volver a examinar a fondo nuestra Biblia y cuánto ella nos dice acerca de Jesús. La pregunta no es "si funciona o no funciona", sino "Señor, ¿qué quieres que haga?"

3. Hacia una hermenéutica evangélica

Desde la aparición de la Fraternidad Teológica Latinoamericana, el tema de la interpretación de la Palabra de Dios para el pueblo de Dios en nuestro continente ha ocupado a las nuevas generaciones de teólogos evangélicos. Fue especialmente en el seno de la Comunidad *Kairós* en Buenos Aires donde se empezó un estudio sistemático que aún prosigue, pero que ya ha mostrado fruto.[34] No es posible interpretar adecuadamente la Palabra de Dios para hoy, sin tomar en cuenta la historia de este momento, la situación en la cual nos toca vivir la fe y dar testimonio de ella. Esto además de la necesidad de entender el momento histórico y la situación (contexto) de quienes escribieron y recibieron el texto. Si se consideran los libros evangélicos existentes para enseñar hermenéutica en seminarios y escuelas bíblicas cabe la observación de Padilla:

> Hasta ahora los textos de hermenéutica bíblica (prácticamente todos escritos en el Occidente) tienen muy poco que decir sobre la relación entre la Palabra de Dios y el contexto cultural del intérprete. Con frecuencia dejan la impresión de que la única cultura con la cual ésta tiene que vérselas es la de los autores bíblicos; que de alguna manera puede abstraerse de su propia situación histórica, a fin de hacer una lectura "objetiva" del texto.[35]

La propuesta de Padilla en varios trabajos es la de un nuevo círculo hermenéutico que tome en cuenta la situación histórica y también el "punto de vista" que el intérprete trae a su tarea, debido a su tradición denominacional, su realidad cultural, y otros factores condicionantes. Cuando se critica al pensador de la TL por su condicionamiento ideológico previo a la lectura del texto bíblico, la respuesta es que *todos* traemos condicionamientos ideológicos a nuestra lectura. Los que hemos estudiado historia misionera y vivimos evangelizando y pastoreando sabemos que es verdad que, aunque no nos demos cuenta, traemos presuposiciones al texto. Tiene razón Juan Luis Segundo cuando dice: "Está en el destino de toda hermenéutica el conllevar una parcialidad consciente o inconsciente. El ser hecha desde un punto de vista partidario aun cuando pretenda y crea ser neutral."[36] Pero es necesario buscar la lectura objetiva de la Biblia, con la misma seriedad con que se pretende leer objetivamente (científicamente) la realidad. En el proceso las propias presuposiciones ideológicas y culturales son revisadas y corregidas. No sería una fe auténticamente bíblica aquella que impide que las Escrituras juzguen libremente sus compromisos ideológicos.[37]

Afirmar la necesidad de una hermenéutica vinculada a nuestro propio contexto no es separarse del pueblo de Dios que ha venido atesorando, interpretando y obedeciendo la Palabra a lo largo de los siglos. La tarea crítica no es simplemente una tarea de iconoclastas. Se trata de un proceso dinámico. Una generación de teólogos evangélicos de todo el mundo la definió así en el informe de Willowbank:

> La iglesia es también una comunidad histórica, que ha recibido del pasado una rica herencia de liturgia, teología y devoción cristianas. Ningún grupo de creyentes puede ignorar dicha herencia sin correr el riesgo de empobrecerse espiritualmente. Al mismo tiempo, esta tradición no ha de ser aceptada en forma acrítica, ya sea que nos llegue en forma de un conjunto de características denominacionales, o de cualquier otra forma, sino que ha de ser confrontada con la Escritura que declara interpretar. Tampoco ha de ser impuesta a iglesia alguna sino más bien facilitada a quienes puedan utilizarla como valioso material al que echar mano, para contrarrestar el espíritu de independencia y como vínculo con la iglesia universal. De modo que el Espíritu Santo instruye a su pueblo mediante una variedad de maestros, tanto del pasado como del presente. Nos necesitamos unos a otros. Podemos comenzar a comprender toda la dimensión del amor de Dios únicamente "con todos los santos" (Ef. 3:18, 19)[38]

Notas del Capítulo VIII.

[1] José L. Idígoras, *Liberación, Temas Bíblicos y. . .*, p. 184.

[2] René Padilla, "La Palabra de Dios y las Palabras Humanas", en *Pensamiento Cristiano,* No. 100, Villa María, 1984, pp. 31-32.

[3] Se han difundido las obras de Fernando Belo y Marcel Clevenot que son ejemplos de este tipo de lectura.

[4] Del poema "Los Dados Eternos", en *Los Heraldos Negros*. Hay varias ediciones de este poemario de César Vallejo.

[5] R. G. Selwyn, *The First Epistle of St. Peter,* New York: St. Martin Press, 1969, p. 122.

[6] Paul S. Minear, *New Testamento Apocalyptic,* Nashville: Abingdon, 1981, p. 31.

[7] Padilla, *Op. Cit.,* p. 32.

[8] *Id.,* pp. 34-35.

[9] J. Severino Croatto, *Hermenéutica. . .,* p. 34.

[10] *Id.,* pp. 59, 64-65.

[11] Sobre este tema véase el denso estudio de René Padilla: "¿Qué es el evangelio?", en *El Evangelio Hoy.* En el mundo de habla inglesa primero C. H. Dodd y luego Leon Morris, desde una perspectiva más evangélica han escrito trabajos fundamentales sobre el tema. Ver en especial de este último, *The Cross in the New Testament,* Grand Rapids: Eerdmans, 1965.

[12] Documentos Periódicos de Lausana, No. 2, *El Evangelio y la Cultura.* Informe de la consulta de Willowbank. Varias ediciones, p. 11. Este informe resume el trabajo de treinta y tres teólogos y misionólogos evangélicos de todo el mundo. (Citamos según la edición mexicana distribuida por Visión Mundial.)

[13] Roger Mehl, *Catolicismo Romano Aproximación e Interpretación.* Buenos Aires: La Aurora, 1963, pp. 56-57.

[14] Pedro Savage, Ed., *El Dabate. . .,* pp. 144-145.

[15] José Míguez Bonino, "Escritura y Tradición. Un Antiguo Problema en una Nueva Perspectiva", *Cuadernos Teológicos,* Tomo IX, No. 2, Jun. 1960, p. 107.

[16] Míguez se ocupa de las sesiones del Vaticano II, en el cual fue el único observador protestante de América Latina, en *Concilio Abierto,* Buenos Aires: La Aurora, 1967.

[17] Emilio A. Núñez en CLADE I, *Acción en Cristo. . .,* p. 40.

[18] *Id.*

[19] Ver el excelente trabajo de Vittorio Subilia en la obra ya citada, *La Nueva Catolicidad. . .,* cap. 9.

[20] Texto de la Declaración en Savage, *El Debate. . .,* p. 226.

[21] Me he ocupado del tema en *Christian Mission and Social Justice,* Scottdale: Herald Press, 1978, cap. II.

[22] Pedro Gringoire, *Las Manos de Cristo;* México: CUP, 1950, pp. 45-46.

[23] El texto completo del *Pacto de Lausana* comentado por John Stott en la colección "Documentos Periódicos de Lausana", México: Visión Mundial s/f. La parte citada está en las pp. 32-38. (Hemos usado nuestra propia traducción del *Pacto.)*

[24] Elsa Tamez, *La Biblia de los Oprimidos,* San José: DEI, 1979.

[25] Tanto la consulta de la FTL sobre "Teología y Poder", como la de Grand Rapids sobre "Evangelismo y Responsabilidad Social", permitieron un inventario de algunas de las acciones evangélicas más destacadas. Pero éstas son apenas botones de muestra de una realidad múltiple que todavía no se ha catalogado y estudiado.

[26] Especialmente los universitarios y profesionales evangélicos vinculados a la Comunidad Internacional de Estudiantes Evangélicos. Ver los *Pactos* de Curitiba (1976) e Itaicí (1979).

[27] John H. Yoder, "Exodus and Exile: The Two Faces of Liberation", en *Cross-Currents,* Fall 1973, pp. 297 y ss.

[28] *Pacto de Lausana,* párrafo 5.

[29] La centralidad de la cruz en la predicación evangélica ha estado vinculada a la comprensión de la salvación, en la Reforma, como justificación por la fe en el sacrificio expiatorio de Jesucristo. El biblista australiano Leon Morris es quien mejor ha explorado el tema en el Nuevo Testamento. De su producción bibliográfica en inglés sólo han sido traducidos al castellano, *El Salario del Pecado,* Barcelona: Ediciones Evangélicas Europeas, 1973; y *¿Por Qué Murió Jesús?,* Buenos Aires: Certeza, 1974.

[30] Oswaldo Santagada en el libro *Sectas en América Latina* (CELAM s/f) atribuye una cristología defectuosa a las "sectas" en general; por el contexto se deduce que la mayoría de las iglesias son sectas para el autor.

[31] Ver en especial el libro de John Howard Yoder, *The Politics of Jesus* Grand Rapids: Eerdmans, 1972. Esta obra apareció en español con el título *Jesús y la Realidad Política,* Buenos Aires: Downers Grove, 1986.

[32] Hemos estudiado el tema en Padilla, Ed. *El Reino de Dios. . . ,* pp. 131-134.

[33] Yoder, *Op. Cit.,* Especialmente el cap. I.

[34] Kairos publicó dos volúmenes dedicados a la Hermenéutica, de circulación limitada. Algunos de esos trabajos aparecieron también en *Boletín Teológico,* México: FTL. Ver especialmente el número 5 (1982). Otros trabajos evangélicos en los Nos. 10-11 (1983).

[35] Padilla, *El Evangelio. . . ,* p. 52.

[36] Juan Luis Segundo, *Liberación de. . . ,* p. 34.

[37] Padilla, en el artículo ya citado, *Misión* No. 2, Buenos Aires.

[38] *El Evangelio y la Cultura,* pp. 11-12.

Capítulo IX

EL DESAFIO DE UNA NUEVA PRAXIS

En nuestro esfuerzo por entender el fermento teológico actual en el seno del catolicismo, y en algunos sectores del protestantismo, hemos hecho referencia a metodologías, temas, interpretaciones y doctrinas. Hemos tratado de entender el torbellino actual a la luz de su desarrollo histórico. Creemos que hay suficiente evidencia de que el protestantismo ha jugado un papel de estímulo y catalista de estos procesos en la vida espiritual de América Latina. Sin embargo, es importante recordar que la oleada liberacionista no nos confronta solamente con un juego de ideas, una "doxia". Nos desafía también con una nueva "praxis". Por ello no es suficiente seguir articulando lo que nos parece una *ortodoxia* bíblica y evangélica. El gran desafío del evangelio es desafío a caminar con Cristo por los senderos de América. No sólo a intentar formular una doctrina más fiel a la letra y el espíritu de la Biblia, sino a obedecer al Dios de Abraham, Isaac y Jacob, que en su Palabra y por su Espíritu continúa llamando a su pueblo a la obediencia y la fidelidad. Por fidelidad pastoral al pueblo de Dios en América Latina haremos bien en detenernos a considerar cómo se plantea el desafío de la nueva praxis católica en el continente.

Aunque los partidarios de la teología de la liberación constituyen una minoría dentro de las filas del catolicismo latinoamericano, el fermento que han producido agita a sectores más amplios y viene a ser un síntoma de vitalidad que los evangélicos no podemos pasar por alto. Hay hechos claros que demuestran un cambio. Ya hemos hablado del movimiento bíblico de alcance y extensión innegables. Podríamos mencionar el movimiento carismático y su adopción de formas de culto, comunicación de la fe y vida congregacional, que antes sólo eran características del mundo evangélico. Pero en relación con nuestro tema hay cambios a los cuales debemos prestar atención, y tienen que ver con hechos políticos y sociales.

1. Una nueva forma de vivir la fe

Un solo incidente basta para percibir cómo en los hechos (praxis) han cambiado algunos católicos. En agosto de 1976, un grupo de 17 obispos, varios sacerdotes, religiosos y laicos que se reunían en Riobamba (Ecuador), fueron sacados a punta de fusil de su reunión, embarcados sin ninguna explicación ni miramiento y llevados a un cuartel de la Policía Nacional en Quito. Veintiséis horas más tarde fueron liberados sin ninguna explicación oficial. Por supuesto que la noticia causó sorpresa en todo el continente. Los evangélicos hemos estado acostumbrados a este tipo de tratamiento en los años de intolerancia religiosa. Pero que se tratase así a diecisiete obispos católicos era inaudito. Un sacerdote católico muy cercano al Vaticano, que tiene una actitud crítica frente a la teología de liberación comenta:

> La única razón que logro encontrar del proceder inaudito del gobierno ecuatoriano (y lo mismo piensan algunas, por lo menos, de las víctimas) es una convicción, que hoy comienza a estar difundida en varios países, el nuestro (Argentina, 1976) entre otros, de que la iglesia está infiltrada de marxismo, y que por consiguiente, ciertas reuniones, actos, o procederes suyos, o de sus miembros, constituyen una amenaza a la 'seguridad del estado'.[1]

Figura central en la reunión era el Obispo de Riobamba, Monseñor Leonidas Proaño, uno de los héroes de la teología de la liberación, debido a su trabajo pastoral entre los pobres y a sus posiciones en defensa de ellos, pero a quien no se podría calificar de marxista. El incidente demuestra, sin embargo, que hay obispos dispuestos a afrontar dificultades, dejando de lado los privilegios sociales y políticos que siempre tuvieron en nuestro continente. Durante el segundo Congreso Latinoamericano de Evangelización (CLADE II) el obispo metodista Mortimer Arias nos llamaba la atención al hecho de que, entre 1968 y 1978, mil quinientas personas entre sacerdotes, frailes, obispos, monjas y laicos activos, habían sido arrestados, interrogados, torturados, asesinados o exiliados.[2] Muchos de ellos eran gente que trabajaba entre los pobres o entre la juventud. Puede decirse que en algunos casos, como en el de Camilo Torres, eran personas que habían optado por la violencia guerrillera o la oposición armada, siguiendo su aceptación de la lucha de clases como método político. Pero no siempre fue así y conviene que como evangélicos sepamos distinguir y no procedamos simplemente poniendo una etiqueta igual a todos para tranquilizar nuestra conciencia. En algunos casos también los evangélicos han sufrido. Resulta esclarecedor citar aquí el comentario de un teólogo católico del Perú. Dice José L. Idígoras:

> Hoy bulle en el corazón de muchos religiosos y religiosas en América Latina un ansia de transformación social, llena de amor sentimental y desconocedora en muchos casos de los más elementales fundamentos de la realidad política. Surge en ellos la tentación de intervenir más de cerca en la palestra política, para ayudar más eficazmente al pueblo. Los riesgos que en ese entusiasmo utópico se encierran para el bien del pueblo son inmensos, y no hay más lamentable error en la vida que el fracaso de los bien intencionados que, por falta de conocimiento adecuado de la realidad, acaban perjudicando al mismo pueblo al que soñaban liberar.[3]

Este tipo de "praxis" es lo que considero un desafío. Motivada por una preocupación por los necesitados, muchas veces está inspirada en enseñanzas bíblicas, en un esfuerzo por "imitar" a Jesús. Este es el punto que como evangélicos debemos tomar en serio, aunque debido a nuestro rechazo de la ideologización de la fe seamos muy conscientes del peligro que Idígoras señala. Precisamente esas líneas son parte de un excelente artículo en el cual el autor estudia a fondo el tema de la pobreza en la Biblia y la tradición cristiana, en contraposición con la llamada "opción clasista".

Creemos que nuestra lectura evangélica de la Biblia nos lleva a rechazar el análisis marxista como prerrequisito para la acción, que a su vez precede a la reflexión teológica. Al mismo tiempo reconocemos que la forma en que muchos católicos sirven hoy a los seres humanos en las situaciones más difíciles, dentro de tensiones agudas y con gran sacrificio, es un llamado a nuestra conciencia evangélica. Las iglesias evangélicas más numerosas en el continente son iglesias en las capas más pobres de la población y han crecido ministrando en forma múltiple a las necesidades integrales del ser humano. Su propio crecimiento les ha planteado problemas y responsabilidades nuevas, especialmente en las áreas social y política. Sería trágico que sólo por temor a los excesos de una teología de la liberación que coloca la praxis marxista en primer lugar, los evangélicos optaran por la indiferencia, por el apoyo acrítico a regímenes opresivos y corruptos y por el abandono de una gloriosa herencia evangélica que ve el evangelio como factor de cambio.[4]

El catolicismo ha venido cambiando. La toma de conciencia sobre la realidad social ha dado lugar a movimientos políticos como la democracia cristiana o la que se suele llamar "social-cristianismo". La teología de la liberación va un paso más allá pues también reconoce la necesidad de cambios, pero decide adoptar la metodología marxista porque por ella ha llegado a la conclusión de que todo otro camino es inútil frente a la profundidad de los males.[5] Sería trágico que en respuesta a estas nuevas situaciones los evangélicos se volviesen conservadores o defensores de un orden social injusto tanto en lo nacional como en lo internacional. Para las iglesias y comunidades evangélicas arraigadas en nuestras tierras, éste es el desafío que la teología de la liberación presenta y hay que tomarlo en serio. Hay ciertas entidades sin raíces en nuestras tierras que pueden darse el lujo de no pensar en estos asuntos, o que vienen a América Latina a predicar el programa político del conservadurismo norteamericano o europeo. Tal es el caso de varios predicadores viajeros o programas de televisión de la llamada "Iglesia Electrónica".

Digamos bien claro que no corresponden a la manera de ser evangélica que ha existido en nuestros países desde el siglo pasado. Peor aún, nos están imponiendo una visión de la historia y de la fe cristiana que no es la visión bíblica y evangélica. Con su énfasis en el fin del mundo, por ejemplo, comunican la idea de que el cristiano no debe interesarse en las realidades sociales y políticas y fuerzan una actitud apática de aceptación pasiva del mundo tal como está. Aunque no se lo propongan se ponen al servicio de quienes se oponen a los cambios sociales necesarios en nuestros países. Eso no es bíblico ni evangélico y lo debemos rechazar con el mismo vigor con que rechazamos el marxismo en la teología de la liberación.[6] Los pastores y líderes evangélicos

arraigados en iglesias latinoamericanas son quienes tienen que enfrentar las tareas pastorales en esta sociedad que va sufriendo un penoso proceso de transformación. Las instituciones sin arraigo local, manejadas desde fuera de nuestros países, no tendrán que decidir ni responder en las horas de sufrimiento y peligro, como tampoco tienen que enfrentar cada día las realidades de la desocupación, la violencia o los cambios políticos.

La dimensión pastoral de la nueva praxis

Ya hemos señalado en especial cómo el trabajo teológico de Gutiérrez y Segundo se nutre de una profunda preocupación pastoral. Hay líneas liberacionistas como la de Assman y ciertos protestantes, que han roto sus vínculos con iglesias locales y se mueven mayormente en el ámbito académico. Existe la línea populista de la liberación que parece optar más bien por la demagogia que por la pedagogía en su esfuerzo de movilizar a las masas. Nos parece importante recordar la preocupación de la línea pastoral, porque aunque no lo parezca, de ella sale el desafío que el evangélico debe tomar más en serio en cuanto a la praxis. En su primer libro Gutiérrez examinaba los diferentes tipos de acción pastoral en el continente, y llegaba a esta conclusión elocuente:

> La iglesia debe ser más severa de lo que ha sido hasta hoy ante el cumplimiento del núcleo del cristianismo: la unidad indisoluble del amor a Dios y al prójimo. Si en el pasado la iglesia insistió en la pureza doctrinal hasta el extremo de sancionar la más pequeña desviación en esta materia, hoy debe poner ese mismo énfasis en la práctica real y auténtica de la caridad. . . La cuestión no es de minoría o masa, sino de exigencias mínimas de la fe cristiana y de adecuación a las circunstancias. Exigencias mínimas que, vividas consecuentemente, separarían la paja del trigo en la iglesia de hoy.[7]

Juan Luis Segundo es el otro teólogo que como hemos visto ha expresado estas mismas preocupaciones.[8] Es decir, la teología de la liberación para estos hombres es una salida a la problemática seria en que se encuentra el catolicismo en América Latina. Hemos señalado que para los evangélicos resulta importante recordar que el autoexamen en el catolicismo latinoamericano empezó en parte debido al crecimiento fenomenal del protestantismo. Dos ejemplos ayudan a comprender este punto en su dimensión pastoral. El sacerdote católico Ignacio Vergara publicó un estudio sobre el protestantismo en Chile, tratando de describir a las diferentes iglesias y reflexionando, al final, sobre las causas de su notable crecimiento.[9] En esta reflexión final la nota autocrítica es evidente. Recalca, por ejemplo, el carácter *misionero* del protestantismo "vivificado por una mística que avanza decididamente con un espíritu de conquista".[10] En contraste, aunque en esa fecha (1962) el 89% de la población se declara católica, sólo un 20% practica; "quedando un 69%, casi un 70% que prácticamente no es nada. Mantiene en el fondo los restos de una fe tradicional, fe inactiva e inconsciente".[11] Las fallas de ese catolicismo serían que se limita a "un conjunto de prácticas religiosas aisladas y sin un sentido dogmático sólido; como es la prodigalidad en veneración de imágenes, novenas, mandas, procesiones; la asistencia alguna vez en la vida a la iglesia, con motivo de algún cumplimiento social. . . compromisos sociales o de tradiciones sin sentido profundo".[12] Señala también la ignorancia religiosa: "La masa del pueblo chileno desconoce el mensaje del evangelio".[13] En contraste Vergara señala algunas características del protestantismo chileno. No sólo es misionero, sino que "el protestantismo chileno es un movimiento misionero popular. . . en él el obrero ha sabido organizarse dando ancho campo a sus iniciativas y responsabilidades. . . las iglesias protestantes populares están dirigidas íntegramente por elementos nativos y no reciben ayuda económica del extranjero".[14] El espíritu de comunidad es otra característica: "No es extraño ver a esa comunidad que avanza con entusiasmo, contribuyendo alegre con su óbolo generoso y que le significa por lo general un sacrificio, para la marcha de la obra, unida en el infortunio y en la alegría y dando muchas veces un verdadero testimonio de amor".[15] Señala que "es innegable el influjo moralizador que el protestantismo popular ha tenido en Chile",[16] aunque critica la falta de un credo social y político y el rechazo del mundo, que ve como repudio de valores humanos.

De manera semejante analiza el protestantismo latinoamericano el monje carmelita Ireneo Rosier, ubicándonos en su análisis precisamente en la confrontación entre ortodoxia y ortopraxis a la que hacíamos referencia:

> Sin duda la Iglesia Católica tiene la plena posesión de la verdad revelada de la doctrina de Cristo. . . es la continuación de la institución y comunidad jerárquica que Cristo ha fundado. Si la gente pudiera ver todo esto inmediatamente, la influencia del protestantismo sería imposible. El protestantismo ha abierto el camino directo a Cristo, mientras que en el catolicismo es como si el rostro auténtico de Cristo estuviera velado por la civilización y por las complicaciones de tantos siglos. . . ¿es posible decirse que el catolicismo ha llegado a ser una iglesia doctrinal sin vida y que el protestantismo es una iglesia vital sin doctrina?[17]

Vergara y Rosier escribieron diez años antes de Segundo y Gutiérrez, pero es evidente la coincidencia en la preocupación pastoral que a muchos católicos ha ocupado y sigue ocupando. Los documentos de Medellín y Puebla son evidencia de ello y reflejan un endurecimiento actual frente al protestantismo.[18]

Lo que es importante señalar para los evangélicos es que en su historia y tradición, en su presencia en el continente ha habido una *praxis,* hechos, transformaciones en personas y comunidades, fruto del evangelio, aunque hubiese ausencia de una teología formal y escrita. Como he insistido en señalar en diversos escritos, en relación con su tamaño y sus posibilidades económicas, la comunidad evangélica en América Latina tiene una historia de aportes notables a los pueblos latinoamericanos.[19] Pero en el momento actual, por fatiga generacional, por acomodamiento social y político, por la influencia de las nuevas generaciones de misioneros, especialmente provenientes de Norteamérica, por la dificultad de unirse para la acción, pareciera que aunque ha habido avance numérico, ha habido retroceso en cuanto a la praxis del evangelio.

Ni la novedad de ciertos planteamientos teológicos, ni la autocrítica nos deben llevar a olvidar el potencial de la comunidad cristiana local, de la iglesia grande o pequeña como expresión comunitaria del pueblo de Dios. La tarea *pastoral* de formar comunidades puede beneficiarse del uso de las ciencias sociales, pero siempre el punto de partida es la identidad teológica de la comunidad llamada iglesia. Yoder ha señalado una verdad simple pero fundamental, especialmente para la reflexión teológica y misional evangélica.

> Hablando pragmáticamente resulta evidente que no puede haber proceso de proclamación si no existe una comunidad que proclama, que sea diferente del resto de la sociedad. De la misma manera se puede ver con toda claridad que no puede existir un llamado evangelizador invitando a una persona a entrar a un nuevo tipo de comunidad y discipulado, si es que no existe tal tipo de comunidad, tal grupo de personas, diferente del resto de la sociedad, y en el seno de la cual recibe el evangelio puede entrar y aprender.[20]

La respuesta principal y más poderosa a las necesidades sociales y políticas del hombre, a su búsqueda de libertad, justicia y realización, está dada por Jesús en su propia obra y en la iglesia. Jesús toma en serio los problemas de la propiedad, del poder, de las relaciones entre los hombres; problemas que son el origen de la problemática social y política. Jesucristo crea una nueva comunidad en la cual bajo su señorío dichos problemas se resuelven de manera única. Esta es la comunidad diferente del resto de la sociedad que encontramos primero viviendo con Jesús y luego, creciendo en Jerusalén y extendiéndose por todo el mundo. En esta comunidad hay una nueva actitud hacia el dinero y la propiedad (Lc. 22:23-31; Hch. 2:43-45; 4:34; 20:35; Stg. 2:14-16; 1 Jn. 3:16, 17). En esta comunidad hay una nueva actitud hacia el poder y su ejercicio (Lc. 2:23-27; 2 Co. 10:8; 12:10-15; 1 P. 5:1-3). Es una comunidad donde las barreras y los prejuicios humanos se han vencido bajo el señorío de Cristo (Gá. 3:28; Col. 3:11; Flm. 15-17). Es una comunidad lista a sufrir por la justicia y el bien (Mt. 5:10-12; Hch. 7:51-60; 16:16-24; 1 P. 3:13-18).

Tal es el modelo bíblico de evangelización. Una comunidad radicalmente diferente, que llama a los hombres a arrepentirse y poner su fe en el Señor crucificado y resucitado que ha transformado sus vidas, y a vivir una nueva vida en el Espíritu que los capacita para seguir el ejemplo de Cristo. Tal comunidad tiene un efecto revolucionario para transformar la sociedad.

Las iglesias evangélicas que hoy confiesan el nombre de Jesucristo no son simplemente el resultado de la acción del imperialismo anglosajón, que trató de penetrar en las ciudades latinoamericanas cuando el imperio español se despedazó. Tampoco las iglesias pentecostales son simplemente una forma de respuesta del proletariado urbano de origen rural, que trata de reproducir en medio de la angustia de la ciudad un ambiente patriarcal seguro y protector, semejante al del feudalismo del interior del país. La razón de ser de las iglesias evangélicas tampoco es que cumplen una función de paragolpe contra los sufrimientos de la vida urbana y por lo tanto "conviene" que existan con la ayuda de organismos internacionales. Creemos que en el origen mismo de la existencia de estas comunidades hay otra causalidad, otra iniciativa. Creemos que el Espíritu Santo está hoy como ayer haciendo surgir una nueva raza, una nueva humanidad, y que el pueblo de Dios hoy es la primicia de una cosecha maravillosa cuya dimensión y explicación final sólo se conocerá al final de la historia, cuando Cristo vuelva en gloria. Por ello creemos que todo análisis humano, cualquiera sea su grado de precisión, siempre se quedará corto frente a ciertas dimensiones de la realidad que es el pueblo de Dios. Y este es nuestro punto de partida y nuestro fundamento en toda la reflexión teológica.

Esta confesión, sin embargo, no implica desconocer que también el pueblo de Dios es una realidad social y visible en medio de la ciudad y, en consecuencia, abierta como toda realidad social a la investigación y el análisis. Sin embargo, el impulso del Espíritu seguirá operando y empujando a este pueblo a su destino, cualesquiera sean los resultados del análisis sociológico, puesto que ni siquiera las puertas del infierno, el máximo posible de oposición al Espíritu de Dios, prevalecerán contra la iglesia. El análisis sociológico, sin embargo, puede ayudar a este pueblo a entender mejor su grado de fidelidad o infidelidad a la vocación con que el Espíritu le llama, la efectividad de su servicio al prójimo, los nuevos desafíos y oportunidades que las nuevas situaciones plantean. Y aquí es donde nos encontramos con algo a la vez sorprendente y reconfortante. Es lo que han venido explorando los teólogos evangélicos embarcados en el estudio de la pastoral.[21] Las ciencias sociales van percibiendo y enunciando las notas de una vida en comunidad menos inhumana, más plena, que permita la realización de las mejores posibilidades del ser humano y que frene las fuerzas evidentemente destructivas del mismo. En alguna manera, aun sin proponérselo en forma expresa, las comunidades fieles al espíritu del evangelio y a las enseñanzas de Cristo han estado actuando ya en la dirección de crear ese nuevo tipo de ser humano. Estas comunidades han encontrado su norma en el modelo bíblico del *hombre nuevo* más que en las percepciones y enunciados de las ciencias sociales. Tiene razón Greenway cuando dice, refiriéndose a la acción y testimonio de una iglesia en la ciudad de México:

> Es aquí donde el discernimiento de un humilde cristiano, que conoce y confía en la Biblia, puede superar al de un sociólogo con muchos estudios pero carente de discernimiento espiritual. La sociología secular puede analizar el dilema humano, también puede hacer una descripción aproximadamente acertada de los requisitos necesarios para la satisfacción de las aspiraciones humanas. Sin embargo, las personas capacitadas para responder sin embarazo ni sorpresa a las necesidades del hombre, son los creyentes cristianos.[22]

Tomando así nuestra confesión evangélica como punto de partida, sin triunfalismo ni arrogancia, podemos entender la forma en la cual la investigación social puede ayudarnos a definir mejor los términos precisos de nuestra fidelidad al evangelio en lo pastoral hoy. Y por ello mismo este entendimiento llevará al arrepentimiento y la corrección que siempre serán parte de la carrera cristiana.

Una praxis evangélica transformadora

El catolicismo en el continente casi siempre parte de la presuposición de que la gran masa ya es cristiana y que lo que toca a la jerarquía y el clero es guiarla a mantener la fe y practicar la "doctrina social de la iglesia" (diversos grupos conservadores), o movilizarla para la revolución (teología de la liberación). Los evangélicos hemos partido de la presuposición de que las masas no son cristianas, aunque se hayan bautizado, y que lo primero que cabe es evangelizar. Sólo cuando haya una conversión profunda del corazón habrá un pueblo nuevo y habrá una praxis cristiana. Lo opuesto sería pedirle peras al olmo. ¿Cómo pedir una praxis cristiana a quien desconoce el evangelio y quizá sólo mantiene prácticas exteriores cuyo sentido profundo no entiende? Tanto los partidarios de la teología de la liberación como los católicos carismáticos se han dado cuenta de este hecho fundamental. Juan Luis Segundo critica al catolicismo tradicional que dependía de la coerción social y era una "máquina de hacer cristianos". Y luego se pregunta:

> ¿Qué es evangelizar? De acuerdo con lo que ya hemos dicho, es presentar a cada hombre el cristianismo de tal modo que por su propio contenido por su valor intrínseco, produzca en él una adhesión personal, heróica, interiormente formada. Pero ello significa, en el que habla y en el que escucha, un viaje al interior del cristianismo, a su esencia, a su fuente. Este viaje nos lo ahorraba antes esa máquina social de hacer cristianos: las generaciones se incorporaban al cristianismo sin que cada hombre tuviera que volver a la fuente. Se ahorraba el trabajo de la *conversión* frente a la esencia de la "buena noticia". . . Y justamente la gran decisión pastoral está en que ya no podemos sin más suponer esa fe y ese encuentro, sino que tenemos que prepararlos.[23]

Pareciera que en la teología de la liberación hay la idea de que la praxis social que enfrenta a las personas con las necesidades del prójimo, las lleva de esa manera a Jesucristo, porque dice Gutiérrez: "Sólo mediante gestos concretos de amor y solidaridad será efectivo nuestro encuentro con el pobre, con el hombre explotado, y en él nuestro encuentro con Cristo".[24]

Por su parte, un católico carismático propone otra salida al mismo problema pastoral, en términos muy semejantes a los de ciertos evangélicos:

> En el principio de la vida de la iglesia se bautizaba sólo a los convertidos. Hoy día la tarea es al contrario: convertir a los bautizados. . . Lo que más necesita hoy día la iglesia es una verdadera evangelización que comience precisamente por la presentación de la persona viva de Jesús y que lleve a los evangelizados a tener una experiencia real de la salvación en Jesús. Mientras no se comience a evangelizar de esta manera todo lo demás será construir sobre arena.[25]

La metodología que propone este autor en poco difiere de la de los manuales de evangelización que muchos evangélicos usan. Sin embargo, mientras la teología de la liberación pide a la iglesia una "opción por los pobres" que tendría consecuencias sociales enormes, el movimiento carismático busca una renovación espiritual sin tocar ni la estructura social ni la dogmática o teológica. Además, en Gutiérrez y Segundo es clara la línea universalista respecto a la salvación.[26]

El énfasis evangélico en la conversión a Cristo como previa a la praxis cristiana viene de la herencia reformada y wesleyana que ha afectado fuertemente las corrientes protestantes más vigorosas en América Latina. Rycroft trató de formular el dinamismo evangélico distinguiendo entre "religión", por una parte, y "fe dinámica", por otra. Su estudio sobre América Latina mostraba los aspectos religiosos del catolicismo tradicional (sacerdocio, ritual, prácticas exteriores, actitud comercial hacia la divinidad), y destacaba las posibilidades de fe dinámica del protestantismo (principios éticos más bien que ceremonias, en la línea profética; sacerdocio universal, regreso al cristianismo primitivo). Es todavía en este contraste, con las presuposiciones teológicas que lo fundamentan, donde debemos ver el sentido de una praxis evangélica transformadora.[27] Una buena síntesis son las palabras de un evangélico latinoamericano que en la praxis de su iglesia local encarna lo que su seria reflexión teológica expone. Dice René Padilla:

> El Nuevo Testamento no sabe nada de un evangelio que haga un divorcio entre la soteriología y la ética, la comunión con Dios y la comunión con el prójimo, la fe y las obras. La cruz no es sólo la negación de la validez de todo esfuerzo del hombre para ganar el favor de Dios por medio de las obras de la ley; es también la demanda de un nuevo estilo de vida caracterizado por el amor, todo lo opuesto a una vida individualista centralizada en ambiciones personales, indiferente frente a las necesidades del prójimo. El significado de la cruz es soteriológico a la vez que ético. Y esto es así porque al escoger la cruz Jesucristo no sólo dio forma al indicativo del evangelio (1 Jn. 3:16a), sino que simultáneamente proveyó el modelo para la vida humana aquí y ahora (1 Jn. 3:16b).[28]

La praxis evangélica es Cristocéntrica y se define a partir del evangelio. No hay que dejarse intimidar por quienes, partiendo de una concepción marxista de praxis y una visión materialista dialéctica de la realidad y la historia, sólo consideran "praxis" lo que es políticamente significativo desde su perspectiva ideológica. La praxis evangélica es conocer a Jesucristo y ese conocimiento se expresa en hacer el bien. Culto y ética van juntos en el Antiguo y el Nuevo Testamentos.[29] Es praxis evangélica la vivencia diaria de la fe en el hogar, en el seno de la comunidad cristiana y en el ámbito más amplio de la comunidad civil. La fe debe ser llevada a la praxis bajo cualquier circunstancia social y política. No sólo tienen "praxis" aquellos cuyas acciones tienen repercusión pública y política o intención de transformar las estructuras. Las vidas sencillas de los creyentes comunes y corrientes, son la práctica del reino de Dios que está produciendo su efecto en el Perú o en Rusia, en Estados Unidos o en Cuba, en China o en Africa del Sur. Lo importante es que los valores y demandas del reino de Dios, con la claridad con que están expuestos en la Palabra de Dios, se enseñen, y no se reduzca el evangelio a una especie de boleto de entrada para asegurarse el cielo.[30]

En cuanto a la praxis política y social, notemos una diferencia fundamental. La teología de la liberación está pidiendo a una iglesia que lleva cinco siglos en el continente y que siempre estuvo activamente involucrada en la política, que cambie su alineamiento político, que se ponga al lado de los pobres. La comunidad evangélica, en cambio, es una minoría —vigorosa, pero todavía pequeña— que nunca ha estado en el poder ni tiene el peso financiero, institucional y político de Roma. La praxis política de esta minoría no se ha definido todavía claramente, aunque en sus inicios era una minoría vigorosamente comprometida con el cambio social. Hay lugares donde las comunidades evangélicas se han definido como políticamente conservadoras y se han puesto al servicio de regímenes autoritarios, consciente o inconscientemente. Hay otros lugares donde han participado en las corrientes partidarias de un cambio dentro de parámetros democráticos.[31] Finalmente, hay una pequeña minoría que ha hecho suyos los postulados de la teología de la liberación.

La más reciente reunión de políticos y teólogos evangélicos ha expresado de manera renovada una convicción que arraiga en la teología de la Reforma. Al mismo tiempo se ha manifestado la necesidad de expresar esas convicciones en la acción urgente que está faltando:

> Reafirmamos nuestra firme convicción de fe en las Sagradas Escrituras y dentro de la tradición de la Reforma proclamamos el señorío de Cristo sobre el individuo y la Iglesia. Con la misma fuerza confesamos que él es el Señor de toda realidad creada. Consideramos que el poder redentor y renovador de Cristo no sólo afecta al individuo, sino también a las esferas

social, económica, cultural y política en las que éste se desenvuelve. Creemos que es en el campo político donde menos hemos llevado, a pesar de su importancia, las respuestas que Dios ofrece en su Palabra . . . Como disípulos de Cristo sentimos que su mandato de "ir por todo el mundo y hacer discípulos" involucra, además de la proclamación y como parte de ella, el cumplimiento de una misión de encarnación y servicio.[32]

2. El peregrinaje teológico hacia el futuro

Un recuento del movimiento teológico examinado hasta aquí muestra claramente que no hay una sola "teología de la liberación" sino varias corrientes teológicas que caben dentro de ese rubro. Para el estudioso evangélico es importante saber diferenciar estas corrientes porque tienen que ser evaluadas en lo teológico y pastoral desde la perspectiva del evangelio. Para ello hace falta criterio adecuado, que haga justicia a lo que cada una representa. Por ello será necesario al terminar este estudio, bosquejar una tipología aunque ésta tenga sus necesarias limitaciones.

Algunas propuestas de tipología

Ya en las discusiones del CELAM en 1974, López Trujillo ensayaba una tipología desde su perspectiva conservadora. Según este obispo colombiano hay dos teologías de la liberación. Una de ellas amplía y profundiza lo que se hizo en Medellín y acentúa la dialéctica *pecado-conversión.* "Es una exigente llamada a la reconciliación, básica en el orden de los valores para los indispensables cambios estructurales. El acento es puesto deliberadamente en 'lo religioso', sin olvido de la dimensión política, pero sin privilegiarla de tal modo que aparezca como la preocupación fundamental".[33] La otra corriente sería para López Trujillo la que enfatiza lo socio-teológico con predominio de lo social y político, de manera que "sin negar expresamente ciertos puntos de Medellín, desplaza su centro de atención hacia lo *político conflictual,* pasando por la lectura propia del análisis marxista con sus imperativos".[34] En los debates de Puebla López Trujillo acentuó sus críticas a la segunda corriente, y al frente del sector más conservador del catolicismo ha venido proponiendo en años recientes una "teología de la reconciliación".[35]

Puede decirse que Míguez Bonino en su introducción ya mencionada reconocía también diferentes corrientes, aunque no las nombrara de manera explícita. Los cinco teólogos más significativos que escogió para el análisis son Juan Luis Segundo, Lucio Gera, Gustavo Gutiérrez, Hugo Assman y el protestante Rubén Alves. Podríamos decir que cada uno representa una corriente bien descrita por los bosquejos de Míguez.[36] También es importante reconocer que estos teólogos han ido cambiando sus perspectivas y refinando sus análisis, motivados tanto por los hechos de la más reciente historia latinoamericana, como por los acontecimientos dentro de sus respectivas iglesias, o por el diálogo que su teología ha sucitado a nivel mundial.

Otro autor que ensaya una tipología es Roberto Oliveros en su panorama histórico hasta 1977. Este autor hace referencia a la "teología populista" como una vertiente de la teología de la liberación. Menciona también a la teología forjada en el ambiente de los regímenes políticos de "seguridad nacional". Oliveros elabora también una caracterización de las reacciones católicas más conservadoras, como las de Kloppenburg y López Trujillo, que intentarían, nos dice, "espiritualizar" a la liberación, y proclamar una neutralidad política que en realidad sería un apoyo a los sistemas y regímenes existentes.[37]

Una aproximación evangélica

Tomando en cuenta el aspecto histórico, el trabajo hermenéutico y la relación con la pastoral, propongo ahora una tipología que nos puede servir para la evaluación y el peregrinaje teológico hacia el futuro. Me parece que en el movimiento que hemos intentado exponer como "teología de la liberación" pueden percibirse tres corrientes: la línea "radical académica", la línea "pastoral" y la línea "populista".

La línea *radical académica* es la que consideramos representada por algunos teólogos que por lo general cumplen funciones docentes en universidades o instituciones teológicas, es decir, alejados de las tareas pastorales y mucho más cercanos al activismo político y al diálogo en las universidades y círculos académicos. En el método de trabajo y el estilo literario de estos pensadores hay una aceptación abierta de categorías marxistas, no sólo para el análisis de la realidad social, sino también para la interpretación de los textos bíblicos. Un examen de los autores que hemos considerado a lo largo de este libro, y de la bibliografía que ofrecemos al final, mostrará que podemos ubicar en esta línea a autores como Assman, Pixley, o Sergio Arce. Para la teología evangélica resulta muy difícil aun establecer un terreno común de diálogo con esta línea, puesto que no se presta atención a la autoridad de la Palabra de Dios como punto de partida. La propia existencia de las iglesias evangélicas es entendida únicamente con las categorías dogmáticas de la lucha de clases. El misionero o pastor que teologiza desde la realidad de su cristianismo práctico, junto al pueblo, no puede evitar la sensación de que se le habla desde una torre de marfil.

En la línea *pastoral* es evidente la preocupación fundamental con la vida de la iglesia en su existir cotidiano, y el deseo de buscar la expresión actual de una fe auténtica. Los pensadores de esta línea por lo general no han dejado de cumplir tareas pastorales a nivel de congregación o parroquia local, y quizá por ello mismo mantienen una intención pastoral en sus escritos, sin dejar de buscar el rigor académico. Por su intención manifiesta y su trayectoria, ubicaríamos aquí a teólogos como Gustavo Gutiérrez, Juan Luis Segundo y Leonardo Boff. Hay en estos tres ejemplos una búsqueda de raíces bíblicas en la cual se trata de hacer justicia en el texto, aunque se parta de presuposiciones críticas o teológicas que el evangelico consideraría discutibles. Es mayor la posibilidad de encontrar un terreno común para el diálogo. Dato importante constituye el hecho de que estos autores toman en serio a la teología protestante. Nos parece importante también señalar que la crítica católica conservadora ataca a estos autores no sólo por los aspectos políticos de su pensamiento, sino también por los planteamientos críticos en cuanto a la naturaleza de la vida cristiana, la forma que debiera tomar la iglesia y otros temas fundamentales de la fe. Segundo, Gutiérrez y Boff están pidiendo cambios en la vida de su iglesia, con los cuales un evangélico estaría de acuerdo. Las críticas de un conservador como López Trujillo a estos teólogos, parten de presuposiciones católicas con las cuales un evangélico no siempre estará de acuerdo. Lo mismo puede decirse de algunas de las críticas de los recientes documentos del Vaticano. La teología evangélica necesita ser muy cuidadosa en este punto.

Hemos llamado *populista* a la tercera línea, siguiendo la descripción de Míguez y Oliveros, porque hace referencia a lo básico de esta posición. Esta línea emplea lenguaje parecido al de otros teólogos de la liberación, pero sus categorías de pensamiento y acción son diferentes. El énfasis de esta línea se vincula con la religiosidad popular. El énfasis en "el pueblo", procura rescatar los valores de las prácticas religiosas populares y las supone cristianas. Busca una militancia política igualmente crítica del marxismo y del capitalismo, y para ello utiliza lenguaje sobre opresión y liberación. Han sido sobre todo los argentinos Juan Carlos Scannone y Lucio Gera los exponentes más explícitos de esta corriente. La militancia política de este sector se orientó claramente hacia el Peronismo, y con ello a ciertos aspectos del fascismo clásico.[38] Esta línea sería profundamente anti-protestante dada su tendencia hispanista y crítica del liberalismo político. Si se piensa en el catolicismo popular de la Europa central se podrían ver conexiones entre el catolicismo polaco que el actual Papa representa y este tipo de populismo. Aunque no ha tenido mucha repercusión, los evangélicos deben estar atentos a esta línea porque en el futuro las jerarquías más conservadoras podrían moverse en esta dirección.

La iglesia del futuro

Tanto la praxis como el pensamiento de algunos de los teólogos de la liberación significan una aceptación del hecho de que en la actual sociedad latinoamericana la Iglesia Católica tiene que aprender a jugar un papel diferente. Uno de los movimientos más creativos en ese sentido es el de las Comunidades Eclesiales de Base. Posiblemente es por medio de éstas que las teologías de la liberación están llegando a niveles populares. Tanto su historia como su desarrollo encierran lecciones importantes para la teología y la pastoral evangélicas.

Haciendo historia, recientemente dos autores católicos reconocen el incentivo que fue la presencia protestante para este movimiento:

> Una experiencia clave fue la de Brasil. En 1962, los obispos —preocupados por la crónica escasez de sacerdotes, la inesperada incursión de los protestantes evangélicos y el crecimiento de los movimientos de izquierda— se reunieron con agentes pastorales para diseñar un Plan de Emergencia. Este incluía un punto en el que se exhortaba a los obispos a "identificar las

comunidades naturales e iniciar el trabajo a partir de la realidad que presentan", y a dar a los cristianos laicos "un papel más decisivo en dichas comunidades.[39]

No sólo la presencia sino el estilo de evangelización y vida congregacional de los evangélicos fue motivo de curiosidad, asombro y luego imitación de parte del catolicismo. Las líneas que acabamos de citar coinciden con las observaciones del jesuita Ignacio Vergara al que hicimos referencia en la primera parte de este capítulo. Tanto la movilización de los laicos, como la vivencia de una fe personal y la experiencia de la iglesia en pequeñas comunidades se han dado ahora en las Comunidades Eclesiales de Base, que según sus entusiastas son "la más importante contribución reciente de América Latina a la práctica pastoral de la iglesia Católica Romana en todo el mundo".[40]

Lo que viene a ser algo singular es que la reflexión teológica sobre esa práctica está sacudiendo la eclesiología católica. El libro *Iglesia: Carisma y Poder* de Leonardo Boff propone, a la luz de la experiencia y del Nuevo Testamento, una revisión de aquello que ha sido fundamental para Roma: la estructura jerárquica y centralizada de su visión de la iglesia. Al hacerlo propone también una revaloración del protestantismo que tiene los visos de verdadera autocrítica:

> Las manifestaciones patológicas del catolicismo romano ganaron libre curso con la expulsión de su seno del pensamiento negativo que mantenía viva la conciencia de la no identidad. Fue un error histórico la exclusión del protestantismo porque no se excluyó simplemente a Lutero, sino que se excluyó también la posibilidad de la crítica verdadera, de la contestación del sistema en nombre del Evangelio. El catolicismo se puede transformar en una ideología total, reaccionaria, violenta, represiva y hoy invocada por conocidos regímenes totalitarios instalados en varios países de América Latina.[41]

La teología evangélica siempre ha querido buscar en las fuentes bíblicas la norma en cuanto a la naturaleza y misión de la iglesia. El movimiento evangélico creció en América Latina pese a no disponer de apoyo estatal, grandes recursos financieros o gran aparato institucional.[42] En muchas partes sigue extendiéndose en esa forma. Una de las tentaciones actuales es el olvido de esta historia, y la adopción de estrategias misioneras que buscan el apoyo del poder económico o social, y aun el auspicio político a

cambio de servicios dudosos.[43] La eclesiología de Boff y algunos aspectos de las Comunidades Eclesiales de Base son dignos de seria consideración. La observación de su desarrollo y el estudio de sus planteamientos bien podría llevarnos de vuelta a las fuentes neotestamentarias, y al dinamismo del Espíritu Santo, cuando queremos visualizar el futuro de la iglesia. El Vaticano ha condenado ya algunos aspectos de esta nueva eclesiología que serían los más cercanos a nuestra posición evangélica.[44] Para nosotros, las Comunidades Eclesiales de Base que surjan deben ser fruto de la conversión a Cristo, como respuesta al anuncio del evangelio, y no únicamente el esfuerzo por revivir una religiosidad latente. Pero necesitamos recuperar un sentido de misión, una visión de lo que significa estar presentes como pueblo de Dios en medio de las masas urbanas o rurales, y una profundización en la riqueza del evangelio para responder a las demandas del presente. Decía el pastoralista católico José Marins que la iglesia del futuro tendrá que ser una iglesia que esté presente "en forma más efectiva y evangélica en el mundo". La visualiza "no como una sociedad poderosa, sino como una red de comunidades en la cual las gentes se aman mutuamente en Cristo, como hijos e hijas del mismo Dios Padre, que se dirigen a todos los seres humanos, con sentido de urgencia pero con modestia, concientizándolos para que construyan un mundo en el cual haya amor para todos".[45]

Históricamente, esa ha sido la forma de presencia evangélica en América Latina. Están nuestras comunidades esparcidas en todas las capas sociales, pero especialmente entre los pobres y las clases medias. Las jerarquías católicas o ecuménicas se refieren a ellas muchas veces con el nombre de "sectas", sin entrar en distinciones teológicas que serían necesarias. Para nosotros esas comunidades evangélicas son la levadura en la masa, la sal y la luz, el signo de la presencia del reino de Dios entre los hombres. No son perfectas, como ninguna iglesia lo es, y en el meollo de su mensaje de justificación por la fe está el reconocimiento de que el ser humano vive como cristiano sólo por la gracia de Dios, por fe y en esperanza.

Se está forjando una teología evangélica de la misión en el ámbito de la historia evangélica. No es una teología académica. Es notable el número de pastores, evangelistas y maestros que han empezado a reflexionar y tratar de articular su fe, en el contexto latinoamericano de hoy. Su teología está brotando de los interrogantes que su inmersión entre el pueblo de Dios les plantea, y que una nueva lectura de la Palabra les provee. Es una teología que no puede pasar por alto la conversión a la que Cristo llama, la transformación que su evangelio opera en el poder del Espíritu, y el cambio personal y social que inevitablemente se produce. En este peregrinaje teológico las teologías de la liberación han sido, en mayor o menor grado según el caso, un estímulo a la admiración, a la autocrítica y al debate. Para nosotros son un interlocutor desafiante, pero no una alternativa teológicamente aceptable.

Notas del capítulo IX

[1] Jorge Mejía, "El Episodio de Ecuador", *Criterio,* Buenos Aires, No. 1747, 9 de Sept. de 1976, p. 499.

[2] CLADE II, *América Latina y. . .,* p. 323.

[3] José L. Idígoras, "Pobreza Evangélica y Opción Clasista", en *Revista Teológica Limense,* Vol. XIII, No. 1, Ene.-Abr. 1979, p. 72.

[4] Ver mi artículo "Esperanza y Desesperanza en la Crisis Continental" en CLADE II, *Op. Cit.,* pp. 290-315.

[5] Ver capítulos II y V.

[6] Los teólogos de la liberación han sido explícitos en su adopción del marxismo. La opción ideológica de algunos de los predicadores que mencionamos no es clara y articulada, pero se ve con precisión cuando se analiza su discurso, especialmente en aspectos referidos a política internacional como por ejemplo la actitud frente al estado de Israel, Sudáfrica o los países socialistas.

[7] G. Gutiérrez, *Líneas Pastorales de la Iglesia. . . .,* pp. 82-83.

[8] Ver en especial su libro *De la Sociedad a la Teología,* Buenos Aires: Lohlé, 1970. También *Pastoral Latinoamericana: Sus Motivos Ocultos,* Buenos Aires: Búsqueda, 1972.

[9] Ignacio Vergara, *El Protestantismo en Chile,* Santiago de Chile: Editorial del Pacífico, 1962, p. 227.

[10] *Id.*

[11] *Id.,* p. 228.

[12] *Id.*

[13] *Id.,* p. 235.

[14] *Id.,* p. 237.

[15] *Id.,* p. 240.

[16] *Id.*

[17] I. Rosier, *Ovejas sin Pastor,* Buenos Aires: Lohlé, 1960, p. 104.

[18] Ver Escobar, *El Episcopado Católico. . . ,* p. 24.

[19] Ver C. René Padilla, Ed., *El Reino de Dios en. . .*, Cap. 5.

[20] Citado por H. Snyder en su ponencia de Lausana. J. D. Douglas, Ed., *Let the Earth Hear His Voice,* Minneapolis: World Wide Publications, 1985, p. 333.

[21] Destacan en este campo Jorge León, Daniel Schipani y Jorge Maldonado.

[22] Roger Greenway, *Una Estrategia Urbana para Evangelizar América Latina,* El Paso: Casa Bautista, 1977, p. 46.

[23] Juan Luis Segundo, *De la Sociedad a. . .*, p. 37.

[24] G. Gutiérrez, *TL,* pp. 238 y ss.

[25] José H. Prado Flores, *Id y Evangelizad a los Bautizados,* México, 1980 (sin mención de editor), p. 5.

[26] La dimensión universalista de la soteriología de Gutiérrez se ve bien en los capítulos 9 y 10 de su TL, especialmente pp. 93-94 y 188. Está relacionada con la influencia que ha recibido de los pensadores católicos Karl Rahner y Teilhard de Chardin.

[27] La utilización del análisis marxista oscurece indebidamente las diferencias teológicas que se manifiestan en diferentes aproximaciones a la conducta y la actividad social, económica y política, de parte de católicos y protestantes. La llamada "ética protestante" del trabajo y la actividad económica (siguiendo a Weber), merece estudio detenido desde la perspectiva latinoamericana.

[28] C. René Padilla, *El Evangelio. . .*, p. 124.

[29] Como varios teólogos de la FTL se han esforzado en demostrar, la distinción entre Jesucristo como Señor y Salvador, que subyace a la idea de un evangelio sin ética, no se puede sostener con base bíblica.

[30] C. René Padilla, *El Reino de Dios en. . .*

[31] Ver Pablo Deiros, Ed., *Los Evangélicos y el Poder Político en América Latina,* Grand Rapids-Buenos Aires: Nueva Creación, 1986.

[32] Id. p. 346.

[33] CELAM, *Liberación. Diálogos . . .*, p. 45.

[34] Id.

[35] La polémica arreció especialmente durante 1985. La "Declaración de los Andes" ha sido su expresión más clara (ver *Noticias Aliadas* agosto 22, 1985). Aunque el uso del término "reconciliación" por parte del sector conservador hace referencia a algunas categorías bíblicas, no se trata de la acepción evangélica del mismo.

[36] Míguez Bonino, *La Fe . . .*, cap. 4.

[37] Oliveros, *Op. cit.,* pp. 306-357.

[38] Míguez Bonino y Oliveros hacen referencia a este hecho poco conocido y comprendido fuera de la Argentina. La observación respecto al elemento "fascista" en el Peronismo, es nuestra. Ver Prien, *Op. cit.,* pp. 567 ss.

[39] Pedar Kirby y David J. Molineaux, "CEB: Nuevos Ministerios, Nuevo Modelo de Iglesia", en *Noticias Aliadas,* junio 27, 1985. El dato está confirmado por Leonardo Boff en el primer capítulo de *Eclesiogénesis.*

[40] Id., p. 1.

[41] Leonardo Boff, *Iglesia: Carisma y Poder,* Bogotá: Indoamérica Press Service, 1982, p. 130.

[42] Aunque la historiografía hostil católica y marxista pone énfasis en situaciones excepcionales que podrían probar lo contrario.

[43] Piénsese por ejemplo en la obsesión de ciertos evangelistas por conseguir entrevistas con Presidentes, en las metodologías de los predicadores de la llamada "Iglesia Electrónica". El sociólogo bautista Humberto Lagos ha documentado el uso del púlpito como apoyo a un gobierno militar en ciertas iglesias populares de Chile, en *La Función de las Minorías Religiosas,* Louvain-La-Neuve: Cabay, 1983.

[44] Ver los trabajos de René Padilla, "Cuatro Tesis de Leonardo Boff sobre la Iglesia", *Misión,* No. 14, Sept. 1985; y "Por qué Leonardo Boff ha sido silenciado", *Cuadernos de Teología,* Buenos Aires, ISEDET, Año VI, No. 4, 1985.

[45] Costello, *Op. cit., pp. 263-264.*

Guía Bibliográfica

La presente guía tiene como propósito ayudar al lector no especializado que desee profundizar en el estudio de las teologías de la liberación. Las fuentes mencionadas a lo largo de nuestro libro, en las notas de cada capítulo, podrán ser de utilidad para el estudioso especializado. Nos hemos limitado exclusivamente a publicaciones existentes en idioma castellano, generalmente disponibles en librerías, y hemos dado preferencia a las que se originaron en América Latina. La última sección de esta guía se refiere a trabajos fundamentales de la teología de la misión que se viene forjando en las filas del protestantismo evangélico. Se ha ordenado los materiales alfabéticamente por autor, y no en orden de importancia o volumen.

I. Marco Histórico de la Vida de la Iglesia

Esther y Mortimer Arias. *El clamor de mi pueblo.* México: CUP, 1981. Trabajo breve y global de autores protestantes, y de orientación ecuménica.

Enrique Dussel. *Historia de la Iglesia en América Latina.* Barcelona: Estela, 3ra. edición, 1974.
Historiador católico y teólogo de la liberación. El libro se dedica mayormente a las décadas más recientes.

Hans Jurgen Prien. *Historia del Cristianismo en América Latina.* Salamanca: Ediciones Sígueme, 1985.
Historiador protestante. La mejor obra en un tomo, escrita con criterio ecuménico.

Roberto Oliveros. *Liberación y Teología. Génesis y Crecimiento de una reflexión 1966-1977.* Lima: CEP, 1977.
Un resumen histórico desde la perspectiva liberacionista.

Ivan Vallier. *Catolicismo, control social y modernización en América Latina.* Buenos Aires: Amorrortu Editores, 1971.
Análisis sociológico del catolicismo latinoamericano basado en un buen conocimiento global de la historia del continente.

II. Documentos Oficiales

Estos documentos permiten ver el proceso teológico de los últimos años, interpretado por la jerarquía de la Iglesia Católica. De estos hay varias ediciones. Señalamos aquí las que se han usado en el presente libro.

Concilio Vaticano II. *Constituciones. Decretos. Declaraciones. Legislación posconciliar.* Madrid: Biblioteca de Autores Cristianos, 1967.
Esta edición trae un excelente índice y contiene el texto de los documentos en latín y su traducción oficial.

Segunda Conferencia General del Episcopado Latinoamericano. *Medellín.*
Conclusiones. Lima: Ediciones Paulinas. s/f

Tercera Conferencia General del Episcopado Latinoamericano. *Puebla. La evangelización en el presente y el futuro de América Latina.* Lima: Ediciones Paulinas, 1979.

Desde 1969 se publica periódicamente en Lima una colección de documentos oficiales tanto de la jerarquía como de grupos católicos diversos, en los cuales se puede percibir el acontecer histórico de la Iglesia, y cómo lo interpretan especialmente los católicos vinculados a las teologías de la liberación. El subtítulo general de cada libro es *Testimonios de la iglesia en América Latina,* y han aparecido los siguientes: *Signos de renovación* (1966-1969); *Signos de liberación* (1969-1973); *Signos de lucha y esperanza* (1973-1978) y *Signos de vida y fidelidad* (1978-1982). Los tres últimos han sido publicados por el Centro de Estudios y Publicaciones, vinculado al teólogo Gustavo Gutiérrez, que es quien ha escrito las introducciones interpretativas a cada volumen.

III. Introducciones Generales

Armando Bandera. *La Iglesia ante el proceso de liberación.* Madrid: Biblioteca de Autores Católicos, 1975.
Un panorama bien informado desde un punto de vista conservador católico y muy crítico.

Roberto Compton. *La teología de la liberación. Una guía introductoria.* El Paso: Casa Bautista de Publicaciones, 1981.
Una introducción breve y objetiva desde el punto de vista evangélico.

José Míguez Bonino. *La fe en busca de eficacia.* Salamanca: Sígueme. 1977.
Posiblemente la mejor introducción desde perspectiva protestante latinoamericana.

IV. Obras Básicas por Teólogos de la Liberación

Por fuerza hemos tenido que seleccionar aquellas obras que nos parecen más representativas de cada autor, y nos hemos limitado a los autores más representativos o influyentes.

Rubén Alves. *Religión ¿Opio o instrumento de liberación?* Montevideo: Tierra Nueva, 1968.

Libro precursor, de autor protestante.

Hugo Assman. *Teología desde la praxis de la liberación.* Salamanca: Sígueme, 1976.

El autor católico que con más claridad ha articulado una posición radical.

Leonardo Boff. *Jesucristo el Liberador.* Buenos Aires: Latinoamérica Libros. 2da. edición, 1974.

Primera cristología sistemática de la liberación, resume fuentes europeas.

Consejo Episcopal Latinoamericano (CELAM). *Liberación: Diálogos en el CELAM.* Bogotá: CELAM, 1974.

Utilísima colección de trabajos por catorce teólogos de la liberación y críticos de distintas tendencias. Es de especial interés la transcripción de los diálogos que acompañan a cada trabajo. Muestra el "estado de la cuestión" entre Medellín y Puebla.

Rosino Gibellini. Ed. *La nueva frontera de la teología en América Latina,* Salamanca: Sígueme, 1977.

Una antología muy útil de la primera generación, incluye autores católicos y protestantes.

Gustavo Gutiérrez. *Teología de la liberación. Perspectivas:* Lima: Centro de Estudios y Publicaciones. 3ra. edición, 1981.

Sigue siendo el trabajo sistemático más global y representativo.

Gustavo Gutiérrez. *Beber de su propio pozo.* Lima: CEP, 1983.

Muestra la evolución del autor en dirección a un pensamiento más bíblico y pastoral.

ISAL. Varios autores. *De la iglesia y la sociedad.* Montevideo: Tierra Nueva, 1971.

Una muestra representativa de los antecedentes protestantes de las teologías de liberación.

Juan Luis Segundo. *De la sociedad a la teología.* Buenos Aires: Lohlé, 1970.

Colección de trabajos que muestran la preocupación pastoral en el origen del pensamiento teológico de la liberación.

Juan Luis Segundo. *Liberación de la teología.* Buenos Aires: Lohlé, 1975.

Una sistematización cuidadosa centrada en la tarea hermenéutica para el quehacer teológico.

Jon Sobrino S.J. *Cristología desde América Latina.* México: Ediciones CRT, 1977.

Un intento de sistematización tomando en cuenta la teología europea actual y también la situación latinoamericana.

V. Hermenéutica y Trabajos de Exposición Bíblica

Para el lector evangélico es de especial interés el trabajo bíblico dentro de las nuevas teologías. Por eso lo hemos ubicado aquí en sección aparte, incluyendo autores católicos y protestantes.

Severino Croatto. *Liberación y libertad. Pautas hermenéuticas*. Buenos Aires: Mundo Nuevo, 1973.
Un trabajo precursor de lectura liberacionista del texto bíblico.

Severino Croatto. *Hermenéutica bíblica*. Buenos Aires: La Aurora, 1984.
El autor ha proseguido su reflexión sistematizando lo relativo a su metodología.

Tomas Hanks. *Opresión, pobreza y liberación*. San José: Caribe, 1982.
Intenta combinar percepciones liberacionistas con una perspectiva evangélica, al estudiar el texto bíblico.

José Porfirio Miranda S.J. *Marx y la Biblia*. México, 1971.
Partiendo de preguntas tomadas del marxismo, el autor examina detenidamente algunos aspectos de la enseñanza bíblica, generalmente descuidados. Critica en especial las deformaciones teológicas de origen griego.

Jorge Pixley. *El Reino de Dios*. Buenos Aires: Ed. La Aurora, 1977.
Trabajo breve de divulgación de la línea más radical de interpretación del Nuevo Testamento.

Elsa Tamez. *La Biblia de los oprimidos*. San José: DEI, 1979.
La autora expone el tema de la opresión-liberación como "eje que constituye el núcleo de la fe bíblica".

VI. Crítica Católica y Debates Más Recientes

Incluimos en esta sección trabajos católicos de crítica y los libros y publicaciones del debate más reciente en el Vaticano acerca del tema de la liberación. La polémica está dispersa en numerosos artículos de revistas y periódicos. Sólo hemos incluido aquí trabajos que han aparecido en forma de libro.

Leonardo Boff. *Iglesia: Carisma y poder.* Ensayos de eclesiología militante. Bogotá: Indoamérica Press Service, 1982.
El libro que dio origen a la censura del Vaticano. Planteamientos neotestamentarios sobre la naturaleza de la iglesia.

Ricardo Durand Florez S.J. *Observaciones a la teología de la liberación y la fuerza histórica de los pobres*. Callao: Obispado del Callao, 1985.
Este obispo peruano analiza detenida y críticamente dos libros de Gustavo Gutiérrez.

Gustavo Gutiérrez, *La Verdad os hará libres.* Lima: CEP, 1986.
Varios trabajos en los cuales Gutiérrez responde a las críticas y preguntas que se le han planteado en la polémica más reciente.

Juan Gutiérrez. *Teología de la liberación: Evaporación de la teología.* México: Jus, 1975.
Trabajo de un sacerdote mexicano aplicando crítica tomista al primer libro de Gustavo Gutiérrez.

J.L. Idígoras S.J. *Liberación temas bíblicos y teológicos.* Lima: Ed. del autor, 1984.
Crítica meditada y respetuosa por un teólogo que acepta algunos planteamientos y rechaza otros.

Francisco Interdonato. *Ser o no ser de la teología en Latinoamérica.* A propósito de la Instrucción sobre Algunos Aspectos de la "Teología de la Liberación". Lima: Facultad de Teología, 1985.
Crítica teológica tomando temas de los debates más recientes.

Sagrada Congregación para la Doctrina de la Fe, *Algunos aspectos de la teología de la liberación.* Madrid PPC, 1984.
Texto oficial del documento conocido como "Documento Ratzinger". Crítica general a ciertas teologías de la liberación, sin mencionar nombres en forma específica.

Sagrada Congregación para la Doctrina de la Fe. *Libertad cristiana y liberación.* Madrid: PPC, 1986.
Documento más amplio en el espíritu y estilo del anterior. Especifica con más detalle sus críticas y también señala aspectos positivos de las teologías de liberación.

Juan Luis Segundo. *Teología de la liberación. Respuesta al Cardenal Ratzinger.* Madrid: Ediciones Cristiandad, 1985. Respuesta cuidadosa y elaborada a la crítica del Vaticano, aclara aspectos hermenéuticos e históricos.

VII. Hacia una Teología Evangélica de la Misión

En las filas del protestantismo, tanto ecuménico como evangélico, se viene trabajando en una teología de la misión, que parcialmente toca algunos de los temas de las teologías de liberación. En esta lista de trabajos introductorios hemos seleccionado los que reflejan más la preocupación y convicciones del Protestantismo Evangélico. Algunas de estas obras están agotadas, pero pueden consultarse en bibliotecas.

Pedro Arana. *Providencia y revolución.* Lima: Estandarte de la Verdad, 1970, (la Subcomisión Literatura Cristiana prepara una nueva edición de este libro).
La problemática latinoamericana desde una perspectiva reformada.

Mortimer Arias. *Venga tu reino.* México: Casa Unida de Publicaciones, 1980.
El tema del reino de Dios en relación al momento latinoamericano.

CLADE II. *América Latina y la evangelización en la década de los años 80.* México, 1980.
Especialmente las ocho ponencias teológicas básicas son una exploración evangélica en temas teológicos clásicos.

Orlando Costas. *Compromiso y misión.* San José, Miami: Ed. Caribe, 1979.
Ensayos fruto de una larga e intensa reflexión misiológica.

Pablo Deiros, Ed. *Los evangélicos y el poder político en América Latina.* Grand Rapids-Buenos Aires: Nueva Creación, 1986.
La situación política y el aporte evangélico en América Latina. Reflexiones desde la práctica política evangélica.

Documentos Periódicos de Lausana. *Evangelismo y responsabilidad social, El evangelio y la cultura.* México: Visión Mundial (Hay otras ediciones).
Informes de consultas auspiciadas por el Comité de Lausana para la Evangelización Mundial con importante participación evangélica latinoamericana.

Juan Driver. *Militantes para un mundo nuevo.* Barcelona: Ediciones Evangélicas Europeas.
Trabajo exegético y teológico sobre el Sermón del Monte, desde perspectiva anabautista.

Samuel Escobar. *Evangelio y realidad social.* Lima: Ediciones Presencia, 1986.
Ensayos misiológicos presentados en varios congresos evangélicos y consultas.

Justo L. González. *Revolución y encarnación.* Puerto Rico: La Reforma, 1986.
Un ensayo precursor de cristología evangélica latinoamericana.

Pedro Gringoire. *Marxismo ¿Ciencia pura o ciencia ficción?* México: Jus, 1979.
Trabajo crítico de un historiador periodista y biblista evangélico acerca de la ideología marxista.

José Míguez Bonino y otros, *Jesús, ni vencido ni monarca celestial.* Buenos Aires: Tierra Nueva, 1977.
Aproximaciones a una cristología en América Latina por varios autores protestantes.

C. René Padilla. *Misión integral.* Grand Rapids-Buenos Aires: Nueva Creación, 1986.
Este libro incorpora varios capítulos de *El evangelio hoy.* El trabajo bíblico-teológico de Padilla es serio, denso y contextual.

C. René Padilla, Ed. *Fe cristiana y Latinoamérica hoy*. Buenos Aires: Ediciones Certeza, 1975.
Varios trabajos evangélicos sobre ética social.

C. René Padilla, Ed. *El reino de Dios y América Latina*. El Paso: Casa Bautista de Publicaciones, 1975.
Uno de los temas centrales de la reflexión evangélica por varios biblistas y teólogos latinoamericanos.

C. René Padilla, Ed. *Hacia una teología en América Latina*. San José: FTL, Caribe, 1984.
La práctica misionera y el peregrinaje teológico de una generación de pensadores evangélicos.

Pablo Pérez. *Misión y liberación*. México: El Faro, 1976.
Un trabajo precursor de misiología evangélica latinoamericana.

Pedro Savage, Ed. *El Debate contemporáneo sobre la Biblia*. Barcelona: Ediciones Evangélicas Europeas, 1972.
Las ponencias fundacionales de la Fraternidad Teológica Latinoamericana.

Seminario Bíblico Latinoamericano, Varios. *Lectura teológica del tiempo latinoamericano*. Costa Rica: SBL, 1979.
Varios trabajos exegéticos y teológicos, la mayoría de ellos por autores evangélicos.

John Howard Yoder. *Jesús y la realidad política*. Downers Grove-Buenos Aires: Certeza, 1986.
Un trabajo capital de un teólogo influyente en el pensamiento evangélico latinoamericano.

Apéndice
El desarrollo de una teología evangélica

En el capítulo III de este libro se presenta un breve resumen del desarrollo de un pensamiento evangélico latinoamericano que acompaña el proceso de nueva evangelización del continente. Hemos reunido en este Apéndice cuatro documentos que son testimonio de este proceso reciente. Todos ellos, con excepción del *Pacto de Lausana,* se han forjado en suelo latinoamericano. Han contribuido a su redacción hombres y mujeres que trabajan en iglesias evangélicas del mundo de habla española y portuguesa. El autor del presente libro fue también miembro del equipo que redactó el *Pacto de Lausana.* En dicho Pacto se incorporaron varias de las contribuciones específicamente latinoamericanas y evangélicas que se habían venido forjando, especialmente en la Fraternidad Teológica Latinoamericana.

1. Declaración evangélica de Bogotá Noviembre de 1969

Los aquí reunidos, creyentes en Cristo, miembros de las diferentes comunidades denominacionales que trabajan en nuestro continente entre el pueblo latinoamericano, nos hemos congregado en este Primer Congreso Latinoamericano de Evangelización en el nombre de Dios el Padre, Dios el Hijo y Dios el Espíritu Santo. Creemos que el Espíritu Santo mismo nos ha guiado a este encuentro, con la finalidad de examinar de nuevo nuestra misión evangelizadora a la luz de la enseñanza bíblica y de la actual situación latinoamericana.

Nuestra presencia en este congreso ha sido manifestación de nuestra unidad en Cristo, cuya naturaleza espiritual y no organizacional hunde sus raíces en nuestra común herencia evangélica, fundamentada en las verdades de la Biblia, cuya autoridad como Palabra de Dios iluminada por el Espíritu Santo afirmamos categóricamente.

Como consecuencia esta declaración que presentamos al pueblo Evangélico Latinoamericano es expresión de un consenso en el cual hay acuerdo en lo fundamental; pero hay también lugar para la diversidad que proviene de la multiforme gracia de Dios al dar sus dones a su pueblo. *Diversidad* dentro de la *Unidad.*

Esta declaración quiere también reflejar la toma de conciencia que en estos días el Señor Jesucristo ha querido darnos, haciéndonos sentir lo agudo de la crisis múltiple por la que atraviesan nuestros pueblos, y el carácter imperativo de su mandato a evangelizar. Juntos hemos reconocido la necesidad de vivir plenamente el evangelio, proclamándolo en su totalidad al hombre latinoamericano en el contexto de sus múltiples necesidades.

Compartimos con un sentido de urgencia lo que el Señor Jesucristo nos ha mostrado, pero sin intentar legislar en la vida de las iglesias latinoamericanas. Invitamos más bien al pueblo latinoamericano a considerar y estudiar estas declaraciones que expresan las convicciones a que el Señor Jesucristo nos llevó durante el Congreso.

ASI DECLARAMOS:

1. La presencia evangélica en Latinoamérica es fruto de la acción de Dios por medio de un inmenso caudal de amor cristiano, visión misionera, espíritu de sacrificio, trabajo, esfuerzo, tiempo y dinero invertido aquí por las misiones extranjeras que han venido trabajando desde hace más de un siglo, inclusive la obra de las Sociedades Bíblicas. Esta mirada a nuestra historia no puede menos que despertar en nosotros un espíritu de gratitud por la obra pionera cuya dimensión reconocemos. Al mismo tiempo, al mirar hacia el futuro, estamos conscientes de las nuevas responsabilidades, nuevas tareas y nuevas estructuras que son un verdadero desafío a los creyentes latinoamericanos, y al liderato autóctono en todas las dimensiones del ministerio.
2. La comisión de anunciar el evangelio a toda criatura es un imperativo claramente expresado en la Palabra de Dios. La evangelización no es algo optativo: es la esencia misma del ser de la iglesia, su tarea suprema.

   La dinámica de la tarea evangelizadora es la acción del Espíritu Santo. Es él quien da los dones a la iglesia, capacita al evangelizador, da testimonio de Cristo al oyente, lo ilumina, convence de pecado, de justicia, de juicio y de eterna perdición; lo convierte en nueva criatura, y lo hace parte de la iglesia y colaborador con Dios en la evangelización. Cuando no se reconoce esta iniciativa del Espíritu Santo, la evangelización se torna mera empresa humana.
3. Nuestra teología sobre el evangelismo determina nuestra acción evangelizadora, o la ausencia de ella. La sencillez del evangelio no está reñida con su dimensión teológica. Su naturaleza es la autorevelación de Dios en Cristo Jesús. Reafirmamos la historicidad de Jesucristo según el testimonio de las Escrituras: su encarnación, su crucifixión y su resurrección. Reafirmamos el carácter único de su obra mediadora, gracias a la cual el pecador encuentra el perdón de

los pecados, y la justificación por la sola fe, sin reiteración de aquel sacrificio.

Reafirmamos asimismo que Cristo es el Señor y la Cabeza de la iglesia, y que la manifestación final de su señorío sobre el mundo será evidente en su segunda venida, la cual es la esperanza de los redimidos. Estas son las buenas noticias cuya proclamación y aceptación transforman radicalmente al hombre.

4. Los campos de la América Latina están blancos y listos para la siega. Grandes sectores de la población manifiestan receptividad al evangelio, pero esta hora de oportunidad demanda una estrategia adecuada. Debemos evaluar los actuales métodos de evangelización a la luz de los resultados visibles en el crecimiento asombroso de ciertas denominaciones. Dicha evaluación, unida a una consideración cuidadosa de la vida de la iglesia neotestamentaria, demostrará en primer lugar la importancia de una movilización total de la iglesia para la tarea evangelizadora. Afirmamos, para ser fieles a la Biblia, que esta movilización ha de ser obra del Espíritu Santo, que usará los medios que la iglesia proporcione con inteligencia e inventiva, comenzando a nivel de la congregación local.
5. En nuestro siglo somos testigos del progreso asombroso de los medios de comunicación que, por su eficiencia y por la falta de ética de quienes los manejan, contribuyen a crear un caos de voces que confunden al latinoamericano. En medio de tal confusión la voz clara, distintiva, sencilla y poderosa del mensaje de Cristo, debe encontrar su camino hasta el oyente. El mensajero de Jesucristo tiene la urgente responsabilidad de comprender y utilizar las técnicas modernas de comunicación a fin de captar la atención del hombre latinoamericano, dialogar con él y comunicarle el evangelio en forma inteligible y pertinente a su situación vital.
6. El progreso de la evangelización se da en situaciones humanas concretas. Las estructuras sociales influyen sobre la iglesia y sobre los receptores del evangelio. Si se desconoce esta realidad se desfigura el evangelio y se empobrece la vida cristiana. Ha llegado la hora de que los evangélicos tomemos conciencia de nuestras responsabilidades sociales. Para cumplir con ellas, el fundamento bíblico es la doctrina evangélica y el ejemplo de Jesucristo llevado hasta sus últimas consecuencias. Ese ejemplo debe encarnarse en la crítica realidad latinoamericana de subdesarrollo, injusticia, hambre, violencia y desesperación. Los hombres no podrán construir el reino de Dios sobre la tierra, pero la acción social evangélica contribuirá a crear un mundo mejor como anticipo de aquél por cuya venida oran diariamente.
7. La explosión demográfica nos presenta el desafío de una población juvenil que aumenta vertiginosamente, en el preciso momento en

que la iglesia comprueba por su parte un éxodo de su juventud y una crisis del ministerio frente a las nuevas generaciones. El empuje de la iglesia debe renovarse de acuerdo con una estrategia orgánica que comprenda el diagnóstico realista de la crisis juvenil y la reformulación de las demandas de Cristo. El reto del Señor ha de enunciarse de manera que capte la imaginación y la energía de la juventud, lanzándola precisamente a la conquista de Latinoamérica para Cristo. El entusiasmo, el vigor, el espíritu de servicio y aventura de la juventud que haga de Cristo su señor y líder, podrá convertir en realidad las profundas transformaciones que nuestros pueblos esperan.

8. La tarea de la evangelización no termina con la proclamación y la conversión. Se hace necesario un ministerio de consolidación de los creyentes nuevos que les brinde capacitación doctrinal y práctica para vivir la vida cristiana dentro del ambiente en que se mueven, para expresar fidelidad a Cristo en el contexto socio-cultural donde Dios los ha puesto. El proceso de planificación de la tarea evangelizadora también debe proveer las bases teológicas y los métodos prácticos para realizar esta tarea de consolidación.

9. En un continente de mayoría nominalmente católica, no podemos cerrar los ojos a las inquietudes de renovación que se advierten en la iglesia de Roma. El "aggiornamento" nos presenta por igual riesgo y oportunidad: los cambios en materia de liturgia, eclesiología, política y estrategia, dejan, sin embargo, incólumes los dogmas que hacen división entre los evangélicos y Roma. Pero nuestra confianza en la Palabra de Dios, cuya difusión y lectura se va acelerando dentro del catolicismo, nos hace esperar frutos de renovación y nos proporciona oportunidad para el diálogo a un nivel personal. Este diálogo ha de ser inteligente, y exige en nuestras iglesias una enseñanza más profunda y consecuente con la herencia evangélica, a fin de evitar los riesgos de un ecumenismo ingenuo y mal entendido.

10. En actitud de agradecimiento al Señor Jesucristo por la forma en que nos ha permitido la expansión del evangelio en estas tierras, confesamos al mismo tiempo nuestra incapacidad y nuestras fallas en el cumplimiento de su mandato en esta hora crítica. Pero afirmamos nuestra fe en los recursos de su gracia, que capacitan a los suyos a la medida de las tareas que él les manda, y en la ayuda y el poder del Espíritu Santo prometido a la iglesia "hasta el fin del mundo". Al Señor y Salvador al cual damos la gloria ahora y por los siglos, nos encomendamos. Amén.

El Comité Ejecutivo del Primer Congreso Latinoamericano de Evangelización:

Carlos J. Lastra	Clyde W. Taylor	Efraín Santiago
Miguel Angel Suazo	Harold Stacey	Antonio Elías
Jorge Biddulph	Jonás González	Pablo Finkenbinder
Vigilio Zapata A.	Sergio García	Roberto Anderson
Félix Calle		

El Comité Redactor:
Clyde W. Taylor
Santiago Villanueva Gudiel
Samuel Escobar
Leslie Thompson

2. Declaración evangélica de Cochabamba Diciembre de 1970

Nos hemos reunido para reflexionar sobre la revelación de Dios, el Dios libre y soberano que «habiendo hablado en otro tiempo a los padres por los profetas, en estos postreros días nos ha hablado por el Hijo» (Hebreos 1:1, 2). Creemos que la revelación especial es la primera e ineludible condición para conocer a Dios y entender el significado de la vida y de la historia humanas. Aunque por medio de la naturaleza y de la ley escrita en el corazón del hombre, Dios se ha dado a conocer parcialmente, él se ha revelado de manera clara y definitiva por medio de Jesucristo, de quien testifica la Biblia. Es en este hecho primordialmente que basamos nuestra reflexión teológica y nos esforzamos por entender nuestra misión como pueblo de Dios en América Latina. Reconocemos la deuda que tenemos para con los misioneros que nos trajeron el evangelio. Al mismo tiempo creemos que una reflexión teológica pertinente a nuestros pueblos deberá tomar en cuenta la dramática realidad latinoamericana, y esforzarse por desvestir al mensaje de su ropaje extranjero.

Dios se revela por medio de una historia que comienza con la creación en el Génesis y concluye con la gran consumación de todas las cosas descritas en el Apocalipsis. Se revela por medio de acontecimientos históricos especiales que han sido interpretados por el habla divina comunicada por medio de los apóstoles y los profetas. La Biblia deriva su autoridad de su conexión con esa revelación de Dios que culmina en Jesucristo. Es la Escritura cuyas palabras, siendo inspiradas por Dios, comunican la Palabra de Dios, e infaliblemente cumplen el propósito para el cual fueron dadas: «que el hombre de Dios sea perfecto, enteramente preparado para toda buena obra» (2 Timoteo 3:16, 17). Es un libro escrito por hombres y como tal lleva las marcas indelebles de lo humano; pero es a la vez un libro divino, escrito bajo el control del Espíritu Santo. La negación del hecho de la inspiración es al fin de cuentas equivalente a la negación de la revelación especial de Dios.

La Biblia es inseparable de la historia de la salvación en la cual tuvo su origen por la acción del Espíritu Santo. La única autoridad absoluta es aquella que reside en Dios. La definición del sentido y el alcance de la autoridad bíblica sólo es posible cuando se coloca a la Biblia en el contexto total de la revelación de Dios en la historia y de su propósito salvífico. La Biblia es asimismo inseparable de Jesucristo y del testimonio interno del Espíritu Santo. Dios ejerce su autoridad por medio de la Palabra escrita y del Espíritu. Y esta autoridad es normativa en todo cuanto concierne a la fe y a la práctica cristianas.

El asentimiento a la autoridad de la Biblia podría considerarse como una de las características más generales del movimiento evangélico en América Latina. Esto es de esperarse en un movimiento con una gran mayoría teológicamente conservadora. Cabe, sin embargo, admitir que el uso real de la Biblia por parte de la generalidad del pueblo latinoamericano no siempre coincide con ese asentimiento que le distingue. La Biblia es reverenciada, pero la voz del Señor que habla en ella no siempre es obedecida; y la desobediencia es racionalizada de diversas maneras. Necesitamos una hermenéutica que en cada caso haga justicia al texto bíblico. La predicación a menudo carece de raíces bíblicas. El púlpito evangélico está en crisis. Hay entre nosotros un lamentable desconocimiento de la Biblia y de la aplicación de su mensaje al día de hoy. El mensaje bíblico tiene indiscutible pertinencia para el hombre latinoamericano, pero su proclamación no ocupa entre nosotros el lugar que le corresponde. Vivimos un momento difícil para la Iglesia evangélica en nuestro continente. Urge una toma de conciencia de nuestra situación. El llamado de la hora es volver a la Palabra de Dios, en sumisión al Espíritu Santo. Es regresar a la Biblia y al Señor que reina por medio de ella. Es cuestionar nuestras «tradiciones evangélicas» a la luz de la revelación escrita. Es colocar todas las actividades de la Iglesia bajo el juicio de la Palabra del Dios vivo. Es obedecer las claras demandas de la Palabra de Dios a anunciar a todos el mensaje de Jesucristo llamándolos a ser sus discípulos, y ser dentro de la compleja realidad social, política y económica de América Latina, una comunidad que expresa el espíritu de justicia, misericordia y servicio que el evangelio implica.

Nos alegramos por el movimiento de difusión y estudio de la Biblia en círculos católicos romanos. Reconocemos que ese movimiento es como una campanada que viene a despertarnos del marasmo en que muchos evangélicos hemos caído con una Biblia cerrada en las manos.

Se hace necesario un nuevo movimiento bíblico en la Iglesia evangélica en América Latina.

Las ideologías de hoy, que nos desafían con creciente vigor, pueden ser también el aguijón que Dios quiere usar para que escuchemos su voz. Es hora de volver a profundizar en las páginas de la Biblia para redescubrir esa dinámica que nos haga «gozosos en la esperanza». Es hora de ver cuánto hay de elemento bíblico que, a causa de nuestras propias tradiciones humanas, nosotros hemos dejado de lado en esas visiones de un mundo nuevo que alimentan utopías de nuestro tiempo y que tocan las fibras de tanto corazón sensible. Así nosotros, que conocemos la verdad, que tenemos la única esperanza verdadera, que hemos sido objeto del amor supremo, podremos presentar a nuestra América Latina el evangelio de Jesucristo con brillo que deje apagados tantos falsos evangelios.

Damos gracias a Dios por su revelación objetiva, dada «una vez para siempre», que tenemos en la Biblia. Damos gracias a Dios por su Espíritu que ilumina y aplica la Palabra escrita».

Ismael E. Amaya; Francisco Anabalón; Pedro Arana Q.; Robinson Cavalcanti; Enrique Cepeda M.; Samuel Escobar A.; Héctor Espinoza T.; Gerardo de Avila; David L. Jones; J. Andrés Kirk; E. Antonio Núñez C.; C. René Padilla; Washington Padilla J.; Ericson Paredes V.; Oscar H. Pereira; Pablo Pérez M.; Mauro Ramalho; Asdrúbal Ríos T.; Pedro Savage; Ricardo Sturz; W. Douglas Smith; Ezequiel Torrez; César Thomé; Virgilio F. Vangioni y Pedro Wagner.

3. Pacto de Lausana Julio de 1974

Introducción

Como miembros de la iglesia de Jesucristo provenientes de más de 150 naciones y participantes en el Congreso Internacional sobre Evangelización Mundial de Lausana, alabamos a Dios por su gran salvación y nos regocijamos en la comunión que nos ha dado consigo mismo y del uno con el otro. Nos sentimos profundamente impresionados por lo que Dios está haciendo en nuestro día, movidos al arrepentimiento por nuestros fracasos y desafiados por la inconclusa tarea de evangelización. Creemos que el evangelio es la buena nueva de Dios para todo el mundo, y estamos decididos a obedecer por su gracia la comisión de Cristo de proclamarlo a toda la humanidad y de hacer discípulos de todas las naciones. Deseamos, por lo tanto, afirmar nuestra fe y nuestra resolución, y hacer público nuestro pacto.

1. El propósito de Dios

Afirmamos nuestra fe en un solo Dios eterno, como Creador y

Señor del mundo, Padre, Hijo y Espíritu Santo, que gobierna todas las cosas según el propósito de su voluntad. El ha estado llamando del mundo un pueblo para sí, y enviando a su pueblo al mundo como siervos y testigos suyos, para la extensión de su Reino, la edificación del cuerpo de Cristo y la gloria de su nombre. Confesamos con vergüenza que a menudo hemos negado nuestro llamamiento y fallado en nuestra misión, conformándonos al mundo o separándonos de él. Sin embargo, nos regocijamos de que, aunque en vasos de barro, el evangelio sigue siendo un precioso tesoro. A la tarea de dar a conocer ese tesoro por el poder del Espíritu Santo deseamos dedicarnos de nuevo.
(Is. 40:28; Mt. 28:19; Ef. 1:11; Hch. 15:14; Jn. 17:6, 18; Ef. 4:12; 1 Co. 5:10; Ro.12:2; 2 Co. 4:7)

2. La autoridad y el poder de la Biblia

Afirmamos la divina inspiración, fidelidad y autoridad de todas las Escrituras del Antiguo y el Nuevo Testamentos como la única Palabra escrita de Dios, sin error en todo lo que afirma, y la única norma infalible de fe y conducta. Afirmamos también el poder de la Palabra de Dios para cumplir su propósito de salvación. El mensaje de la Biblia se dirige a toda la humanidad, puesto que la revelación de Dios en Cristo y en las Escrituras es inalterable. Por medio de ella el Espíritu Santo todavía habla hoy. El ilumina la mente del pueblo de Dios en cada cultura para percibir la verdad nuevamente con sus propios ojos y así muestra a toda la iglesia más de la multiforme sabiduría de Dios.
(2 Ti. 3:16; 2 P. 1:21; Jn. 10:35; Is. 55:11; 1 Co. 1:21; Ro. 1:16; Mt. 5:17-18; Jud. 3; Ef. 1:17, 18; 3:10, 18)

3. La singularidad y la universalidad de Cristo

Afirmamos que hay un solo Salvador y un solo evangelio, aunque existe una amplia diversidad de acercamientos a la evangelización. Reconocemos que todos los hombres tienen algún conocimiento de Dios por medio de su revelación general en la naturaleza. Pero negamos que esto salve, puesto que el hombre reprime la verdad con su injusticia. Rechazamos también como un insulto a Cristo y al evangelio toda clase de sincretismo y diálogo que implique que Cristo habla igualmente por medio de todas las religiones e ideologías. Jesucristo, el Dios-hombre que se entregó a sí mismo como el único rescate por los pecadores, es el único mediador entre Dios y el hombre. No hay otro nombre en que podamos ser salvos. Todos los hombres perecen a causa del pecado, pero Dios ama a todos los hombres y no desea que ninguno perezca, sino que todos se arrepientan. Sin embargo, los que rechazan a Cristo repudian el gozo de la salvación y se condenan a una eterna separación de Dios. Proclamar a Jesús como "el Salvador del mundo" no es afirmar que todos los hombres son salvos automática o finalmente, y menos aún afirmar que todas las religiones ofrecen la salvación en Cristo. Más bien es proclamar el amor de Dios al mundo de los pecadores e invitar a todos los hombres a responder a él como Salvador y Señor en la personal y auténtica entrega de arrepentimiento y fe. Jesucristo ha sido exaltado sobre todo nombre: esperamos el día cuando toda rodilla se doble ante él y toda lengua lo confiese como Señor. (Gá. 1:6-9; Ro. 1:18-32; 1 Ti. 2:5, 6; Hch. 4:12; Jn. 3:16-19; 2 P. 3:9; 2 Ts. 1:7-9; Jn. 4:42; Mt. 11:28; Ef. 1:20, 21; Fil. 2:9-11)

4. La naturaleza de la evangelización

Evangelizar es difundir las buenas nuevas de que Jesucristo murió por nuestros pecados y resucitó de los muertos según las Escrituras, y que ahora como el Señor que reina ofrece el perdón de pecados y el don liberador del Espíritu a todos los que se arrepienten y creen. Nuestra presencia cristiana en el mundo es indispensable para la evangelización; también lo es un diálogo cuyo intento sea escuchar con sensibilidad a fin de comprender. Pero la evangelización misma es la proclamación del Cristo histórico y bíblico como Salvador y Señor, con la mira de persuadir a la gente a venir a él personalmente y reconciliarse así con Dios. Al hacer la invitación del evangelio no tenemos libertad de ocultar o rebajar el costo del discipulado. Jesús todavía llama a todos los que quieran seguirlo a negarse a sí mismos, tomar su cruz e identificarse con su nueva comunidad. Los resultados de la evangelización incluyen la obediencia a Cristo, la incorporación a su iglesia y el servicio responsable en el mundo.
(1 Co. 15:3, 4; Hch. 2:32-39; Jn. 20:21; 1 Co. 1:23; 2 Co. 4:5; 5:11-20; Lc. 14:15-33; Mr. 8:34; Hch. 2:40, 47; Mr. 10:43-45)

5. Responsabilidad social cristiana

Afirmamos que Dios es tanto el Creador como el Juez de todos los hombres. Por lo tanto, debemos compartir su preocupación por la justicia y la reconciliación en toda la sociedad humana y por la liberación de los hombres de toda clase de opresión. La humanidad fue hecha a la imagen de Dios; consecuentemente, toda persona, sea cual sea su raza, religión, color, cultura, clase, sexo o edad, tiene una dignidad intrínseca a causa de la cual debe ser respetada y servida, no explotada. Expresamos, además, nuestro arrepentimiento tanto por nuestra negligencia como por haber concebido a veces la evangelización y la preocupación social como cosas que se excluyen mutuamente. Aunque la reconciliación con el hombre no es lo mismo que la reconciliación con Dios, ni el compromiso social es lo mismo que la evangelización, ni la liberación política es lo mismo que la salvación, no

obstante afirmamos que la evangelización y la acción social y política son parte de nuestro deber cristiano. Una y otra son expresiones necesarias de nuestra doctrina de Dios y del hombre, nuestro amor al prójimo y nuestra obediencia a Jesucristo. El mensaje de la salvación encierra también el mensaje de juicio de toda forma de alienación, opresión y discriminación, y no debemos temer el denunciar el mal y la injusticia dondequiera que éstos existan. Cuando la gente recibe a Cristo, nace de nuevo en su Reino y debe tratar no sólo de manifestar, sino a la vez de difundir la justicia del mismo en medio de un mundo injusto. Si la salvación que decimos tener no nos transforma en la totalidad de nuestras responsabilidades personales y sociales, no es la salvación de Dios. La fe sin obras es muerta.
(Hch. 17:26, 31; Gn. 18:25; Is. 1:17; Sal. 45:7; Gn. 1:26, 27; Stg. 3:9; Lv. 19:18; Lc. 6:27, 35; Stg. 2:14-26; Jn. 3:3, 5; Mt. 5:20; 6:33; 2 Co. 3:18; Stg. 2:20)

6. La iglesia y la evangelización

Afirmamos que Cristo envía a los redimidos al mundo como el Padre lo envió a él, y que esto exige una similar penetración profunda y costosa en el mundo. Necesitamos salir de nuestros ghettos eclesiásticos y permear la sociedad no cristiana. En la misión de la iglesia, que es misión de servicio sacrificado, la evangelización ocupa el primer lugar. La evangelización mundial requiere que toda la iglesia lleve todo el evangelio a todo el mundo. La iglesia está en el corazón mismo del propósito cósmico de Dios y es el instrumento que él ha diseñado para la difusión del evangelio. Pero una iglesia que predica la cruz debe ella misma estar marcada por la cruz. Se convierte en una piedra de tropiezo para la evangelización cuando traiciona al evangelio o carece de una fe viva en Dios, un genuino amor a los hombres, o una esmerada honradez en todas las cosas, incluyendo la promoción y las finanzas. La iglesia es la comunidad del pueblo de Dios más bien que una institución, y no debe identificarse con una cultura, sistema social o político, o ideología humana particular.
(Jn. 17:18; 20:21; Mt. 28:19, 20; Hch. 1:8, 20:27; Ef. 1:9, 10, 3:9-11; Gá. 6:14, 17; 2 Co. 6:3, 4; 2 Ti. 2:19-21; Fil. 1:27)

7. Cooperación en la evangelización

Afirmamos que la unidad visible de la iglesia en la verdad es el propósito de Dios. La evangelización también nos invita a la unidad, puesto que la unidad fortalece nuestro testimonio, así como nuestra falta de unidad menoscaba nuestro evangelio de reconciliación. Reconocemos, sin embargo, que la unidad organizacional puede tomar muchas formas y no necesariamente sirve a la causa de la evangelización. No

obstante, los que compartimos la misma fe bíblica debemos estar estrechamente unidos en comunión, trabajo y testimonio. Confesamos que nuestro testimonio ha estado a veces marcado por un individualismo pecaminoso y una duplicación innecesaria. Nos comprometemos a buscar una unidad más profunda en la verdad, la adoración, la santidad y la misión. Urge el desarrollo de una cooperación regional y funcional para el avance de la misión de la iglesia, el planeamiento estratégico, el ánimo mutuo y el compartir de recursos y experiencia.
(Jn. 17:21, 23; Ef. 4:3, 4; Jn. 13:35; Fil. 1:27; Jn. 17:11-23)

8. Las iglesias y el compañerismo de la evangelización

Nos gozamos de que se haya iniciado una nueva era misionera. El dominante papel de las misiones occidentales está desapareciendo rápidamente. Dios está levantando de las iglesias jóvenes grandes y nuevos recursos para la evangelización mundial, y está demostrando así que la responsabilidad de evangelizar pertenece a todo el cuerpo de Cristo. Todas las iglesias por lo tanto deben preguntar a Dios y preguntarse a sí mismas lo que deben hacer para evangelizar su propia área y enviar misioneros a otras partes del mundo. La revaloración de nuestra responsabilidad y tarea misioneras debe ser continua. Así crecerá el compañerismo entre las iglesias y se manifestará con mayor claridad el carácter universal de la iglesia de Cristo. También damos gracias a Dios por todas las agencias que trabajan en la traducción de la Biblia, la educación teológica, los medios masivos de comunicación, la literatura cristiana, la evangelización, las misiones, la renovación de la iglesia y otros campos especializados. Estas deben empeñarse en una autocrítica constante a fin de evaluar su efectividad como parte de la misión de la iglesia.
(Ro. 1:8; Fil. 1:5; 4:15; Hch. 13:1-3; 1 Ts. 1:6-8)

9. La urgencia de la tarea de evangelización

Más de 2.700 millones de personas, es decir, más de las dos terceras partes de la humanidad, no han sido evangelizadas todavía. Nos avergonzamos de que tantas hayan sido descuidadas; esto es un continuo reproche para nosotros y toda la iglesia. Hoy, sin embargo, en muchas partes del mundo hay una receptividad sin precedentes respecto al Señor Jesucristo. Estamos convencidos de que es el momento de que las iglesias y las agencias paraeclesiásticas oren fervientemente por la salvación de los inconversos e inicien nuevos esfuerzos para realizar la evangelización del mundo. La reducción del número de misioneros y de fondos procedentes del exterior puede ser a veces necesaria a fin de facilitar en un país ya evangelizado el crecimiento de la iglesia nacional en autoconfianza y para desplazar

recursos a otras áreas no evangelizadas. Debe haber un libre intercambio de misioneros de todos los continentes a todos los continentes en un espíritu de servicio humilde. La meta debe ser, por todos los medios disponibles y en el plazo más corto posible, que toda persona tenga la oportunidad de escuchar, entender y recibir las buenas nuevas. No podemos esperar alcanzar esta meta sin sacrificio. Todos nos sentimos sacudidos por la pobreza de millones de personas y perturbados por las injusticias que la causan. Los que vivimos en situaciones de riqueza aceptamos nuestro deber de desarrollar un estilo de vida simple a fin de contribuir más generosamente tanto a la ayuda material como a la evangelización.
(Jn. 9:4; Mt. 9:35-38; Ro. 9:1-3; 1 Co. 9:19-23; Mr. 16:15; Is. 58:6, 7; Stg. 1:27; 2:1-9; Mt. 25:31-46; Hch. 2:44, 45; 4:34, 35)

10. Evangelización y cultura

El desarrollo de estrategias para la evangelización mundial requiere imaginación en el uso de métodos. Bajo Dios, el resultado será el surgimiento de iglesias enraizadas en Cristo y estrechamente vinculadas a su cultura. La cultura siempre debe ser probada y juzgada por las Escrituras. Porque el hombre es una criatura de Dios, algunos de los elementos de su cultura son ricos en belleza y bondad. Porque ha caído, toda su cultura está mancillada por el pecado y algunos de sus aspectos son demoníacos. El evangelio no presupone la superioridad de una cultura sobre otra, sino que evalúa a todas las culturas según sus propios criterios de verdad y justicia, e insiste en principios morales absolutos en cada cultura. Las misiones con mucha frecuencia han exportado una cultura extraña junto con el evangelio y las iglesias han estado a veces esclavizadas a la cultura más bien que a las Escrituras. Los evangelistas de Cristo deben tratar humildemente de vaciarse de todo, excepto de su autenticidad personal, a fin de ser siervos de los demás, y las iglesias deben tratar de transformar y enriquecer su cultura, todo para la gloria de Dios.
(Mr. 7:8, 9, 13; Gn. 4:21, 22; 1 Co. 9:19-23; Fil. 2:5-7; 2 Co. 4:5)

11. Educación y liderazgo

Confesamos que a veces hemos buscado un crecimiento de la iglesia a costa de la profundidad de la iglesia, y hemos divorciado la evangelización del crecimiento cristiano. Reconocemos también que algunas de nuestras misiones han sido muy lentas en cuanto a equipar y animar a los líderes nacionales para que asuman las responsabilidades a que tienen derecho. Sin embargo, aceptamos los principios de autonomía y anhelamos que cada iglesia tenga líderes nacionales que manifiesten un estilo cristiano de liderazgo, no en términos de dominio

sino de servicio. Reconocemos que hay mucha necesidad de mejorar la educación teológica, especialmente para los líderes de la iglesia. En cada nación y cultura debe haber un programa efectivo de entrenamiento para pastores y laicos en doctrina, discipulado, evangelización, crecimiento y servicio. Tales programas de entrenamiento no deben depender de una metodología estereotipada, sino que deben desarrollarse según iniciativas locales creativas, en conformidad con las normas bíblicas.
(Col. 1:27, 28; Hch. 14:23; Tit. 1:5, 9; Mr. 10:42-45; Ef. 4:11, 12)

12. Conflicto espiritual

Creemos que estamos empeñados en una constante batalla espiritual contra los principados y potestades del mal, que tratan de destruir a la iglesia y frustrar su tarea de evangelización mundial. Conocemos nuestra necesidad de tomar toda la armadura de Dios y pelear esta batalla con las armas espirituales de la verdad y la oración, ya que percibimos la actividad de nuestro enemigo, no sólo en las falsas ideologías fuera de la iglesia, sino también dentro de ella, en los evangelios falsos que tergiversan las Escrituras y colocan al hombre en el lugar de Dios. Necesitamos vigilancia y discernimiento para salvaguardar el evangelio bíblico. Reconocemos que nosotros mismos no estamos inmunes a la mundanalidad en el pensamiento y la acción, es decir, a una contemporización con el secularismo. Por ejemplo, aunque los estudios del crecimiento de la iglesia, tanto numérico como espiritual, tienen su lugar y valor cuando se hacen con cuidado, a veces los hemos descuidado. Otras veces, con el deseo de asegurar una respuesta al evangelio, hemos acomodado nuestro mensaje, hemos manipulado al oyente por medio de técnicas de presión y nos hemos preocupado demasiado por las estadísticas y hasta hemos sido deshonestos en el uso que hemos hecho de ellas. Todo esto es mundanal. La iglesia debe estar en el mundo, pero no el mundo en la iglesia.
(Ef. 6:12; 2 Co. 4:3, 4; Ef. 6:11, 13-18; 2 Co. 10:3-5; 1 Jn. 2:18-26, 4:1-3; Gá. 1:6-9; 2 Co. 2:17; 4:2; Jn. 17:15)

13. Libertad y persecución

Es un deber señalado por Dios que todo gobierno asegure condiciones de paz, justicia y libertad en las cuales la iglesia pueda obedecer a Dios, servir al Señor Jesucristo, y predicar el evangelio sin impedimento. Por lo tanto, oramos por los líderes de las naciones y les hacemos un llamado para que garanticen la libertad de pensamiento y de conciencia y la libertad de practicar y propagar la religión de acuerdo con la voluntad de Dios y en los términos establecidos por la Declaración Universal de los Derechos Humanos. Expresamos también

nuestra preocupación profunda por quienes sufren prisión injustamente, y especialmente por nuestros hermanos que sufren por el testimonio de Jesús. Prometemos predicar y actuar en pro de su libertad. Al mismo tiempo no nos dejaremos intimidar por lo que les suceda a ellos. Con la ayuda de Dios, también nosotros procuraremos mantenernos firmes contra la injusticia y permanecer fieles al evangelio a cualquier precio. No olvidamos la advertencia de Jesús de que la persecución es inevitable.
(1 Ti. 1:1-4; Hch. 4:19, 5:29; Col. 3:24; Hch. 13:1-3; Lc. 4:18; Gá. 5:11, 6:12; Mt. 5:10-12; Jn. 15:18-21)

14. El poder del Espíritu Santo

Creemos en el poder del Espíritu Santo. El Padre envió a su Espíritu para dar testimonio de su Hijo; sin el testimonio de él nuestro testimonio es vano. La convicción de pecado, la fe en Cristo, el nuevo nacimiento y el crecimiento cristiano, son todos obra suya. Más aún, el Espíritu Santo es un Espíritu misionero, y por ello la evangelización debiera brotar espontáneamente de una iglesia que esté llena del Espíritu. La iglesia que no es misionera es en sí misma una contradicción, y apaga el Espíritu. La evangelización mundial será una posibilidad real sólo cuando el Espíritu renueve a la iglesia en sabiduría, fe, santidad, amor y poder. Por lo tanto, hacemos un llamado a todos los cristianos para que oren a fin de que venga una visitación del Espíritu de Dios de modo que todo su fruto se vea en su pueblo, y que todos sus dones enriquezcan al cuerpo de Cristo. Sólo entonces la iglesia toda llegará a ser instrumento adecuado en sus manos, para que el mundo entero oiga la voz de Dios.
(1 Co. 2:4; Jn. 15:26, 27, 16:8-11; 1 Co. 12:3; Jn. 3:6-8; 2 Co. 3:18; Jn. 7:37-39; 1 Ts. 5:19; Hch. 1:8; Sal. 85:4-7, 67:1-3; Gá. 5:22, 23; 1 Co. 12:4-31; Ro. 12:3-8)

15. La segunda venida de Cristo

Creemos que el Señor Jesucristo regresará en forma personal y visible, en poder y gloria, para consumar su salvación y su juicio. Esta promesa de su venida nos impulsa poderosamente a evangelizar, porque recordamos sus palabras de que es necesario que el evangelio sea predicado antes a todas las naciones. Creemos que en el período que media entre la ascensión de Cristo y su segunda venida la misión del pueblo de Dios tendrá que completarse y que no podemos detenernos antes del Fin. También recordamos su advertencia de que surgirían falsos profetas y falsos cristos como precursores del Anticristo final. Por lo tanto, rechazamos como un sueño autosuficiente y arrogante la idea de que el hombre podrá construir una utopía en la tierra. Nuestra confianza cristiana es que Dios perfeccionará su Reino, y esperamos con gran expectativa ese día y los nuevos cielos y la nueva tierra en los cuales morará la justicia y Dios reinará para siempre. Entre tanto, nos dedicamos de nuevo al servicio de Cristo y de los hombres, sometiéndonos gozosos a su autoridad sobre la totalidad de nuestra vida. (Mr. 14:62; Hch. 9:28; Mr. 13:10; Hch. 1:8-11; Mt. 28:20; Mr. 13:21-23; Jn. 2:18; 4:1-3; Lc. 12:32; Ap. 21:1-5; 2 P. 3:13; Mt. 28:18)

Conclusión

Por tanto, teniendo en cuenta esta nuestra fe y resolución, hacemos pacto solemne con Dios y con nuestros hermanos de orar, planear y trabajar juntos para la evangelización de todo el mundo. Hacemos un llamado a cuantos quieran unirse a nosotros. ¡Que Dios nos ayude por su gracia y para su gloria a ser fieles a este pacto! Amén. ¡Aleluya!

4. Carta del CLADE II. Noviembre de 1979

II CONGRESO LATINOAMERICANO DE EVANGELIZACION (CLADE II)

AL PUEBLO EVANGELICO DE AMERICA LATINA

Amados hermanos en Cristo:

Que la gracia y la paz del trino Dios sea con cada uno.

A diez años de haberse celebrado en Bogotá, Colombia, el 1er Congreso Latinoamericano de Evangelización, nos hemos reunido en Huampaní, Perú, del 31 de octubre al 8 de noviembre del presente año, 266 participantes que venimos de diferentes sectores del pueblo evangélico latinoamericano. Nuestro propósito ha sido considerar juntos la tarea evangelizadora que somos llamados a cumplir en las próximas décadas, en nuestro contexto histórico.

Hemos querido deliberar sobre nuestra misión sometiéndonos a la autoridad suprema de las Sagradas Escrituras, a la dirección soberana del Espíritu Santo y al señorío de Jesucristo, en una atmósfera de amor fraternal. En esta actitud reafirmamos nuestra adhesión a la *Declaración* del 1er Congreso Latinoamericano de Evangelización y al *Pacto* del Congreso Mundial de Evangelización celebrado en Lausana, Suiza, en julio de 1974.

Estamos profundamente agradecidos a Dios por nuestra herencia evangélica y por los esfuerzos realizados de parte de los pioneros, tanto nacionales como extranjeros. Hemos decidido renovar nuestro compromiso de lealtad al evangelio y de fidelidad a la tarea de evangelizar en el contexto del pueblo latinoamericano. Al mismo tiempo sentimos que debemos responder al desafío misionero que, a nivel mundial, representan los millones de personas que no conocen a Jesucristo como Señor y Salvador.

Hemos oído la Palabra de Dios quien nos habla y quien también escucha el clamor de los que sufren. Hemos alzado los ojos hacia nuestro continente y contemplado el drama y la tragedia que viven nuestros pueblos en esta hora de inquietud espiritual, confusión religiosa, corrupción moral y convulsiones sociales y políticas. Hemos oído el clamor de los que tienen hambre y sed de justicia, de los que se hallan desprovistos de lo que es básico para su subsistencia, de los grupos étnicos marginados, de las familias destruidas, de las mujeres despojadas del uso de sus derechos, de los jóvenes entregados al vicio o empujados a la violencia, de los niños que sufren hambre, abandono, ignorancia y explotación. Por otra parte, hemos visto que muchos latinoamericanos están entregándose a la idolatría del materialismo, sometiendo los valores del espíritu a los que impone la sociedad de consumo, según la cual el ser humano vale no por lo que es en sí mismo, sino por la abundancia de los bienes que posee. Hay también los que en su deseo legítimo de reivindicar el derecho a la vida y la libertad o a fin de mantener el estado de cosas vigentes, siguen ideologías que ofrecen un análisis parcial de la realidad latinoamericana y conducen a formas diversas de totalitarismo y a la violación de los derechos humanos. Existen asimismo vastos sectores esclavizados por los poderes satánicos que se manifiestan en formas variadas de ocultismo y religiosidad.

Este cuadro sombrío que ofrece la realidad latinoamericana lo vemos, a la luz de la Palabra de Dios, como expresión del pecado que afecta radicalmente la relación del hombre con Dios, con su prójimo y con la creación. Percibimos en todo lo que se opone al señorío de Jesucristo la acción del Anticristo que ya está en el mundo.

Alabamos al Señor, sin embargo, porque en medio de esta situación el Espíritu de Dios ha estado manifestándose poderosamente. Nos alienta el testimonio que hemos compartido en CLADE II de la obra maravillosa que Dios viene llevando a cabo en nuestros respectivos países. Millares se han entregado a Jesucristo como Señor encontrando liberación en él, e incorporándose a iglesias locales. Muchas iglesias han sido renovadas en su vida y misión. El pueblo de Dios avanza en su comprensión de lo que significa el discipulado radical en un mundo de cambios constantes y súbitos.

Todo esto es fruto del evangelio que es mensaje de salvación y esperanza en Jesucristo a quien están sometidas todas las cosas. Alentados por esta esperanza hemos decidido intensificar nuestra acción evangelizadora. Queremos además dedicarnos con mayor ahínco al estudio de la Palabra para escuchar con humildad y espíritu de obediencia, lo que él tenga que decir en esta hora crítica de nuestra historia.

Confesamos que como pueblo de Dios no siempre hemos atendido las demandas del evangelio que predicamos, como lo demuestra nuestra falta de unidad y nuestra indiferencia frente a las necesidades materiales y espirituales de nuestro prójimo.

Reconocemos que no hemos hecho todo lo que con la ayuda del Señor hubiéramos podido realizar en beneficio de nuestro pueblo. Pero nos proponemos depender del poder transformador del Espíritu Santo para el fiel cumplimiento de la tarea que nos queda por delante. Creemos que en la próxima década el Señor puede bendecir de manera singular a nuestros pueblos, salvar integralmente a muchísimas personas, consolidar o restaurar nuestras familias y levantar una gran comunidad de fe que sea un anticipo, en palabra y hecho, de lo que será el Reino en su manifestación final.

Como un aporte para la acción que nos corresponde presentamos el "Documento de Estrategia" elaborado por todos los participantes de este Congreso. Recomendamos su uso de acuerdo con cada situación.

En el amor de Cristo instamos a nuestros hermanos en la fe a hacerse eco de estos anhelos y juntar filas para dedicarnos a la misión de Dios alentados por la esperanza en el Señor resucitado y triunfante, cuyo advenimiento aguardamos.

Anhelamos que Dios cumpla su propósito en el mundo, en su iglesia y en nuestras vidas y que los pueblos latinoamericanos escuchen la voz de Dios, a su gracia nos encomendamos todos y les hacemos llegar un fraternal saludo.